고려시대사 개론

| 김갑동 |

대전광역시 출생
대전고·공주사범대학 역사교육과 졸업
고려대학교 대학원 사학과 석사·박사과정 졸업(문학박사)
원광대학교 국사교육과 부교수 역임
전국수학능력시험·중등임용고사 출제위원 역임
중학교 국사·고등학교 한국사 교과서 검정위원 역임
대전대학교 인문예술대학 학장·호서사학회 회장 역임
현 대전대학교 역사문화학과 교수

중요 저서

《나말려초의 호족과 사회변동 연구》(고려대 민족문화연구소, 1990), 《주제별로 본 한국역사》(서경문화사, 1998), 《태조 왕건》(일빛, 2000), 《옛사람 72인에게 지혜를 구하다》(푸른역사, 2003), 《고려 전기 정치사》(일지사, 2005), 《중국산책》(서경문화사, 2005), 《라이벌 한국사》(애플북스, 2007), 《고려의 후삼국 통일과 후백제》(서경문화사, 2010), 《충청의 얼을 찾아서》(서경문화사, 2012)

고려시대사 개론

김갑동 지음

2013년 12월 20일 초판 1쇄 발행

펴낸이 · 오일주
펴낸곳 · 도서출판 혜안

등록번호 · 제22-471호
등록일자 · 1993년 7월 30일

주 소 · ⓟ 121-836 서울시 마포구 서교동 326-26번지 102호
전 화 · 3141-3711~2 / 팩시밀리 · 3141-3710
E-Mail · hyeanpub@hanmail.net

ISBN 978-89-8494-480-0 93910

값 16,000원

고려시대사 개론

김 갑 동 지음

혜안

머리말

　학문의 세계에 들어온 지 벌써 30년이 넘었다. 고려시대를 연구하리라 마음먹고 고려 초기부터 논문을 써왔지만 그것이 고려 후기로까지 넘어가지도 못하고 시간만 지나가 버렸다. 그러나 때로는 자의로, 때로는 외부의 청탁에 의해 고려시대의 각 부문에 대한 글을 썼다. 그것을 모으고 보니 상당한 분량이 되었다. 내친 김에 부족한 부분을 새로 쓰고 기존의 것을 수정, 보완하여 일종의 개설서를 써보자는 욕심으로 발전하였다. 이렇게 하여 탄생한 것이 이 책이다. 그러나 저자의 역량 부족으로 세부적인 모든 부분을 망라하지는 못하였다. 각 부분을 치밀하게 연구하여 쓴 것도 아니다. 그럼에도 불구하고 지금까지의 학설과 연구 동향을 최대한 반영하려고 애쓴 것은 사실이다. 따라서 이 책은 고려시대사에 대한 저자의 중간 결산이라 해도 과언이 아니다. 오류나 잘못 해석한 부분이 있다면 독자들의 넓은 이해를 바랄 뿐이다.

　이 책의 특징은 다음과 같다. 먼저 본문은 모두 한글로 썼다. 인명이나 어려운 단어는 한자를 병기하였다. 또 최대한 이해가 가능하도록 쉽게 쓰려고 노력하였다. 이는 어느 계층의 독자나 쉽게 읽을 수 있도록 하고자 함이었다. 이제 역사는 역사가나 학자들만의 전유물이 아니기 때문이다.

　둘째 본문을 보완할 수 있는 사료를 2개 내외로 제시하였다. 원 사료를 읽음으로써 본문의 내용 이해에 도움을 받고 당대의 사건이나 사실을 생동감 있게 맛보게 하기 위함이었다. 또 사료를 통해 새로운 견해나 해석을 시도해 볼 수 있도록 하였다.

셋째 생각해 볼 주제를 3개 내외로 제시하였다. 공부를 하고 수업을 하면서 독자나 학생 스스로 의문을 제기하고 이를 해결해 보도록 하기 위함이었다. 의문에 대한 해답을 제시하여 스스로 해결하는 자기주도형 학습에 도움을 줄 수 있을 것이다. 토론 수업의 주제로 활용하는 데도 유용할 것이다.

넷째 본문의 내용을 좀 더 깊이 공부할 수 있는 참고문헌을 제시하였다. 여기서는 논문을 제외하고 개인 단행본만을 대상으로 하였다. 논문은 너무 많아 다 제시하는 데 한계가 있었을 뿐 아니라 저서를 통해 종합적인 이해를 가능하도록 하기 위함이었다.

끝으로 저자를 학문의 길로 이끌어주신 박용운 선생님께 감사드리고 원고 교정을 위해 수고해 준 김대연 군에게도 고맙다는 말을 전하고 싶다. 별시장성이 없는 원고를 흔쾌히 출간해 주신 도서출판 혜안 오일주 사장님께도 감사의 말씀을 전하고 편집진 여러분의 수고에도 고마움을 표한다.

2013년 10월
저자 원오(圓悟) 김갑동 씀

목 차

1 신라 말의 혼란과 후삼국의 성립

신라 말기의 상황

백제와 고구려를 멸망시키고 한반도를 통일했던 신라는 소위 하대로 들어오면서 쇠망의 징조를 보이기 시작했다. 지배계급의 분열과 타락이 시작되었던 것이다.

정치적 세력의 분열은 왕위쟁탈전의 형태로 표출되었다. 중대의 마지막 왕인 혜공왕(惠恭王) 대에 대공(大恭)의 난을 시작으로 96명의 귀족[角干]들이 패를 나누어 싸우게 되었다. 혜공왕파와 반(反)혜공왕파로 나뉘어 대립하였던 것이다. 이 싸움에서 반혜공왕파였던 김양상(金良相)·김경신(金敬信)이 혜공왕과 김지정(金志貞)을 살해하고 김양상이 왕위에 올랐다. 그가 곧 선덕왕(宣德王 : 780~785)으로 이때부터 하대가 시작되었다.

선덕왕이 죽은 후에도 김경신과 김주원(金周元) 사이에 왕위계승전이 벌어졌다. 여기에는 재미있는 이야기가 《삼국유사(三國遺事)》에 전하고 있다. 즉 김경신이 어느날 복두(幞頭 : 신하들이 머리에 쓰는 일종의 모자)를 벗고 흰 갓을 쓰고 열두 줄 가야금을 들고 천관사(天官寺) 우물 속으로 들어가는 꿈을 꾸었다 한다. 이를 이상히 여긴 김경신이 사람을 시켜 점을 쳐보니 관직에서 물러나 칼을 쓰고 감옥으로 들어갈 흉몽이라 하였다. 김경신이 근심하며 두문불출하였는데 여삼(餘三)이란 자가 와서 그것은 흉몽이 아니고 길몽이라 하였다. 즉 내물왕의 12대손이었던 그가 신하의 위치에서 벗어나 면류관을 쓰고 궁궐로 들어갈 징조라는 것이었다. 김경신은 여삼의 계략에 따라 북천(北川)에 제사하였다. 그런데 김주원이 왕위에 즉위하기 전날 밤 비가 많이 와 왕궁에 도착하지 못함으로써 김경신이 원성왕(元聖王 : 785~798)으로 왕위에 올랐다는 것이다.

이는 김경신이 왕위에 오른 것을 스스로 정당화하기 위해 꾸며낸 설화로 생각된다. 실제로는 김경신이 정당한 왕위계승자였던 김주원을 실력으로 몰아냈을 것이다. 김경신의 꿈을 흉몽이라 하고 근신할 것을 권한 자는 김주원파라 할 수 있고 그것을 길몽이라 한 자는 김경신을 충동질하여 출세를 도모한 자라 할 것이다. 그리하여 김주원의 아들이었던 김헌창(金憲昌)은 아버지가 왕위에 오르지 못한 데 대한 불만으로 822년(헌덕왕 14)에 반란을 일으켰다. 물론 이 난은 실패했지만 그의 아들 김범문(金梵文)은 고달산의 산적들과 결탁하여 다시 난을 일으키기도 하였다.

헌덕왕(憲德王 : 809~826)의 뒤를 이어 즉위한 흥덕왕(興德王 : 826~836) 말년에 왕위쟁탈전은 극에 달하였다. 그가 후사없이 세상을 떠나자 시중(侍中)이었던 김명(金明)을 비롯한 김제융(金悌隆)·이홍(利弘) 등의 일파와 상대등(上大等)이었던 김균정(金均貞) 및 김우징(金祐徵)·김예징(金禮徵)·김양(金陽) 일파가 대립하였다. 여기에서 김명 일파가 승리하여 김제융이 희강왕으로 즉위하였다. 김명이 잠시 김제융을 허수아비 왕으로 앉혔던 것이다. 그러나 김제융이 왕위를 자신에게 물려주지 않자 김명은 왕을 핍박하여 자살케 하였다. 그리고 자신이 왕위에 올랐으니 그가 곧 민애왕(閔哀王 : 838~839)이었다. 그러나 예전에 패배하였던 김균정의 아들 김우징은 청해진으로 가 장보고 군대의 힘을 빌어 민애왕을 살해하고 신무왕(神武王)으로 즉위하였다. 이 같은 진골귀족들끼리의 왕위쟁탈전은 신라사회의 근간이었던 골품제의 모순 내지 붕괴에 기인하는 것이었다.

이처럼 신라의 왕족인 진골귀족들은 창조적인 일에 종사하지 못하고 권력을 탐닉하였을 뿐 아니라 호화롭고 방탕한 생활을 하였다. 금입택(金入宅)

이나 사절유택(四節遊宅)의 존재가 그것을 말해준다. 금입택은 아마도 그 입구나 전체를 금으로 도금한 집이 아닌가 생각되며 사절유택은 사계절마다 가서 놀 수 있는 별장 같은 존재를 가리킨다. 헌강왕대의 〈처용가〉는 당시 귀족들의 퇴폐적인 생활상을 잘 보여준다. 진성여왕도 위홍(魏弘)이란 자와 좋아지내다가 그가 죽자 2, 3인의 미소년을 궁중에 끌어들여 난행을 일삼았다. 그리하여 이를 비방하는 투서가 나붙기도 했다.

　게다가 귀족들은 권력이나 고리대 등의 불법적인 수단을 동원하여 농민들의 토지를 탈점하였다. 그들이 소유한 대토지는 전장(田莊)이라 불리웠다. 이러한 상황에 대해 중국의 사서인 《신당서(新唐書)》는 "재상가에는 녹(祿)이 끊이지 않았으며 노비가 3천이며 갑옷 입은 병사나 소·말·돼지도 이와 상등하였다. 섬이나 산에 목축을 하는데 모름지기 먹고 싶으면 곧 쏘아 잡았다. 사람들에게 미곡을 이식하는데 다 갚지 못하면 노비로 삼았다"라고 전하고 있다. 토인비의 말대로 이제 신라의 지배계급은 창조적 소수자(Creative Minority)에서 지배적 소수자(Dominant Minority)로 변모하였던 것이다.

후삼국의 성립

　신라의 지배세력들이 창조적인 일에 종사하지 못하고 백성들 위에 군림하려고 하자, 이제 농민들은 더 이상 그들을 존경하지도 않았고 따르지도 않게 되었다. 이들의 행동을 모방하지도 않게 되었으며 오히려 반(反)사회 세력화 되었다. 이른바 '내적 프롤레타리아(Internal Proletariat)'로 등장하게 되었던 것이다.

　처음 농민들은 귀족들의 수탈을 피해 도망하여 유민(流民)이 되는 소극적인 방법을 택하였다. 그러나 수탈의 도가 심해지자 이제는 목숨을 걸고 항거하는 단계로 발전하였다. 그 직접적인 기폭제가 된 것이 889년(진성여왕

3)에 단행된, 전국에 대한 조세독촉이었다. 국왕은 방탕한 생활을 일삼으면서 농민들에게는 그 자금을 강요하였던 것이다. 게다가 가뭄과 흉년이라는 자연재해까지 겹쳐지게 되었다. 이에 농민들의 봉기가 전국적으로 확산되기 시작하였다.

제일 먼저 봉기한 곳은 사벌주[경북 상주]였다. 원종(元宗)과 애노(哀奴) 등에 이끌린 농민군들이 봉기를 일으켰다. 당시 농민군의 규모가 어찌나 컸는지 왕명을 받고 출동한 영기(令奇)는 그 위세에 놀라 앞으로 나아가지도 못하였다고 한다. 농민들의 이와 같은 봉기는 급속도로 전국에 확산되어갔다. 이들은 몇몇 지도자들에 의해 세력의 구심점을 형성하였다. 대표적인 예만 들더라도 북원[원주]의 양길(梁吉), 죽주[죽산]의 기훤(箕萱), 완산[전주]의 견훤(甄萱) 등이었다.

그러다가 이 농민봉기 세력은 두 개의 커다란 세력권으로 묶여져 국가의 성립을 보게 되었다. 궁예(弓裔)의 태봉(泰封)과 견훤의 후백제(後百濟)가 그것이다. 이로써 기존의 신라와 더불어 이른바 '후삼국시대(後三國時代)'가 연출된 것이다.

궁예는 원래 신라의 왕실 출신이었다. 기록에 의하면 47대 헌안왕(憲安王), 또는 48대 경문왕(景文王)의 아들로 되어 있다. 그런데 그는 생년월일에 오(午)자가 두 번 들어간 '중오일(重午日)'에 태어났다[5월 5일에 태어났다는 견해도 있음]. 이런 날에 태어난 인물은 국가에 반역을 꾀할 소지가 있다는 믿음이 있었던 모양이다. 게다가 태어나는 날 지붕에 먹구름이 껴있었으며 나면서부터 이빨이 있어 사람을 물어뜯을 수 있는 형상이었다. 이에 앞날을 예언하는 일관(日官)은 그를 죽이도록 주청하였다. 이를 받아들인 왕은 사신을 보내 그를 죽이도록 하였다. 그러자 궁예의 어머니는 그를 담장 밖으로 던졌는데 지나가던 여종이 그를 받아 영월 부근으로 도망가 살았다.

10여 세가 되어 세달사(世達寺)에 들어가 스님이 되었던 궁예는 891년(진성여왕 5)에 속세로 나와 야망을 펼치기 시작했다. 처음 죽주의 기훤에게 의

탁했지만, 대접을 받지 못하자 북원의 양길에게 의탁하였다. 거기서 군사를 나누어 받고 동쪽으로 진출하여 원주·영월·강릉 등지를 공략하였다. 강릉에 이르러서는 김순식(金順式)의 후원으로 3,500명이나 되는 군사를 거느리게 되었다. 곧 이어 화천·철원 지역까지 장악하였다.

그리하여 896년에 도읍을 철원으로 정하고 국호를 '태봉(泰封)'이라 하였다. 이후 궁예는 왕건(王建) 부자의 귀부를 받아 송악 지역까지 차지하였다. 여세를 몰아 북원의 양길세력까지 격파한 그는 경기·강원·황해도와 충청도 일부까지 장악하는 큰 세력으로 발전하였다. 898년에는 송악으로 천도하기도 하였다. 901년에 국호를 고려로 정하였다가 904년에는 다시 국호를 마진(摩震)으로 고치고, 동시에 광평성·병부·대용부 등의 관부를 설치하였다. 911년에는 다시 국호를 태봉으로 환원하였다.

왕위에 오른 초기에 궁예는 사졸들과 침식을 같이 하고 상벌을 공평하게 하는 등 바람직한 지도자상을 보이기 시작했다. 이때에는 그 휘하에 일부 지식인들이나 승려들, 그리고 호족들의 지지가 있었을 것이다. 농민들도 그를 잘 따랐을 것임에 틀림없다. 그러나 얼마 안가 전제적이고 급진적인 면을 보이기 시작했다.

그는 신라를 전면 부정하였다. 관부와 관직을 전면 개정하였으며, 신라에서 오는 모든 이들을 죽이기까지 했다. 그러자 지지 세력들도 서서히 그의 곁을 떠나기 시작했다. 지식인들이나 호족들은 당시 사회의 중간계층이었기에 급진적인 개혁을 원하지 않았기 때문이었다. 궁예 휘하에서 동궁기실(東宮記室)까지 지냈던 박유(朴儒)는 산속으로 숨어버렸으며, 장주(掌奏)의 직책에 있던 최응(崔凝)은 궁예가 왕건을 모반의 혐의로 추궁할 때 왕건을 도와줬던 것이다. 그리하여 결국 왕위를 왕건에게 내주게 되었다.

견훤은 본래 상주 가은현의 농민출신이었다.《삼국유사》에는 그가 광주 북촌 출신인 것처럼 되어 있으나 그것은 그가 이 지역에서 활동하면서 지역민들을 결집시키기 위해 퍼뜨린 설화일 가능성이 크다. 견훤은 장성하면서 신라의 군대에 들어가 서남해안을 지키게 되었다. 여기서 실력을 키운 그는 무진주[광주]로 진출하였다. 이어 완산[전주]까지 진출한 그는 거기에 도읍을 정하고 900년 후백제를 건국하였다.

그러나 그는 원칙적으로 신라의 군인출신이었다. 따라서 그의 정치권력과 군사적 기반은 신라의 공병(公兵)들이었다. 거기에다 일부 지식인들과 광주·전주 지역의 호족들도 참여하였다. 견훤 정권에서 주로 외교문서를 작성하였다는 6두품 계열 최승우(崔承祐)와 매곡성[충북 회인]의 성주 공직(龔直), 승주의 박영규(朴英規) 등이 그들이라 할 수 있다. 그러나 견훤은 군인출신이었기 때문인지 모르지만 큰 개혁은 하지 못했던 것 같다. 이는 새로운 사회를 열망했던 농민들은 물론이고 6두품이나 호족들도 바라는 바가 아니었다. 더욱이 신라의 군인으로서 경애왕을 살해한 것은 민심수습에 결정적인 실패요인이었다. 그리하여 결국 후백제는 고려에게 멸망당하게 되었던 것이다.

관련 사료

❶ (진성여왕) 2년(888) 춘2월 ··· 왕이 평소에 각간 위홍(魏弘)과 사통하였는데, 이에 이르러 항상 궁궐 안으로 들어와서 일을 보게 하였다. ··· 위홍이 죽자 (그에게) 시호를 추증하여 혜성대왕(惠成大王)이라 하였다. 이후에는 은밀히 소년 미장부(美丈夫) 2, 3인을 끌어들여 음탕하고 난잡한 일을 행하였다. 이로 인해 그 사람들에게 요직을 수여하고, 국정을 맡겼다. 이로 말미암아 아첨하거나 총애 받는 무리들[佞倖]이 뜻을 함부로 하여 뇌물이 공공연히 행해지고, 상벌도 공평하지 못하여 기강이 무너지고 해이해졌다. ··· 3년(889)에 국내 여러 주군(州郡)에서 공부(貢賦)가 걷히지 않아 국고[府庫]가 텅 비고 용도[國用]가 궁핍해지자, 왕이 사자를 보내어 (공부를) 독촉하였다. 이로 인하여 도처(到處)에서 도적이 봉기(蜂起)하였다. 이에 원종(元宗)·애노(哀奴) 등은 사벌주(沙伐州)에 의거(依據)하여 모반(謀叛)하였다. 왕이 나마(奈麻) 영기(令奇)에게 명하여 진압[捕捉]하게 하였는데, 영기는 적루(賊壘)를 바라보고 두려워하여 나아가지 못하고, 촌주(村主) 우련(祐連)이 힘껏 싸우다가 전사하였다. 왕이 칙을 내려[下勅] 영기(令奇)를 참(斬)하고, 우련(祐連)의 아들이 나이 10여 세이나, 촌주(村主)로 삼아 (지위를) 잇게 하였다. 《삼국사기》 권11, 신라본기11 진성왕 2·3년조)

❷ 천복(天福) 원년(901) 신유(辛酉)에 선종(善宗)이 스스로 왕(王)을 칭하고 사람들에게 말하기를, "옛날에 신라가 당(唐)에 군사[兵]를 요청하여 고구려를 파멸시켰으므로 평양(平壤) 옛 도읍이 풀만 무성하게 되었으니 내가 반드시 그 원수를 갚겠노라"라고 하였다. 대개 (그가) 태어날 때 버림받은 것을 원망하였으므로 이런 말을 한 것이다. 《삼국사기》 권50, 열전10 궁예)

생각해 보기

1. 신라 하대에 농민봉기가 일어난 배경은 무엇일까?
2. 궁예정권의 실패 요인은 무엇일까?
3. 후삼국시기의 시대적 배경과 신라의 멸망원인은 무엇일까?

참고문헌

1. 김갑동,《나말려초의 호족과 사회변동 연구》, 고려대학교 민족문화연구원, 1990.
2. 김창겸,《신라하대 왕위계승연구》, 경인문화사, 2003.
3. 신호철,《후백제 견훤정권연구》, 일조각, 1993.
4. 신호철,《후삼국시대 호족 연구》, 도서출판 개신, 2002.
5. 이재범,《후삼국시대 궁예정권 연구》, 혜안, 2007.
6. 이재범,《고려 건국기 사회동향 연구》, 경인문화사, 2010.
7. 전기웅,《나말려초의 정치사회와 문인지식층》, 혜안, 1996.
8. 전기웅,《신라의 멸망과 경문왕가》, 혜안, 2010.
9. 정청주,《신라말고려초 호족연구》, 일조각, 1996.
10. 조인성,《태봉의 궁예정권》, 푸른역사, 2007.
11. 한국사연구회,《한국사 전환기의 문제들》, 지식산업사, 1993.

2 왕건의 고려 건국과 후삼국 통일

왕건의 성격과 자질

왕건(王建)은 877년(헌강왕 3)에 송악에서 태어났다. 그의 집안은 고구려 유민 출신이었다. 6대조 할아버지에 해당하는 호경(虎景)이 활을 잘 쏘았다든가 백두산으로부터 내려와 송악에 정착했다는 기록이 그것을 말해준다. 또 할아버지에 해당하는 작제건(作帝建)도 활을 잘 쏘아 '백발백중'이었다. 고구려의 건국자인 고주몽(高朱蒙)도 명궁이었는데, 이러한 공통점은 왕건의 가문이 고구려계였음을 간접적으로 시사해준다.

송악에 정착한 그의 가문은 해상세력으로 성장하였다. 송악[개성] 자체가 해안에 위치하고 있어 중국과의 해상무역에 유리한 지역이었다. 이에 따라 부를 축적할 수 있었다. 5대조 할아버지에 해당하는 강충(康忠)이 부자였다는 기록이 이를 말해준다. 작제건이 바다를 건너 중국으로 가다 용왕의 딸인 용녀(龍女)를 아내로 맞이하였다는 설화도 그의 가문이 바다와 밀접한 관련이 있었음을 보여준다. 그리하여 이미 작제건 대에는 그 일대를 장악한 세력으로 성장하였다. 작제건이 용녀를 맞아오자 개주[개성]·정주[개풍군 풍덕]·염주·백주의 4주와 강화·교동·하음 3현의 백성들이 그를 위해 영안성(永安城)을 쌓고 궁실을 지어줬다는 《고려사(高麗史)》 고려세계(高麗世系)의 기록이 이를 뒷받침해준다.

그렇다면 왕건은 어떻게 왕위에 올라 고려를 건국하고 후삼국을 통일할 수 있었을까? 어떤 자질을 가졌기에 역사의 주인공으로 등장할 수 있었을까? 우선 그는 남들이 싫어하는 일을 마다하지 않았다. 896년(진성여왕 10)에 아버지 왕륭(王隆)과 같이 궁예에게 귀순하였던 그는 발어참성(勃禦塹城)의 성주가 되었다. 898년(효공왕 2)에는 궁예 휘하에서 정기대감(精騎大監)에 임명되어 정복전쟁을 도맡아 수행하였다. 내일을 알 수 없는 전쟁터에서 위험을 무릅써야 했다. 예나 지금이나 전쟁은 목숨을 담보한다. 죽음은 누구에게나 두렵고 기피하게 된다. 그러나 왕건은 노고를 마다하지 않고 기꺼이 선봉을 맡았던 것이다.

899년(효공왕 3)부터 왕건은 전국 각지로 정복전쟁을 떠났다. 우선 그는 광주(廣州)·충주·당성(唐城 : 경기도 화성군 남양)·청주·괴양(충북 괴산) 등지를 공격하여 전과를 올렸다. 그의 장기인 항해술을 이용하여 전공을 세우기도 하였다. 수군을 이끌고 금성군을 공격하여 취하였다. 궁예는 이에 금성군을 나주로 승격시키고 후백제의 배후를 위협했다. 양주(경남 양산)에서 원병을 요청하자, 왕건이 솔선하여 이를 구하기도 하였다.

견훤과의 대결에서도 결코 물러서지 않았다. 상주의 사화진(沙火鎭)에서 견훤군과 싸워 여러 번 승리를 하였다. 909년(효공왕 13)에 그는 해군대장군에 임명되어 광주와 진도군·고이도를 함락시키고 덕진포(德眞浦)까지 진격하였다. 견훤이 이에 맞서 배를 늘어놓자 장수들이 자못 걱정하였다. 이때 왕건은 "군사가 이기는 것은 서로 화합하는 데 있는 것이지 결코 숫자의 많고 적음에 있는 것이 아니다"라고 말하면서 군사들을 독려하였다. 그리고 때마침 불어오는 바람을 이용하여 화공작전을 개시하였다. 그러자 연이어 있던 배가 모두 타버리고 견훤은 겨우 작은 배를 타고 도망하여 목숨을 부지하였다. 마치 유비의 군대가 제갈량의 계책에 따라 화공작전으로 조조의 군대를 물리친 적벽강 전투를 연상케 하는 장면이다. 이처럼 그는 용감하기도 하였지만 전략·전술에도 뛰어난 바가 있었다.

왕건은 적의 동향을 잘 파악하였다. 적을 알고 나를 알아야 한다는 《손자병법(孫子兵法)》의 원칙을 잘 알고 있었다. 한번은 견훤의 휘하에 있던 수달(水獺 : 본명은 能昌)이란 자가 압해도에서 활약하면서 왕건을 죽이려 한 적이 있었다. 그러나 첩자를 보내어 사전에 정보를 알고 있었던 왕건은 오히려 헤엄 잘 치는 자 10여 인을 몰래 파견하여 능창을 사로잡기도 하였다. 이 공으로 그는 시중(侍中)에 임명되었다.

그는 때를 기다릴 줄 아는 인내심을 가지고 있었다. 이는 다음과 같은 일화에서 엿볼 수 있다. 많은 신하들이 공을 내세우며 궁예에게 아첨하고 있을 때에도 왕건은 변방에 지원하여 나주에 머무르고 있었다. 그러자 그의 부장이었던 김언이 불만을 토로하였다. "장군님! 우리가 이 죽을 고생을 했는데도 아무런 포상이 없으니 어떻게 된 일입니까? 차라리 수도로 쳐들어가 새로운 정권을 세웁시다." 이에 왕건은 조용히 말하였다. "삼가 게으르지 말고 두 마음을 갖지 말라. 그러면 나중에 복을 받을 것이다. 지금 왕이 방자하고 잔학하여 죄 없는 사람을 많이 죽이고 아첨하는 무리가 뜻을 얻어 유언비어와 모함이 난무하고 있다. 이때에 왕궁 안에 있으면 스스로 목숨을 보전하지 못할 것이니 밖에서 정벌에 종사하면서 왕도(王道)의 길을 가는 것이 훨씬 좋은 것이다." 이렇듯 그는 함부로 나서지 않고 때가 오기를 기다리는 인내심이 있었다. 진정 기다림의 미학과 철학을 알았기에 후일 왕위에 오를 수 있었던 것이다.

왕건은 권력을 함부로 하지 않고 공명정대하게 썼다. 시중(侍中)의 자리에까지 올랐으나, 국사를 처리하면서 사사로운 정에 얽매이지 않았다. 권력을 함부로 하지 않았으며 매사에 신중한 태도를 견지하였다. 착하고 올바른 사람은 가까이 두었지만 악하고 간교한 사람은 멀리하였다. 누가 착한 사람을 헐뜯는다 하더라도 전혀 거기에 동요되지 않고 끝까지 옹호하였다.

한번은 이런 일이 있었다. 청주인이었던 아지태(阿志泰)는 궁예에게 아첨하여 고관에 오른 자였다. 그런데도 같은 고향 사람인 입전·신방·관서 등이 부정부패를 일삼고 있다고 모함하였다. 사람들은 아지태의 말이 거짓이라는 것을 알고 있었으나 아무도 말하는 자가 없었다. 최고 권력자인 궁예의 비위를 거스를까 염려했기 때문이었다. 그러나 왕건은 이에 굴하지 않고 진위를 가렸다. 알고 보니 실은 아지태가 관직을 빙자하여 많은 부정을 저지르고 있었던 것이다. 아지태를 감옥에 집어넣자 많은 사람들이 용기 있는 결단이라고 여겼다. 그 결과 왕건은 시중직에서 해임되어 수군을 거느리고 다시 나주로 떠날 수밖에 없었다. 그는 자신에게 해가 될 줄을 알면서도 남의 눈치를 보지 않고 옳은 일을 위해 공명정대한 권력을 행사하였던 것이다.

태조의 등극과 후삼국 통일

그러나 그에게도 위험은 있었다. 태봉 말기에 궁예는 부쩍 의심이 많아지고 포악해졌다. 왕건은 이에 개의치 않고 맡은 바 임무에만 충실하였다. 하루는 궁예가 왕건을 불렀다. 그리고 그를 반역의 혐의로 추궁하였다. 당시 궁예는 자신이 미륵불로서 사람들의 마음을 다 알 수 있다고 하였는데 이를 미륵관심법(彌勒觀心法)이라 하였다. 왕건은 모반 혐의를 부정하였다. 그러나 이를 부정하는 것은 궁예의 신통력을 의심하는 것으로 여겨졌다. 이에 궁예는 다시 말했다. "경은 나를 속이지 말라. 나는 남의 마음을 꿰뚫어보기 때문에 아는 것이다. 내가 지금 선정(禪定)에 들어가서 관찰 할 것이다." 그리고 눈을 감고 하늘을 올려다보고 있었다. 이때 궁예 곁에 있던 최응이 일부러 붓을 떨어뜨렸다. 그리고는 이를 주우러 가는 척 하면서 왕건에게 속삭였다. "사실처럼 말하지 않으면 위험에 빠질 것입니다." 그러자 왕건은 깨닫고 말하였다. "신이 진실로 반역을 꾀했사오니 그 죄는 죽어 마땅하옵니다." 궁예는 비로소 껄껄 웃으면서 말했다. "경은 진실로 정직하도다." 이로써 가까스로 사지에서 벗어날 수 있었다.

그러나 민심은 바른 곳으로 모아지고 있었다. 당나라의 상인 왕창근(王昌

瑾)이 저자거리에서 거울을 샀는데 거울에 햇빛이 비치자 왕건의 등극을 예
언하는 글귀가 나타났다.

> 삼수중(三水中) 사유하(四維下)에
> 상제(上帝)가 아들을 진한·마한에 내려보내어
> 먼저 닭[鷄]을 잡고 뒤에 오리[鴨]를 칠 것이다
> 사년(巳年) 중에 두 용이 나타나
> 한 용은 청목(靑木) 속에 몸을 감추고
> 한 용은 흑금(黑金)의 동쪽에 몸을 드러낼 것이다.
> 혹은 성(盛)함을 보이기도 하고 혹은 쇠(衰)함을 보이기도 하여
> 악을 멸하고 진재(塵滓)를 없앨 것이다.

이는 삼면이 바다로 둘러싸인 신라[四+維=羅] 땅에 상제가 아들을 진한·마
한 땅에 내려보내 먼저 계림[신라]을 제압하고 후에 압록강까지 진출할 것이
다. '사(巳)'자 들어간 해에 두 영웅이 나타나는데 하나는 청목 즉 송악에서
몸을 감추고 있고 하나는 흑금 즉 철원에서 이미 왕위에 올랐도다. 그러나
송악에 있는 영웅이 곧 나타나 물러서기도 하고 앞서기도 하면서 부정부패
를 없애고 새롭게 등극하리라는 뜻이었다. 누군가 민심을 대변하여 하늘의
뜻으로 왕건의 등장을 예견했던 것이다.

또 당대의 지식인이었던 최치원도 신라의 멸망과 고려의 개창을 점쳤다.
"계림(鷄林)은 황엽(黃葉)이요, 곡령(鵠嶺)은 청송(靑松)이라" 했다. 신라는 이
제 누런 낙엽이 되어 멸망할 것이고, 곡령[송악]에서 일어난 왕건이 왕업을
열어 청송처럼 늘 푸르게 뻗어나간다는 뜻이었다.

이러한 예언은 맞아떨어져 918년 6월, 왕건은 홍유(洪儒)·배현경(裵玄慶)·
신숭겸(申崇謙)·복지겸(卜智謙) 등의 장군에게 추대되어 왕위에 올랐다. 5백
년 고려 왕업의 터전이 마련된 것이다. 실로 889년(진성여왕 3)에 농민봉기
가 시작된 이래 30여년 만의 일이었다. 민심의 승리였다.

이렇게 왕건은 궁예의 뒤를 이어 왕위에 올라 창업주인 태조(太祖 : 918~943)가 되었다. 그는 우선 나라 이름을 '고려(高麗)'라 하였다. 이 국호는 이미 궁예가 사용한 바 있으나 신라의 왕실 출신이었던 궁예에게는 어울리지 않는 국명이었다. 그러나 왕건은 고구려의 유민 출신이었으므로 고구려의 부흥을 표방할 만 하였다. 그리고 궁예가 차지하고 있던 지역이 대개 옛 고구려 지역이었으므로 지역민들을 결집시키는 데에도 효과적으로 작용하였다.

신라에 대해서도 궁예와는 달리 우호적인 태도를 보였다. 왕위에 오르자마자 궁예가 새로 설치한 관계와 군현의 명칭을 다시 신라식으로 환원하였다. 신라에서 오는 사람들도 후대하였다. 특히 6두품 계열을 많이 수용하였다. 최언위나 최은함·최승로 부자와 같은 세력을 영입하였다. 최언위(崔彦撝)는 당나라에 유학하였다가 돌아온 인물로 신라에서 관직생활을 하다 왕건에게로 온 인물이다. 그는 태조 휘하에서 많은 활약을 하였다. 태자의 사부가 되었으며, 문필을 관장하여 한림원(翰林院)의 장관을 지내기도 했다. 최승로(崔承老) 부자도 귀순해오자 그 실력을 인정하여 어린 최승로를 원봉성(元鳳省)의 학생으로 삼기도 하였다.

이렇듯 신라와의 관계를 탄탄히 다져놓은 왕건에게 남아 있는 숙제는 후백제 견훤과의 관계를 어떻게 정립시키느냐 하는 것이었다. 왕건이 즉위한 초기에 그들은 외형적으로 우호관계를 유지하였다. 왕건이 즉위하자 견훤측에서 사신을 보내 공작같이 좋은 부채와 지리산 대나무로 만든 화살을 선물하였고 왕건도 이에 화답하였음은 물론이다. 그러다가 920년(태조 3)에 견훤이 신라의 합천·초계를 공격하고 신라의 구원 요청에 고려가 응하면서 둘 사이에 틈이 벌어지기 시작하였다. 924년에 일어난 조물군(曹物郡 : 구미 부근으로 추정) 전투 이후 인질 교환으로 잠시 소강상태를 보이던 그들은 927년(태조 10)에 왕건이 용주(龍州 : 지금의 예천)를 선제공격함으로써 다시 대립하였다.

같은 해 견훤이 신라의 수도를 침범하여 경애왕(景哀王 : 924~927)을 살해하면서 양자의 관계는 극도로 악화되었다. 이때 신라를 구원하러 가던 왕건은 공산(公山 : 지금의 대구 팔공산)에서 후백제군을 만나 싸웠으나 크게 패하였다. 여기서 그는 신숭겸(申崇謙)·김락(金樂) 등 두 장수를 잃고 간신히 몸만 빠져나왔다. 이에 충격을 받은 왕건은 전열을 재정비하여 930년(태조 13)에 고창군(古昌郡 : 지금의 안동) 전투에서 김선평(金宣平)·권행(權幸)·장길(張吉) 등의 도움으로 견훤군을 크게 무찔렀다. 지금도 안동에는 이 세 사람을 모신 3태사묘(三太師廟)가 존재하고 있다.

승기를 잡은 왕건은 견훤과 경순왕(敬順王 : 927~935)의 귀순을 받고 후백제 신검(神劍)과 선산 부근의 일리천(一利川)에서 마지막 결전을 벌였다. 여기서 패배한 신검은 황산군(黃山郡 : 지금의 충남 논산군 연산면)으로 도망하여 진영을 정비하였다. 그러나 이를 추격한 고려는 여기서도 크게 승리함으로써 936년에 후삼국을 통일하였다. 이를 기념하여 왕건은 연산에 개태사(開泰寺)라는 절을 세우기도 하였다.

통일 정책

왕건이 후삼국을 통일할 수 있었던 것은 그의 개인적 자질과 역량 때문이기도 했지만 '호족(豪族)'들의 협조 덕택이기도 했다. 호족은 지방의 대토지 소유자로서 권력·무력뿐 아니라 문화적 능력도 갖추고 있는 존재였다. 호족들의 지위는 개인에 의한 것이 아니라 한 지역에 집단적으로 거주하는 동족집단을 바탕으로 한 것이었다. 신라 말 이들은 지방에서 성주·장군의 호칭을 가지고 각 지역을 장악하고 있었다. 처음 농민봉기가 일어났을 때 그들은 관망의 자세를 보였으나 혼란이 계속되자 농민들과 연합하여 새로운 사회의 건설에 앞장섰다.

이러한 호족들을 왕건은 온건개혁정책을 추구하면서 자신의 휘하에 끌어들이려 하였다. 그는 즉위하자마자 전국의 호족들에게 선물을 보내는 한편 말을 낮추어 공경하는 겸손한 태도를 보였다. 자신에게 귀부해 오는 호족들에게는 토지와 저택을 주기도 하고 관계(官階)를 수여해주면서 통치권을 인정해 주기도 하였다. 또 그들의 딸과 혼인을 추진하여 혈연적 친분관계를 유지하기도 하였다. 그 결과 그에게는 29명의 부인이 있었으며, 여기서 25명의 왕자와 9명의 왕녀를 얻게 되었다. 이러한 혼인정책이 호족들에게 환영받을 수 있었던 것은 왕건의 회유정책 때문이기도 했지만 그의 출신배경이 송악의 호족으로서 동질성을 느낄 수 있었던 데에도 한 원인이 있었다.

호족들의 자제들을 기인(其人)으로 삼아 수도에 올라오게 하는 조치도 취하였다. 평상시에는 이들을 잘 대우해 주었지만 유사시 인질로 삼기 위한 것이었다. 대호족들이 서울로 올라올 경우 그들을 사심관(事審官)으로 삼아 출신지의 향리들을 비롯한 제반 사항을 통제케 하기도 하였다.

한편으로 그는 일반백성들을 위한 정책적 배려도 아끼지 않았다. 그는 우선 농민들의 조세부담을 경감시켜 주었다. 궁예 시절에는 수확의 반 가량을 수탈해 갔지만, 태조가 집권한 후부터는 10분의 1세를 유지하였다. 흑창(黑倉)이라는 빈민구제기관도 설립하여 가난한 백성들에게 곡식을 나누어 주었다. 또 억울하게 남의 노비가 된 자들을 양민으로 풀어주는 정책도 추진하였다.

고려 태조 왕건의 후삼국 통일로 인하여 889년(진성여왕 3)부터 시작된 전란은 끝을 맺게 되었다. 무려 47년간이나 계속된 내부적인 진통을 수습하고 나서야 고려는 새로운 사회를 건설할 수 있었던 것이다. 따라서 고려 왕조도 사실은 936년(태조 19)까지는 후삼국 시대에 속한다고 하겠다. 결국 한국사에서 '후삼국 시대'란 태봉의 뒤를 이어 후백제가 건국한 900년부터 936년까지 36년간을 가리킨다 하겠다. 이 시기는 한국의 '전국시대(戰國時代)'라 불러도 좋을 것이다.

이러한 고려의 후삼국 통일은 외부세력의 간섭 없이 진행된 것이 특징이다. 신라의 반도통일이나 조선의 건국이 중국과의 밀접한 관련 하에서 이루어진 반면 고려의 건국과 후삼국 통일은 중국의 영향 하에 이루어진 것이 아니었다. 그것은 당시 중국이 당말 오대(五代)의 혼란기였기 때문이기도 하였다. 그리고 신라의 반도통일 때에 찾지 못했던 고구려 영토를 많이 획득한 것도 사실이다. 특히 왕건은 북방정책을 추진하여 고구려의 옛 수도인 평양을 제2의 수도로 삼아 북방을 개척하기도 했던 것이다.

고려의 후삼국 통일로 경주 진골 중심의 골품제 사회가 붕괴되고 지방 호족 중심의 능력 사회가 되었다. 지방민들도 실력이 있으면 과거를 보아 중앙의 관계로 진출할 수 있었다. 또 고려시대에는 다양한 종교와 사상이 공존하였다. 불교, 유교는 물론 풍수지리나 전통신앙이 같이 성행하였다. 이는 불교중심 국가였던 신라가 멸망한 후 고려가 후삼국을 통일하면서 이룩된 것이었다. 한 가지 사상을 고집하지 않고 다양한 사상과 종교의 존재를 인정하고 이를 조화시켰던 것이다. 이는 사상·문화적으로 한 단계 진전된 것이었다고 할 수 있다. 한편 고려의 후삼국 통일은 동북아시아사의 전개에 있어 중국 및 북방민족과 함께 삼각의 축을 형성하는 계기가 되었다. 고려(高麗)－송(宋)－요(遼) 또는 금(金)의 삼각구도를 형성하여 서로 견제와 균형을 주고 받는 초석이 되었다. 통일 왕조로서 동북아시아의 당당한 일원이 되어 요(遼)의 침략과 금(金)의 압력을 물리칠 수 있었던 것이다.

관련 사료

❶ 태조가 즉위하자 (최응에게) 옛[태봉] 관직인 지원봉성사(知元鳳省事)를 그대로 지니게 하였다가 얼마 후 광평낭중(廣評郎中)을 제수하였다. 최응은 대신이 될 만한 도량이 있었고 행정 실무에도 통달하여 지나칠 정도로 세상의 영예를 받았다. 태조에게는 우대와 인정을 받았으며, 밤낮으로 삼가고 근면하여 공헌한 바가 많았다. … 어느 날 태조가 최응에게 일러 말하기를 "예전에 신라가 9층탑을 만들고 마침내 일통삼한(一統三韓)의 위업을 이룩하였다. 이제 개경에 7층탑을 건설하고 서경에는 9층탑을 건조할 것이니, 현묘한 공덕을 빌어 여러 추악한 무리들을 제거하고 삼한을 합하여 일가를 이루고자 함이다. 그대는 나를 위하여 발원문을 작성하라"라고 하였다. 최응은 드디어 그 글을 지어 바쳤다. 《고려사》 권92, 열전5 최응)

❷ 견훤은 처가 많아서 자식을 10여 명 두었는데, 넷째 아들 금강이 신체가 장대하고 지략이 많으므로 견훤이 특별히 아껴서 자신의 지위를 전해 줄 뜻이 있었다. 그의 형인 신검·양검·용검 등이 그것을 알게 되자 근심하고 번민하였다. 이 때 양검은 강주(康州 : 현재의 晉州) 도독(都督)이 되고, 용검은 무주(武州 : 현재의 光州) 도독으로 있었으며, 신검만이 견훤의 곁에 있었는데, 이찬(伊湌) 능환이 사람을 시켜 강주와 무주를 왕래하며 양검 등과 몰래 (반역을) 모의하였다. 청태(淸泰) 2년(936) 3월에 드디어 파진찬(波珍湌) 신덕·영순 등이 신검에게 권유하자, 견훤을 금산사에 유폐하고 사람을 보내어 금강을 죽였다. 신검이 스스로 대왕(大王)을 칭하고 경내의 (죄인들을) 크게 사면하였다. (《삼국사기》 권50, 열전10 견훤)

생각해 보기

1. 후백제의 멸망 원인은 무엇일까?
2. 왕건이 후삼국을 통일할 수 있었던 원동력은 무엇이었을까?
3. 최고통치권자에게 요구되는 리더십은 무엇일까?

참고문헌

1. 김갑동,《고려의 후삼국 통일과 후백제》, 서경문화사, 2010.
2. 노명호,《고려국가와 집단의식 : 자위공동체, 삼국유민, 삼한일통, 해동천자의 천하》, 서울대학교출판문화원, 2009.
3. 류영철,《고려의 후삼국 통일과정 연구》, 경인문화사, 2005.
4. 문안식,《후백제 전쟁사 연구》, 혜안, 2008.
5. 민현구,《고려정치사론》, 고려대출판부, 2004.
6. 박용운,《고려의 고구려계승에 대한 종합적 검토》, 일지사, 2006.
7. 박창희,《한국사의 시각》, 영언문화사, 1984.
8. 신호철,《후삼국사》, 도서출판 개신, 2008.
9. 최규성,《고려태조 왕건 연구》, 주류성, 2005.
10. 홍승기 외,《고려태조의 국가경영》, 서울대학교 출판부, 1996.

3 혜종·정종대의 왕위계승전

혜종의 즉위와 세력 관계

943년에 태조 왕건이 죽자 혜종(惠宗 : 943~945)이 즉위하였
다. 그의 후견인으로는 박술희(朴述熙)가 있었다. 박술희는 충
남 당진군 면천 출신으로, 어려서부터 체격이 장대하고 용감하
였다. 먹지 못하는 것이 없을 정도로 식성도 좋았다. 심지어는
두꺼비나 개미도 다 먹어치웠다. 그리하여 나이 18살에 궁예의
호위병이 되었다. 궁예가 송악에 도읍을 하고 있을 때였다.

그러나 실제로 박술희는 왕건 때문에 일을 얻을 수 있었다.
그것은 그의 출신지와 관련이 있다. 면천은 당시 혜성군이라
불렀다. 이는 고려의 개국 1등 공신이었던 복지겸의 고향이기
도 하였다. 이곳은 개성이나 나주 같은 지역처럼 해상 무역의
요지라는 동질적인 성격을 가지고 있었다. 따라서 같은 해상
출신인 개성의 왕건이나 태조의 왕비인 나주 오씨와 친밀해질
수 있는 요소가 있었다.

그는 왕건에게 충성을 다하였다. 전쟁터에 나가면 누구보다
용감하게 싸웠다. 뿐만 아니라 왕건의 첫째 아들이었던 왕무(王
武)의 후견인이기도 하였다. 그것은 왕무의 태자 책봉 과정에서
드러났다.

왕무는 912년에 왕건의 장남으로 태어났다. 그리하여 태조는
왕위에 오른 지 몇 년 안 되어 921년(태조 4)에 왕무를 태자로 책

봉하였다. 그때 왕무의 나이는 9세에 불과하였다.

그런데 그 과정이 순조롭지 못하였다. 그것은 그의 집안이 '측미(側微)'하여 반대세력이 많았기 때문이었다. '측미'하다는 말은 신분적으로 미천하다는 의미일 뿐 아니라 정치적 권력이나 군사력의 부족을 뜻하는 것이었다. 그러자 태조는 자황포(柘黃袍)를 상자에 담아 오씨에게 주었다. 자황포는 태자들이 입는 옷감이었다. 오씨는 다시 이를 박술희에게 보여주었다. 박술희는 태조의 뜻을 알아차리고 왕무를 태자로 책봉할 것을 청하였다. 그리하여 마침내 왕무가 태자로 책봉되기에 이르렀던 것이다. 태조의 신임이 그만큼 두터웠음을 알 수 있다. 그 때문에 943년 4월에 태조는 죽음을 대비해 써두었던 훈요 10조를 그에게 넘겨주었고, 임종할 때에는 그에게 국가의 대사를 다 맡기었다. 태조가 죽자 결국 왕무가 왕위에 올라 혜종이 되었다.

그러나 세상에 뜻대로 되는 것은 하나도 없었다. 태조의 다른 아들들이 왕위를 탐내고 있었기 때문이다. 태조에게는 29명에 달하는 왕비가 있었다. 거기서 25명의 아들을 낳았다. 그들이 다 왕위를 노리고 있었다. 사실 그들보다도 그들의 아버지나 친척들이 그러했다. 특히 왕규(王規)가 그러했다.

왕규는 혜종의 장인이었다. 혜종의 제2비 후광주원부인(後廣州院夫人) 왕씨(王氏)가 바로 왕규의 딸이었던 것이다. 그러나 왕규는 이미 태조에게 두 딸을 바친 바 있다. 따라서 혜종에게는 장인일 뿐 아니라 외할아버지뻘이 되기도 하였다. 왕규의 딸과 태조에게서 낳은 아들이 있었기 때문이다. 그를 광주원군(廣州院君)이라 하였다. 그는 혜종에게 이복동생이었다.

왕규는 원래 함규(咸規)였다. 그는 고려 태조 때에 최고의 관부였던 광평성(廣評省)의 차관급인 시랑(侍郎)이었다. 후에는 태조공신이 되었다. 이러한 공으로 왕씨 성을 하사받았다. 강릉의 김순식이나 춘천의 박유가 왕성을 하사 받아 왕순식(王順式)·왕유(王儒)로 표기된 것과 같은 것이다.

왕규도 태조에게 총애를 받은 인물이었다. 943년(태조 26) 5월, 태조의 임종시 염상(廉相)·박수문(朴守文) 등과 더불어 유조(遺詔)를 받고 있는 점에서 알 수 있다. 그런데 혜종과 후광주원부인과의 혼인은 태조대에 이루어졌다. 태조는 우세한 정치적 지위에 있던 왕규의 딸을 왕무와 맺어줌으로써 왕무의 '측미'함을 보강시켜 주려 하였던 것이다.

뿐만 아니라 혜종과 제1비와의 혼인도 태조의 의도 하에 이루어졌다. 그 것은 921년, 태자로 책봉된 해에 이루어졌다. 이때의 혼인 대상은 제 1비인 의화왕후(義和王后) 임씨(林氏)였다. 의화왕후의 아버지로 되어 있는 임희(林曦)는 충북 진천 출신으로 태조 즉위 직후의 인사조처에서 병부령에 임명된 자였다. 병부령은 군사에 관한 행정업무를 담당한 병부의 장관직이었다. 당시 실질적인 군사지휘권을 가지고 있던 순군부(徇軍部)의 장관직에는 임명필(林明弼)이 임명되었다. 임명필 또한 진천 임씨였다. 이것으로 보아 당 시 진천 임씨 일족은 군사권을 모두 장악하고 있었음을 알 수 있다.

태조는 이렇듯 중요한 지역과 연합할 필요성에 따라 임희의 딸을 태자인 왕무와 혼인시켰던 것이다. 따라서 이때의 혼인도 혜종[왕무]에게 군사적 기 반을 강화시켜 주기 위한 정략결혼이었다.

이처럼 혜종은 이미 즉위하기 전부터 박술희 세력이나 진천·광주 등지의 호족세력과 손을 잡고 있었다. 그러나 그것은 어디까지나 태조라는 구심점 이 있었기에 가능한 일이었다.

태조가 죽고 혜종이 즉위하자 다른 세력의 도전을 받게 되었다. 그 대표 적인 세력이 바로 신명순성왕태후(神明順成王太后) 유씨(劉氏)의 아들인 왕요 (王堯)·왕소(王昭)의 세력이었다.

이들은 태조의 둘째와 셋째 아들로 유긍달(劉兢達)의 외손이었다. 이 유씨 는 충주지역에서 세력을 잡고 있던 호족이었다. 본래 충주는 삼국시대 때 부터 군사적으로 중시되었던 지역이었다. 통일신라 때에는 중원경(中原京) 이었다가 고려 태조 연간에는 중원부(中原府) 또는 충주(忠州)라 불리기도 했 던 지역이다. 신라 말에 이 지역을 장악하고 있던 충주 유씨는 900년에 왕 건에게 투항하면서 중앙 정계로 진출하였다. 태조 원년 6월의 인사조처에서 순군부의 낭중(郎中)에 임명된 유길권(劉吉權)이 궁예 치하에서 내봉사(內奉史)라는 직임을 맡고 있었음에서 알 수 있다.

충주 유씨는 순천 박씨나 홍성의 홍씨 등 후백제 지역 세력이나 신라의 왕족이었던 경주 김씨와도 연결을 맺고 있었다. 또 정주 유씨나 황주 황보씨 등 패강진[황해도 평산] 세력과도 밀접한 관계를 유지하고 있었다. 뿐만 아니라 왕소[광종]는 황해도 신천의 강씨와 깊은 관련을 맺을 수밖에 없었다. 태조의 제22비 신주원부인(信州院夫人) 강씨가 한 아들을 낳았으나 일찍 죽자 대신 왕소를 길러 아들로 삼았기 때문이다. 이 신주[신천]도 패강진의 관할 범위에 포함되어 있었다.

이처럼 가문이 '측미'하였던 혜종은 박술희의 무력적 기반을 위시하여 진천·광주 등지 호족들의 지원을 받고 있었다. 반면 왕요·왕소 등의 충주 유씨 세력은 패강진 세력을 위시한 서경[평양]세력과 밀접히 관련되어 있었다. 특히 평산 박씨와 깊은 유대를 형성하고 있었던 것이다.

혜종대의 왕위계승쟁탈전

이러한 세력 관계는 태조의 효과적인 통제 하에서는 큰 탈 없이 유지될 수 있었다. 그러나 혜종이 즉위하면서 문제가 발생하기 시작하였다. 혜종보다 더 큰 세력을 형성하고 있었으나 장자가 아니라는 이유로 왕위에 오르지 못했던 왕요·왕소가 도전을 했던 것이다. 이러한 움직임을 눈치챈 왕규는 945년(혜종 2)에 이 사실을 왕에게 알렸다. 또 이때 사천공봉(司天供奉)의 직위에 있던 최지몽(崔知夢)이 국가에 반드시 반적(叛賊)이 있을 것이라 아뢰기도 했다. 그러나 혜종은 오히려 딸을 왕소와 혼인시키는 조치를 취하였다. 현실적인 면에서 세력이 약했던 혜종은 그들을 회유하기 위해 자신의 딸을 주었던 것이다.

한편 왕요·왕소의 수상한 움직임을 혜종에게 귀띔해 주었던 왕규는 이러한 조치에 대해 불만을 갖기 시작했다. 더욱이 혜종의 딸이 왕소와 혼인하여 잘못하면 화가 자신에게 돌아올 지도 모른다고 생각하였다. 이에 그는 자신의 사위인 혜종을 제거하고 외손자인 광주원군을 세우고자 하였다.

하루는 밤에 왕이 깊이 잠든 것을 엿보아 자객을 침실로 보냈다. 그러나 자객은 혜종이 휘두른 주먹에 맞고 실패하였다. 그리고는 그 죄에 대해서는 문책하지 않았다. 또 하루는 혜종이 몸이 불편하여 신덕전(神德殿)에 있었다. 그런데 최지몽이 알현하기를 청하였다. 그는 일찍부터 천기를 볼 줄 알았다. 그리고 앞날을 점치는 재주도 있었다. 일찍이 왕건의 꿈을 해몽하여 후삼국을 통일할 것을 예언하기도 했다. 그는 오늘 밤에 큰 변고가 있을 것이라 하면서 침소를 옮길 것을 청하였다. 그 말대로 혜종은 몰래 중광전(重光殿)으로 자리를 옮겼다.

이 사실을 몰랐던 왕규는 야밤을 틈타 행동을 개시하였다. 직접 무리를 거느리고 벽을 뚫었다. 혜종의 침실로 들어가니 침대는 이미 비어 있었다. 왕규는 순간적으로 이것이 최지몽의 계략인 줄 눈치 챘다. 평소 가깝게 지냈던 그였기에 이를 안 것은 최지몽뿐이었기 때문이다. 그는 최지몽을 불러 칼을 빼어 위협하였다. 그러나 그를 죽이지는 못하였다. 왕규는 조용히 물러갔다.

혜종은 이것이 왕규의 소행인줄 알았다. 그러나 역시 이를 벌하지 못했다. 공연한 사단을 만들고 싶지 않았다. 왕규의 세력을 무시할 수 없었다. 또 좋든 싫든 자신에게는 장인어른이었다.

이러한 왕규의 혜종 시해 사건은 두 가지 결과를 초래하였다. 첫째로 같은 혜종의 지지 세력이었던 박술희와의 결별을 초래하였다. 그리하여 박술희는 신변의 위협을 느끼고 항상 병사 100여 인으로 하여금 호위를 하게 했다. 자신의 사위이면서 왕이기도 했던 혜종까지 살해하려 했던 왕규가 박술희를 좋게 봤을 리가 만무하기 때문이다.

두 번째 결과는 혜종의 성격변화로 나타났다. 그전까지만 해도 어질고 도량이 넓었던 혜종이 의심하고 꺼려하는 바가 많게 되었다. 그리하여 항상 갑옷 입은 병사들로 하여금 자신을 호위케 하였다. 감정의 통제도 불가능해졌다. 아무 때나 화를 내고 어떤 때는 혼자 껄껄 웃기도 하였다. 아첨하는 소인들만 가까이 하고 상벌도 공평성을 잃었다. 그러자 혜종이 즉위할 때는 기뻐했던 많은 사람들이 이제 불평하고 원망하기 시작하였다.

이런 상황 속에서 혜종은 병이 들었다. 그런데도 그는 후사를 결정하지 않았다. 아니 결정할 수 없었다. 자신의 제1비 진천 임씨에게서 낳은 흥화랑군(興化郞君)을 후사로 삼고 싶었다. 그러나 나이가 너무 어려 마음이 놓이지 않았다. 아우들 중에서 후사를 고를까도 생각하였다. 마음속으로는 처형의 아들이며 장인의 외손이기도 한 광주원군을 후사로 생각하기도 했다. 그러나 첫 번째 이복동생인 왕요를 제치고 그를 후사로 정하는 것도 비합리적이었다. 이 때문에 후사를 결정하지 못하였다.

결국 혜종은 병으로 죽게 되었다. 박술희·왕규도 혜종의 임종을 전후하여 살해를 당하였다. 혜종이 병이 들자 왕요[정종]는 얼마 안가 그가 죽을 것을 예견하였다. 그러자 박술희가 반역을 음모했다고 모함하여 그를 갑곶(甲串)으로 유배 보냈다. 곧이어 그를 살해하였다. 물론 이때 왕규도 박술희의 제거에 암묵적으로 동의하였다. 박술희는 왕규나 왕요에 있어 그들의 목적을 달성하는 데 공동의 장애물이었던 것이다. 왕요는 박술희를 제거한 뒤 서경의 왕식렴(王式廉) 군대를 끌어들여 왕위에 올랐다. 그리고 마지막 장애물이었던 왕규를 제거하였다. 이전에 왕규는 박술희를 제거하는 데 왕요를 이용했었다. 결국 그도 권력의 칼날에 숨을 거두어야 했다.

정종의 즉위와 정책

혜종의 뒤를 이어 왕요(王堯)가 정종(定宗 : 945~949)으로 왕위에 오른 것은 945년(혜종 2) 9월 무신(戊申)일이었다. 정종은 우선 서경천도(西京遷都)를 계획하였다. 그것은 물론 그의 즉위가 왕식렴을 비롯한 서경세력의 협조 덕분이었기 때문이다. 서경천도는 또한 풍수도참설(風水圖讖說)의 영향이기도 했다. 좀 더 생각해보면 정종은 자신의 즉위 과정에서 많은 사람들이 살상된 개경을 떠나고 싶었을 지도 모른다. 그리하여 서경으로 천도하여 새로운 마음으로 정치를 하고자 원했을 것이다. 이러한 심정이 서경천도를 더욱 부채질했으리라 여겨진다. 그러나 반대 의견도 만만치 않아 이는 시도에 그치고 말았다.

서경천도 계획과 더불어 정종은 전국에 걸쳐 광군(光軍) 30만을 조직하고 광군사(光軍司)를 두어 관할케 하였다. 이 같은 조치는 거란이 침입할 것이라는 최광윤(崔光胤)의 보고에 따른 것이었다. 이는 그 숫자로 볼 때 전국적인 규모로 조직한 예비군적인 존재가 아닌가 한다. 즉 광군은 각 지역 호족들의 협조 하에 이루어진 호족연합군의 형태를 띠었으리라 짐작된다. 그러나 정종은 재위 4년 만에 죽었다.

관련 사료

❶ 대광 왕규(王規)가 왕의 아우 요(堯)와 소(昭)를 참소하였으나 왕은 그것이 무고(誣告)임을 알고 은혜와 대우가 더욱 돈독해졌다. 왕규는 또 그 일당들을 시켜서 벽을 뚫고 왕의 침실 안으로 잠입하여 난을 꾸미려고 모의하였다. 왕은 침실을 옮겨 피신하고는 그들의 죄를 묻지 않았다. 가을 9월에 왕의 병이 위독하였으나 여러 신하들은 (침전에) 출입하여 알현할 수 없었고, 아첨하는 소인들만이 항상 곁에서 시종하였다. (혜종이) 무진(戊辰)일에 중광전(重光殿)에서 훙거하였다. 재위 연수는 2년이요 나이[壽]는 34세였다. 왕은 도량이 넓고 지혜와 용기가 탁월하였다. 그러나 왕규가 반역을 도모한 뒤로부터 의심하고 기피한 바가 많아져서 항상 무장한 군사들로 자신을 호위하게 하였고, 감정[喜怒]이 일정하지 않았다. 여러 소인들이 (내외에) 모두 진출하여 장사에게 상을 내려주는 데에 절도가 없게 되니 안팎에서 탄식하고 원망하였다. 《《고려사》 권2, 세가2 혜종 2년)

❷ 정종(定宗)은 이미 형제로서 왕위를 계승하여 밤낮으로 부지런히 힘쓰고 열성으로 도리를 구하였습니다. 혹 촛불을 밝히고 신하를 인견하였으며 혹은 식사 시간을 늦추면서 모든 정사[萬機]를 판단[聽斷]하였습니다. 그러므로 즉위한 초기에 사람들은 모두 다 서로 경하하였습니다. 그러나 도참(圖讖)을 잘못 믿는 데 이르러서는 도읍을 옮길 것을 결정하였으며, 또 천성이 강직하여 고집을 바꾸지 못하고 부역을 일으켜 인부를 강제로 징발하였습니다. 비록 왕(王)의 생각은 그러했겠지만, 군중의 심정은 복종하지 않았습니다. 원망이 이로부터 일어나서 재앙이 흥기하기를 그림자나 메아리보다 빠르게 반응하였습니다. 아직 서쪽으로 천도하지도 못하였는데 영원히 남면을 사양하였으니, 실로 통탄할 일입니다. 《《고려사》 권93, 열전6 최승로)

생각해 보기

1. 혜종 때 왕위계승전의 원인은 무엇이었을까?
2. 정종이 서경으로 수도를 옮기려 한 진정한 이유는 무엇일까?
3. 고려 초기 정치적 주도세력은 어떻게 형성되었을까?

참고문헌

1. 김갑동,《고려 전기 정치사》, 일지사, 2005.
2. 이기백 편,《고려광종연구》, 일조각, 1981.
3. 정용숙,《고려왕실족내혼연구》, 새문사, 1988.
4. 정용숙,《고려시대의 후비》, 민음사, 1992.
5. 하현강,《한국중세사연구》, 일조각, 1988.
6. 홍승기 외,《고려태조의 국가경영》, 서울대출판부, 1996.
7. 황선영,《고려초기왕권연구》, 동아대출판부, 1988.

4

광종 · 경종대의 왕권강화

광종의 즉위와 정책

정종 사후에 그의 내선(內禪)을 받아 왕위에 즉위한 이는 광종
(光宗 : 949~975)이었다. 광종의 원래 이름은 소(昭)로 태조의 셋째
아들이었다. 그는 26년간 집권하면서 많은 개혁을 추진하였다.
재위기간 동안의 치적을 자세히 살펴보면, 그 성격상 세 시기로
구분할 수 있다. 첫째는 즉위 후부터 956년(광종 7)까지의 시기
이고, 둘째는 그 이후부터 960년(광종 11)까지이며, 셋째는 960년
이후부터 그의 말년인 975년까지의 시기로 나누어 볼 수 있다.

우선 그는 왕위에 즉위하자마자 박수경(朴守卿)으로 하여금
국초의 공역자(功役者)를 정하게 하는 조치를 취하였다. 그리하
여 4역자(四役者)에게는 쌀 25석, 3역자에게는 20석, 2역자에게
는 15석, 그리고 1역자에게는 12석을 주고 이를 예식(例食)으로
삼게 하였다.

곧 이어 원보(元甫) 식회(式會)와 원윤(元尹) 신강(信康) 등에게
명하여 주·현의 세공액(歲貢額)을 정하게 하였다. 세공액이란
각 주·현에서 해마다 중앙에 바치는 공물(貢物)의 액수를 말한
다. 세공액을 정했다는 것은 당시 지방을 장악하고 있던 호족
들이 수탈할 수 있는 한계를 정했다는 뜻이기도 하다. 결국 이
조처는 지방의 호족들을 통제하기 위한 것이었다고 하겠다.

또 그는 즉위 직후부터 항상 《정관정요(貞觀政要)》를 읽었다

한다. 그가 읽었다는《정관정요》는 당(唐)의 오긍(吳兢)이 편찬한 책이다. 그 내용은 당 태종(太宗)이 '정관의 치(貞觀之治)'라고까지 평가되는 선정(善政)을 행할 수 있었던 연유와 태종이 간직했던 제왕(帝王)으로서의 자세 및 치자(治者)로서의 기본적 관념을 기술하고 있다. 따라서 광종도 이 책을 읽으면서 당 태종과 같은 선정을 꿈꾸었으며 제왕으로서의 품격을 갖추려고 노력했을 것이다. 때문에 이후부터 956년까지의 제1기에는 실로 볼 만한 정치가 이루어졌다.

그러나 제2기부터는 왕권을 강화하고 호족세력을 약화시키기 위한 여러 작업에 착수하게 된다. 먼저 그는 955년에 노비안검법(奴婢按檢法)을 실시하였다. 노비안검법이란 원래는 노비가 아니었으나 전쟁에서 포로로 잡혔거나 빚을 갚지 못하여 강제로 노비가 된 자들을 판별하여 원래의 상태로 되돌려 주는 것을 말한다.

이러한 왕권 강화의 시도는 957년에 과거제(科擧制)를 도입하면서 가시화되었다. 이는 후주(後周)의 귀화인인 쌍기(雙冀)의 건의에 따라 처음으로 실시된 것이었다. 과거 실시의 목적은 정치적 식견과 능력을 갖춘 새로운 관료층을 형성하기 위한 조치였다.

이어 959년에는 백관(百官)의 공복(公服)을 정하였다. 원윤(元尹) 이상은 자삼(紫衫)으로, 중단경(中壇卿) 이상은 단삼(丹衫)으로, 도항경(都航卿) 이상은 비삼(緋衫)으로, 그리고 소주부(小主簿) 이상은 녹삼(綠衫)으로 정하였던 것이다. 이때에 와서 공복이 제정됐다는 것은 왕을 중심으로 한 관료들의 서열이 체계적으로 정비되었다는 것을 뜻한다.

곧이어 개경을 황도(皇都)라 하고, 서경을 서도(西都)라고 부르는 조치가 취해졌다. 뿐만 아니라 준풍(峻豊)이라는 새로운 연호가 쓰여지기도 했다. 이는 왕실의 위엄을 높이고 자주적인 측면을 강조하고자 한 것으로 생각된다. 특히 개경을 황도라 한 것은 황제(皇帝)가 거주하는 도성(都城)이란 뜻으로 자신을 중국의 황제와 같은 존재로 부각시키고자 한 것 같다. 그리하여 어떤 세력도 자신의 권위에 도전하지 못하도록 한 조처라고 하겠다.

한편 959년부터 호족세력에 대한 무자비한 숙청이 시작되었다. 그 발단은 평농서사(評農書史) 권신(權信)이 대상(大相) 준홍(俊弘)과 좌승(佐丞) 왕동(王同) 등이 반역을 도모했다고 참소하여 이들을 폄출시킨 데서 비롯되었다. 이 사건이 일어난 이후로 정국은 혼란에 빠지게 되었다.

또한 이 해(960년)에는 군사에 관한 관부의 개혁도 이루어졌다. 순군부(徇軍部)를 군부(軍部)로 고치고 내군(內軍)을 장위부(掌衛部)로 고쳤으며, 물장성(物藏省)을 보천(寶泉)으로 고쳤다. 내군의 명칭 변화는 필시 시위군(侍衛軍)의 강화와 관련된 것으로 생각되며, 순군부의 개칭도 국왕의 병권(兵權) 장악과 관련하여 그 조직이나 기능의 강화로 여겨진다. 또 물장성을 보물이 숨겨져 있는 샘이라는 뜻의 보천으로 고친 것은 이에 관한 통제권을 왕실에서 장악하겠다는 의지의 표현일 것이다.

그런데 위와 같은 일련의 개혁은 쌍기가 본국에 있을 때 모셨던 후주(後周) 황제들의 정책과 유사한 점이 많아 주목된다. 쌍기가 본국에서 관직생활을 할 당시 후주의 황제는 태조(951~954)와 세종(954~959)이었다. 그런데 이때 고려의 상황이 후주의 상황과 비슷하여 쌍기는 자신의 경험을 토대로 여러 가지 개혁책을 광종에게 제시할 수 있었던 것이다.

한편 광종의 개혁을 사상적으로 뒷받침해 준 것이 균여(均如)의 성상융회(性相融會) 사상이었다. 성상융회 사상이란 교종(敎宗) 가운데 성종(性宗)에 속하는 화엄종(華嚴宗)과 상종(相宗)에 속하는 법상종(法相宗)이 서로 융합된 사상체계를 말한다. 균여는 원래 화엄종 승려였다. 교종은 왕실과 밀접한 관련이 있었으며, 특히 광종대의 화엄종은 왕권을 옹호하였다고 이해된다. 이 법상종은 고려 초기 이래로 주로 지방의 중소호족들에 의해 수용되었다. 이 때문에 지방의 대호족들을 억압하고 중소호족들을 등용하여 왕권을 강화하려 했던 광종의 입장에서 균여의 사상이 환영을 받은 것은 당연한 일이었다.

960년(광종 11)부터 그 말년까지는 이러한 개혁과 숙청, 그리고 혼란이 계속되면서 일부 호족공신세력들이 재등장하는 시기라 하겠다. 이후 광종의 치적은 대략 세 갈래로 나누어 생각할 수 있다. 먼저 불교(佛敎)에 대한 혹신을 들 수 있다. 그는 963년에 귀법사(歸法寺)를 창건한 것을 비롯하여 968년에는 홍화사(弘化寺)·유암사(遊巖寺)·삼귀사(三歸寺) 등의 사원을 건립하였고, 더불어 많은 불교행사를 벌였다. 각종 부역과 행사에 동원되었던 일반민의 고충을 헤아리지 못했다. 불교를 지나치게 혹신한 결과 극심한 폐단을 노출시키고 있는 점이 특징이라 하겠다.

한편으로 광종은 후주의 뒤를 이어 송(宋)이 건국되자 962년 광평시랑(廣評侍郎) 이흥우(李興祐)를 송에 보내어 방물을 바쳤다. 963년 12월부터는 송의 연호를 사용하였다. 그는 일찍이 950년과 960년에 각각 광덕(光德)·준풍(峻豊)이라는 독자적인 연호를 사용한 바 있다. 광종이 독자적인 연호를 버리고 송의 연호를 사용했다는 것은 그의 개혁에 한계가 있었음을 보여준다.

또 광종은 북방에 많은 성을 쌓기도 하였다. 그것은 거란에 대한 대책이었던 것 같다. 그러나 또 한편으로는 의도적이었든 그렇지 않았든 간에 개혁의 부작용으로 이반된 민심을 한곳으로 집중시켜 해소시키는 기능을 하기도 했을 것이다. 거란이 침입할 것이라는 위기감으로 백성들의 반발을 무마하고 성을 쌓는 일에 동원하여 다른 생각을 갖지 못하게 한 조치일 것이다. 이처럼 광종은 처음에는 좋은 정치를 하였으나 제2기에 해당하는 960년부터 많은 비난을 사게 되었다.

경종의 정책

광종은 재위 26년 만에 51세의 나이로 죽고 그 뒤를 이어 광종의 맏아들이 왕위에 올랐는데 그가 곧 경종(景宗 : 975~981)이다. 경종의 즉위와 더불어 광종대에 타격을 입었던 호족공신(豪族功臣)세력이 재등장하게 되었다. 좀 더 소급해 본다면 958년부터의 개혁에 따라 숙청당하였던 호족공신세력은 광종대 후반 이후로 점차 세력을 만회하기 시작하였을 것이다.

이러한 상황을 잘 반영해 주는 것이 바로 976년에 제정된 '시정전시과(始定田柴科)'이다. 전시과는 국역복무의 대가로 등급에 따라 전지(田地)와 시지(柴地)를 지급해 주는 제도이다. 처음 제정된 전시과는 관품(官品)의 높고 낮음을 논하지 않고, 다만 인품(人品)을 기준하였다. 그리고 광종대에 정한 4색 공복제에 의거하였는데 자삼(紫衫)을 제외한 단삼(丹衫)·비삼(緋衫)·녹삼(綠衫)층은 다시 문반(文班)·무반(武班)·잡업(雜業)의 세 층으로 나누어 지급하였다. 여기에서 자삼층은 광종대의 공복제도에 의하면 원윤(元尹) 이상의 관계(官階)소유자들을 말한다. 결과적으로 이들이 가장 좋은 대우를 받고 있는 것은 호족공신계열이 재등장한 당시의 정치적 상황이 반영된 것이다.

그러나 자삼층이라 하더라도 10품(品) 이하는 단삼의 문반층 1품(品)과 동일하거나 그보다 열악한 대우를 받고 있다. 그것은 인품을 중시했다고 하였으나 관직도 중시했음을 알려준다. 관계가 없다 하더라도 고위관직에 진출한 자들은 단삼의 상위 품(品)에 편입되어 자삼층의 하위집단보다 좋은 대우를 받고 있기 때문이다. 이제 관직이 점차 중시되는 상황을 말해 주고 있다. 다시 말해 호족공신계열이 재등장하기는 했지만 광종대에 진출한 신진관료(新進官僚)층도 만만치 않게 자리를 잡아가고 있음을 시사한다.

그런데 '시정전시과'가 제정된 지 얼마 되지 않은 977년(경종 2) 3월, 개국공신(開國功臣) 및 향의귀순성주(向義歸順城主)들에게 훈전(勳田)이란 토지가 지급되었다. 훈전의 액수는 50결(結)에서 20결(結)까지로 적은 액수였지만 이는 전시과와는 달리 세습이 허용된 토지였다.

한편 경종대의 정치는 976년 11월까지 죄수들의 사면과 복수법의 허용 등으로 극심한 혼란을 겪다가 집정(執政) 왕선(王詵)이 추방되면서 왕을 중심으로 한 개혁이 이루어졌다. 경종은 우선 왕선을 내쫓는 대신 순질(荀質)과 신질(申質)을 좌(左)·우(右) 집정(執政)에 임명하고 이들로 하여금 내사령(內史令)을 겸하게 하였다. 집정제를 좌·우집정제로 바꾼 것은 한 사람에게 권력을 집중시키지 않기 위함이었다. 또 내사령은 일찍이 경종 자신이 태자로 있을 때 역임했던 관직으로 그 기능은 왕명의 출납이었다. 따라서 좌·우집정으로 내사령을 겸하게 한 것은 권력의 집중을 막으면서 왕명을 효과적으로 전달하기 위한 조치였다. 다시 말해 이것은 바로 신료들의 최고위층인 집정까지도 국왕이 직접 장악하려 한 것이었다.

977년에는 과거(科擧)를 재개하였다. 이때 경종은 지공거(知貢擧)를 독권관(讀卷官)이란 명칭으로 바꾸고 동지(東池)에 나아가 친히 진사(進士)시험을 주관하기도 하였다. 또한 급제자 고응(高凝)을 비롯한 6명에게 즉시 관직을 주기도 하였다. 이와 같은 경종의 과거에 대한 특별한 관심은 과거관료들을 통해 왕권을 강화하려 한데서 나온 것이라 하겠다. 그러나 경종은 재위 7년 만인 981년에 27세의 나이로 세상을 떠났다.

관련 사료

❶ 광종은 (태조의) 특이한 외모와 우수한 자질을 이어받아 태조가 유달리 아끼셨습니다. 친히 정종의 고명(顧命)을 받았으니, 형제가 경사를 이어 왕위 계승을 중국에 전하였습니다. (광종은) 예는 아랫사람을 대할 때 더하였고 밝은 관찰력으로 타인을 알아보는 데 실수하지 않았습니다. 친족과 귀족에게 굽히지 않아서 항상 호강(豪强)한 자들을 억누르고, 얇고 천한 자도 버리지 않아서 홀아비와 과부들을 구휼하였습니다. 즉위한 해로부터 8년 동안은 정치와 교화가 공평하고 깨끗하여 상벌이 넘치지 않았습니다. 쌍기(雙冀)가 등용된 이래로 문사(文士)를 받들어 중용하였고 은전과 예우도 지나치게 풍성하였으니 이로 말미암아 적당한 인재가 아닌데도 분에 넘치게 승진하여 차례를 지키지 않고 갑자기 (상위직으로) 옮겨가서 1년도 못 되었을 때 바로 경상(卿相)으로 삼았습니다. (그리하여) 혹은 밤마다 (이들을) 불러들여 접견하고 혹은 날마다 (접견을) 연이어 수용하여 이것을 도모하고 즐기게 되니 정사에 태만해져서 나라의 중요한 사무는 막히기만 하고 소통되지 못하였는데 먹고 마시는 연회와 유희는 계속 이어지고 그만두지 못하였습니다. 이에 남북의 용인(庸人)들이 경쟁하며 의탁하기를 원하였는데 (광종은) 그들이 지혜와 재능이 있는가를 논하지도 않고, 모두 특별한 은전과 예우로써 대하였습니다. 때문에 후생(後生)들이 승진을 다투고 구덕(舊德)은 점차 쇠락하게 되었습니다. 《고려사》 권93, 열전6 최승로)

❷ (경종 원년) 집정(執政) 왕선(王詵)을 외지로 추방하였다. 왕이 일찍이 광종 때 참소를 당한 이들의 자손에게 복수를 허락하자 드디어 서로 함부로 살해하여 다시 원통함을 호소하는 일들이 생겼다. 이때에 왕선은 복수를 핑계로 태조의 아들 천안부원낭군(天安府院郎君)을 교살하였다. 이에 왕선을 폄출하였고, 함부로 살해하고 복수하는 것을 금하였다. 순질(筍質)과 신질(申質)을 좌·우집정으로 삼고 모두 내사령을 겸하게 하였다. 원보 위수여(韋壽餘)를 근신(近臣) 지어주사(知御廚事)로 삼았다. 처음으로 각 품에 따라 전시과(田柴科)를 정하였다. 이 해에 김행성(金行成)을 파견하여 송에 가서 국자감에 입학하게 하였다. 《고려사》 권2, 세가2 경종 원년)

생각해 보기

1. 광종이 개혁정책을 펼 수 있었던 배경은 무엇일까?
2. 광종대의 정치를 어떻게 평가할 수 있을까?
3. 경종대 전시과와 훈전의 차이점은 무엇일까?

참고문헌

1. 김갑동,《고려 전기 정치사》, 일지사, 2005.
2. 김두진,《균여화엄사상연구》, 한국연구원, 1981.
3. 김창현,《광종의 제국 ─ 오백년의 리더십》, 푸른역사, 2008.
4. 이기동,《나말려초 근시기구와 문한기구의 확장》, 한국연구원, 1980.
5. 이기백 등,《고려광종연구》, 일조각, 1981.
6. 이기백 등,《최승로상서문연구》, 일조각, 1993.
7. 전기웅,《나말려초의 정치사회와 문인지식층》, 혜안, 1996.
8. 홍승기,《고려귀족사회와 노비》, 일조각, 1983.
9. 황선영,《나말려초 정치제도사연구》, 국학자료원, 2002.

5 성종대의 체제 정비

유학의 진흥

경종의 뒤를 이어 그의 사촌 동생인 성종(成宗 : 981~997)이 즉위하였다. 성종이 의도했던 정치는 유교적 중앙집권체제의 완비였다. 우선 그는 불교의 폐단을 시정하고 유교적인 제도와 문물을 정비하였다. 984년(성종 3)에 자기 집을 희사하여 사원으로 만드는 폐단을 금지하였고, 987년에는 불교의 큰 행사였던 팔관회(八關會)조차 폐지하였다.

한편 983년에 원구단(圓丘壇)을 설치하여 풍년을 빌었으며, 농사의 시범을 보이기 위해 적전(籍田)을 갈고 농사의 신인 신농씨(神農氏)를 제사하였다. 985년에는 오복(五服)제도를 실시하고 그에 따른 휴가제를 마련하였다. 오복이란 사람이 죽었을 때 유교적 의례에 따라 상복을 입을 수 있는 기간을 5단계로 나누어 각각에 따른 친족의 범위를 정한 것이다. 이듬해에는 가난한 백성들에게 쌀을 나누어주기 위해 의창(義倉)제도를 마련하였다. 990년에 전국의 효자와 순손(順孫)·의부(義夫)·절부(節婦) 등을 찾아내어 포상하였고, 993년에는 물가조절기관인 상평창(常平倉)을 설치하기도 하였다.

충성스런 유교적 관리를 선발하기 위해 교육제도와 과거제도도 정비하였다. 그는 지방의 주·군·현으로 하여금 자제들을 뽑아 서울에 올려 교육하도록 하였다. 987년에는 12목에 경학박사(經學博士)·의학박사(醫學博士) 각 1인을 파견하여 지방의 자제들을 가르치게 하였다. 2년 후에는 문신들과 지방의 경학박사들에게 교육에 힘써 줄 것을 당부하고 이를 인사에 반영할 것이라 밝히기도 하였다.

성종은 유학 교육의 진흥을 위해 학교를 설립하기도 하였다. 992년에 경치 좋은 곳에 학교를 설립하고 국자감(國子監)을 창설하도록 하였다. 물론 이때 처음 국자감이 창설된 것은 아니고 국자감의 확대·정비를 뜻하는 것이다. 이처럼 성종은 교육에 큰 관심을 기울였음을 알 수 있다.

성종은 과거제도도 강화하였다. 983년에 최종 고시인 예부시(禮部試) 합격자들을 왕이 다시 시험하는 복시(覆試)를 실시하였다. 과거도 거의 매년 실시하다시피 하였다. 그리고 합격 인원수도 증가시켰다. 또한 인재의 확보를 위해 천거제도 실시하였다. 지방관으로 하여금 경전에 밝고 효성스런 자를 천거하도록 했으며, 경관(京官) 5품 이상은 의무적으로 한 사람씩 천거토록 하기도 하였다.

통치제도의 정비

성종이 가장 치중한 것은 중앙집권적인 제도의 정비였다. 우선 그는 중앙의 관제를 정비하였다. 당(唐)의 3성(省)·6부(部) 체제를 모방하여 국초의 광평성(廣評省)과 내의성(內議省)의 기능을 합쳐 내사문하성(內史門下省 : 후의 中書門下省)으로 하였으며 내봉성(內奉省)의 기능을 계승한 상서도성(尙書都省)을 설치하였다. 정사의 업무를 6개 부서로 나누어 관할하게 하는 조치도 취하였다. 당의 문산계(文散階)·무산계(武散階)를 도입하여 관리들의 서열체계도 확립하였다.

성종의 중앙집권정책은 군현제의 정비로도 나타났다. 성종 2년 전국의 주요한 지역 12곳에 외관을 파견하는 조치를 취하였다. 양주(楊州)·광주(廣州)·충주(忠州)·청주(淸州)·공주(公州)·해주(海州)·진주(晉州)·상주(尙州)·전주(全州)·나주(羅州)·승주(昇州)·황주(黃州) 등지에 주목(州牧)이란 외관을 파견하였던 것이다. 이는 지방의 토호세력을 억제하고 중앙의 명령을 지방에까지 효과적으로 전파하기 위함이었다.

각 지역의 지방관아에는 공해전(公廨田)이 지급되었다. 공해전은 지방관청에서 소요되는 경비를 충당하기 위한 토지였다. 여기에는 공수전(公須田)·지전(紙田)·장전(長田) 등이 있었다. 공수전은 말 그대로 지방관청을 운영하는 데 드는 비용을 조달하기 위한 토지이며, 지전은 사무용지에 대한 토지였다. 그리고 장전은 그 지역의 장(長)에게 지급된 일종의 직무수당이었다.

또 지방의 향리직 명칭을 개정하였다. 지방관청의 각 부서인 병부(兵部)·창부(倉部)를 사병(司兵)·사창(司倉)으로 고치는 한편 당대등(堂大等)·대등(大等) 등의 직명을 호장(戶長)·부호장(副戶長) 등으로 개명하였다. 이로써 지방과 중앙의 차이를 확실히 하였다.

이러한 군현제의 개편은 995년(성종 14)에 다시 한 번 대대적으로 이루어졌다. 우선 전국을 10도(道)로 나누었다. 전국에 군 단위의 행정구역 명칭을 없애고, 주현제(州縣制)를 실시하였다. 전국의 각 지역에 많은 외관을 파견하기도 하였다.

이때의 군현제 개편은 당의 제도를 도입한 것이었다. 10도제나 주현제는 이미 당에서 행해졌던 것이다. 외관의 명칭도 대부분 당제(唐制)를 그대로 차용하였다. 또 이때의 개편은 북방민족의 침입에 대비하기 위한 목적이 있었다. 993년에 이미 거란의 침입을 당한 바 있었다. 당시 거란이 침략해 오자 성종은 친히 정벌을 꾀하기도 하였다. 그 격퇴 과정에서 할지론(割地論)과 항복론(降伏論) 등이 있었으나, 서희의 담판으로 오히려 강동 6주를 획득하기도 하였다. 그러나 언제 다시 거란이 침략해 올지 모르는 상황이었다. 그리하여 성종은 전국을 군사적인 편제로 재편하였다. 북방에는 군사적 성격이 강한 방어사를 파견하였고 중부 지역에는 도단련사(都團練使)·단련사(團練使)를, 그리고 남방 지역에는 행정적 성격이 강한 자사(刺史)를 파견하였다.

　이러한 제도적 정비를 통해 성종은 고려를 유교적 이상국가로 만들고자 하였다. 이는 그가 내린 조서(詔書)에서도 엿볼 수 있다. 그는 "주공(周公 : 周나라 武王의 동생으로 조카인 成王을 도와 나라를 확고히 했음)과 공자의 풍교(風敎)를 일으켜 요(堯)와 순(舜) 임금의 정치를 본받고자" 했던 것이다.

관련 사료

❶ (성종 13년) 여름 4월 갑진일에 태묘(太廟)에 제사[禘祭]하고 대종(戴宗)을 제5실에 모신 후 공신 배현경(裴玄慶), 홍유(洪儒), 복지겸(卜智謙), 신숭겸(申崇謙), 유금필(庾黔弼) 등을 태조묘(太祖廟)에 배향(配享)하고, 박술희(朴述熙), 김견술(金堅術) 등을 혜종묘에 배향하고, 왕식렴(王式廉)을 정종묘에 배향하고, 유신성(劉新城), 서필(徐弼) 등을 광종묘에 배향하고, 최지몽(崔知夢)을 경종묘에 배향하게 하였다. 대사령(大赦令)을 내렸으며, 일반 문무관들에게는 관작 1급씩을 올려주었고, 일을 집행한 자들에게는 2급씩을 올려주었다. 백성들에게는 큰 잔치를 3일 동안 베풀었다. 《고려사》 권3, 세가3 성종 13년 하4월)

❷ 성종은 종묘를 세우고 사직을 정하였다. 학교를 넉넉하게 하여 선비를 양성하고 복시(覆試)로써 어진 이를 구하였으며, 수령을 독려하여 민생을 구휼하고, 효행과 절의를 표창하여 풍속을 아름답게 하였다. 매양 수찰(手札)을 내릴 때마다 글의 뜻이 간곡하고 측은하여 화풍[華]을 옮겨 풍속[俗]을 바꾸는 것을 임무로 여겼다. 거란이 (고려를) 병탄할 의지를 가지고 장수를 파견하여 침입해 오자, 일찍이 어가를 서도(西都)로 행차하여 병사를 안북(安北)에 진군하게 하였으니, 바로 구준(寇準)이 행한 전연(澶淵)의 계책이었다. (성종이) 관방(關防)을 절령[岊嶺]으로 옮기고 쌓아둔 곡식을 대동강에 던져버리고자 했던 일은 당시 용렬한 신하의 의논이었을 뿐이요, 반드시 성종의 본뜻이 아니었을 것이다. 예전에 최승로(崔承老)의 상서(上書)를 보았을 때처럼 기뻐하면서 시행하여 헛된 자랑거리를 제거하고 실행하는 데에 힘쓰며, 옛것을 좋아하는 마음으로 백성을 새롭게 하는 방법을 구하였고, 실행하되 게으름이 없어서 빨리 이루고자 하는 마음을 경계하였으며, 몸소 행하고 마음으로 체득하여 솔선수범하였다. 《고려사》 권3, 세가3 성종 16년 이제현 찬)

생각해 보기

1. 성종 때 중앙정치체제는 어떻게 개편되었을까?
2. 성종 때 정치적 지향의 핵심은 무엇일까?
3. 994년에 배향공신을 제정한 목적은 무엇일까?

참고문헌

1. 김철준,《한국고대사회연구》, 지식산업사, 1975.
2. 박용운,《고려시대 대간제도 연구》, 일지사, 1980.
3. 이기백,《신라시대의 국가불교와 유교》, 한국연구원, 1978.
4. 이기백,《고려귀족사회의 형성》, 일조각, 1990.
5. 이기백 등,《최승로상서문연구》, 일조각, 1993.
6. 하현강,《한국중세사연구》, 일조각, 1988.

6

목종대의 정변과 현종의 즉위

헌정왕후와 안종

성종의 뒤를 이어 목종(穆宗 : 997~1009)이 왕위에 올랐다. 고려 제7대 임금 목종은 제5대 경종의 아들이었다. 경종과 제3비 헌애왕후 황보씨(獻哀王后皇甫氏 : 뒤의 千秋太后)와의 사이에서 980년(경종 5)에 태어났다. 다음 해에 경종이 죽자 제6대 임금 성종이 궁중에서 그를 키웠다. 그리고 성종의 사위로 왕위에 올랐다. 목종은 왕위에 오른 지 얼마 안 되어 고민에 빠졌다. 그것은 다름 아닌 후계자의 문제였다.

문제의 발단은 경종이 27세의 젊은 나이로 죽으면서 비롯되었다. 그에게는 이미 5명의 부인이 있었다. 그런데 이들이 졸지에 과부가 되어버렸다. 한창 필 나이에 외로운 꽃이 되어버린 것이다. 꽃이 예쁘면 벌이 날아드는 것은 당연한 이치였다. 경종의 제4비 헌정왕후 황보씨(憲貞王后 皇甫氏)는 경종이 죽은 후 왕륜사(王輪寺) 남쪽에 있는 자기 집에서 살고 있었다. 어느 날 꿈에 곡령(鵠嶺 : 개성의 송악산에 있는 고개 이름)에 올라가 소변을 보았는데 그것이 온 나라에 가득 차 은빛 바다를 이루었다. 얼마 후 근처에 살던 태조의 아들 안종 욱(安宗 郁)이 그 집을 자주 왕래하다 왕후와 관계를 하였고, 급기야 임신까지 하게 되었다. 뒤늦게 이 사실을 안 성종은 안종을 사수현(泗水縣 : 경남 사천)으로 귀양 보냈다.

이때 안종은 자신의 심정을 시로 적어 압송해온 내시 고현에게 보냈다. 그 시의 내용은 이러했다.

> 그대와 더불어 같은 날에 황성(皇城)을 떠났는데
> 그대는 돌아가고 나만 홀로 남았구나
> 귀양가는 길에선 쇠줄에 매인 원숭이처럼 신세만 한탄하였고
> 이별의 정자에서는 나는 듯이 가는 저 말이 부럽구나
> 황성의 봄을 사랑하던 넋은 꿈처럼 아득한데
> 바닷가 풍경에 눈물이 옷을 적시네
> 성상께서 하신 말씀 변함이 없으려니
> 어촌 이곳에서 설마 여생을 늙으라 하실까

얼마 안 되어 자신을 부를 것이라 기대했던 모양이다.

한편 달이 차오자 산모는 버드나무 가지를 부여잡고 아이를 낳다가 죽었다. 그가 바로 대량원군(大良院君)이었으며 후일의 현종(顯宗)이었다. 성종은 보모를 택하여 대량원군을 길렀다. 나이 몇 살이 되자 아이는 성종을 보고 "아버지! 아버지!" 부르는 것이었다. 성종은 가슴이 미어졌다. 낳자마자 어머니를 잃었고 아버지 또한 얼굴도 보지 못한 조카다. 그러니 자신을 아버지라 부르는 것도 무리가 아니었다. 성종은 눈물을 흘리면서 아이를 아버지 곁으로 돌려보냈다.

안종은 글을 잘 지었을 뿐 아니라 천문과 지리에도 능통하였다. 그리하여 하루는 대량원군을 불러 금 한 냥을 주면서 말하였다. "내가 죽거든 이 고을 성황당의 남쪽 귀룡동(歸龍洞)에 무덤을 쓰되 반드시 엎어서 묻으라." 귀룡동은 용이 돌아갈 마을이란 뜻이었는데 엎어 묻으면 더 빨리 돌아간다고 생각한 것이었다. 용은 곧 임금을 의미하였다. 내 아들이 빨리 개경으로 돌아가 왕이 되어주었으면 하는 바램이었다. 996년(성종 15)에 안종이 죽자 대량원군은 개경으로 돌아왔다.

그러자 이를 못마땅하게 생각하는 사람들이 있었다. 대표적 인물이 헌정왕후의 언니 헌애왕후였다. 그녀는 성종이 재위 16년 만에 죽고 목종이 즉위하자 전권을 장악하였다. 목종의 나이가 이미 18세였으나 그의 친정을 허락하지 않았다. 섭정을 하였던 것이다. 이때부터 그녀는 천추태후(千秋太后)라 불리면서 무소불위(無所不爲)의 권한을 행사하였다. 자신의 힘에 의해 목종이 왕위에 올랐기 때문이었다. 성종이 죽자 헌애왕후는 혹 동생의 아들인 대량원군이 왕위를 노리고 있는 것이 아닌가 의심하였다. 성종이 아들을 낳지 못하고 죽었지만, 대량원군도 어머니로 따지면 경종의 아들이었다. 때문에 그는 선수를 잡고 자신의 아들인 목종을 왕위에 앉힌 것이었다.

목종의 즉위와 천추태후

목종이 왕위에 즉위한 후에도 대량원군은 천추태후에게 있어 눈엣가시 같은 존재였다. 특히 자신과 김치양(金致陽)과의 사이에 아들을 하나 낳으면서 대량원군에 대한 미움은 도를 더하였다. 김치양은 원래 천추태후의 외가 쪽 친척이었다. 이러한 관계로 그는 중이 되어 천추궁을 출입하게 되었다. 남녀 관계는 자주 만나면 가까워지게 되어 있다. 김치양과 천추태후는 결국 불륜 관계가 되었다. 성종은 이 소문을 듣고 김치양도 먼 곳으로 귀양 보냈다. 그러나 목종이 즉위하면서 천추태후는 그를 다시 개경으로 불러들였고, 불륜 관계가 지속되었다. 여기서 아들을 하나 낳으니 천추태후는 자기 아들이 목종의 뒤를 잇기를 바랐다. 이러한 마당에 대량원군은 질시의 대상이 될 수밖에 없었다.

천추태후는 대량원군이 정치에 간여하지 못하도록 하는 조치를 내렸다. 머리를 깎고 중이 되게 한 것이다. 처음에는 숭교사(崇敎寺)라는 절에 있게 하였다. 그런데 하루는 그 절의 스님이 꿈을 꾸었다. 하늘의 큰 별이 절 마당에 떨어졌는데 그것이 용으로 변하였다가 다시 사람으로 변하였다. 스님은 그것이 바로 대량원군이라 생각했다. 귀룡동의 용이 자기 절로 온 것을 현몽한 것이라 여겼다.

1006년(목종 9)에는 대량원군을 삼각산(三角山) 신혈사(神穴寺)에 거주토록 하였다. 사람들도 그를 '신혈소군(神穴小君)'이라 불렀다. 그러나 김치양과 천추태후는 그것으로도 마음이 놓이지 않았다. 신혈소군을 죽여야 한다고 생각하였다. 하루는 궁녀를 시켜 술과 떡을 보내면서 거기에다 독약을 넣었다. 궁녀가 찾아와 신혈소군을 직접 만나려 하였다. 이를 눈치 챈 신혈사의 승려는 소군을 굴속에 숨겨놓고 거짓말을 하였다. "소군은 지금 산으로 산보하러 나갔소. 돌아오면 줄 것이니 놓고 가시오." 궁녀가 돌아간 후 떡을 마당에 내던지자 까마귀와 참새들이 그것을 먹고 죽었다.

김치양의 전횡도 눈뜨고 볼 수 없을 정도였다. 천추태후의 힘에 의해 우복야·겸삼사사(右僕射兼三司事 : 정2품)의 지위에까지 오른 그는 친척과 도당을 모두 요직에 배치하였다. 인사권을 장악하고 뇌물을 받아먹었으며 300여 칸이나 되는 호화주택을 짓고 살았다. 자기 고향에는 성수사(星宿寺)란 큰 절을 짓고 궁성의 서북쪽에도 시왕사(十王寺)란 절을 지었다. 부처님의 힘을 빌어 자신의 뜻을 달성하려는 야욕 때문이었다.

목종은 그를 외방으로 내치려 하였다. 그러나 어머니의 마음을 상하게 할 수 없었던 데다 천추태후의 노여움을 사면 어떤 일이 벌어질지 모르는 상황이었다. 부득이 그는 정황을 살피면서 대량원군을 보호하는 길밖에 없다고 생각했다. 김치양의 아들은 자신의 배다른 동생이었으나, 용납할 수 없었다. 그는 불륜의 씨앗이었다. 그리고 왕씨가 아닌 김씨의 피가 흐르고 있었다. 대신 이종사촌 동생이며 왕족의 피를 받은 대량원군이 자신의 후계자가 되어야 한다고 생각했다.

대량원군은 그 모진 고통과 역경을 잘 참고 견뎠다. 그러면서 후일을 기약하였다. 죽으면서 남긴 아버지의 유언을 잊지 않았다. 그 심정을 그는 시로 토해냈다. 〈시냇물[溪水]〉이란 시였다.

백운봉에서 흘러내리는 한 줄기 시냇물
만경 창파 먼 바다로 향하는구나
졸졸 흘러 바위 밑에만 있다고 말하지 마라
용궁에 도달할 날 그리 멀지 않았으니

〈작은 뱀[小蛇]〉이란 시도 지었다.

약초밑에 도사리고 앉아 있는 작고 작은 저 뱀
온 몸에 붉은 무늬 찬란히 번쩍이네
언제나 꽃밭에만 있다고 말하지 말라
하루아침에 용 되기란 어렵지 않으리니

그의 인내심과 포부를 잘 말해주는 시다.

현종의 즉위와 정책

기다리던 날은 서서히 다가오고 있었다. 꿈이 이를 나타내주었다. 대량
원군은 어느 날 닭 우는 소리와 다듬이 소리가 요란히 들려오는 꿈을 꾸었
다. 깨고 난 후 술사(術士)에게 물으니 그는 이렇게 해몽했다. "닭 울음은 꼬
끼요[鷄鳴高貴位]이고 다듬이 소리는 어근당 어근당[砧響御近當]이니 곧 왕위
에 오를 징조입니다." 고귀한 지위에 오를 날이 가까이 당래(當來)하였다는
뜻이었다.

그 날은 왔다. 1009년(목종 12)에 왕이 연등회를 관람하던 중 기름 창고에
불이 나 천추전이 불타 버린 것이었다. 이는 천추태후의 종말이 올 것을 예
견한 것이었다. 목종은 한편으로 후련하였으나 어머니인 천추태후가 가만
있지 않을 것 같았다. 이에 병이 들어 몸져눕게 되었다. 목종의 예견은 정
확한 것이었다. 이 기회를 틈타 천추태후와 김치양 일파는 자신의 아들을

왕위에 앉히려 하였다.

목종은 이를 두고 볼 수 없었다. 자신이 쫓겨나는 것은 괜찮지만 100년 가까이 지켜온 왕실을 김치양에게 넘겨줄 수는 없었다. 그는 선수를 쳤다. 채충순(蔡忠順)·최항(崔沆) 등과 상의하여 대량원군을 맞이하여 후사로 삼기로 하였다. 황보유의(皇甫兪義)를 신혈사에 보내 대량원군을 맞아들이게 하였다. 군사적인 열세를 극복하기 위해 서북면도순검사(西北面都巡檢使)였던 강조(康兆)를 불러들였다.

강조는 개경을 향해 말을 휘몰아 달렸다. 동주(洞州)의 용천역(龍川驛)에 이르렀다. 그런데 목종에게 미움을 사 외직으로 쫓겨나 있던 위종정(魏從正)·최창(崔昌) 등이 강조에게 거짓말을 하였다. 목종의 병이 위독한 틈을 타 천추태후와 김치양이 권력을 잡고 강조를 죽이기 위해 거짓 왕명으로 부른 것이라는 것이었다. 이 말을 듣고 강조는 지금쯤은 조정이 다 천추태후와 김치양의 세상이 되었을 것이라 생각했다. 그렇다면 개경에 들어가 봤자 소용없는 일이었다. 잘못하면 천추태후와 김치양 일파에게 죽음만 당할 뿐이었다. 이에 본영으로 돌아갔다. 그러나 아버지로부터 목종이 죽었으니 급히 와 왕의 복수를 하고 국가를 보호하라는 편지를 받았다. 강조는 다시 출동하여 평주(平州 : 황해도 평산)에 이르렀다. 여기서 그는 충격적인 소식을 들었다. 죽은 줄 알았던 목종이 살아있다는 것이었다. 늦게 온 것에 대한 문책을 면할 길이 없다고 생각한 그는 내친 김에 정변을 단행하기로 하였다. 그리하여 대량원군을 현종으로 옹립하였다. 또 우선적으로 김치양 부자를 살해하였다. 목종은 폐위하여 충주로 내쳤다. 목종은 충주로 가는 도중 파주 적성현에 이르러 강조가 보낸 자에게 시해당하였다. 그는 어머니와의 불화로 30세의 젊은 나이에 생을 마쳤다. 천추태후는 고향인 황주(黃州)로 보냈다. 그는 거기서 21년 동안 살다 66세에 죽었다.

이 같은 강조의 정변으로 현종(顯宗 : 1009~1031)이 즉위하였다. 그 후유증으로 그는 즉위하자마자 거란의 침입을 맞게 되었고, 나주까지 피난 가는 신세가 되었다. 그러나 환궁한 뒤로는 나름의 개혁을 통해 왕권을 강화하려 하였다. 그는 우선 불교숭배정책을 실시하였다. 연등회(燃燈會)·팔관회(八關會)를 복설하였으며 부모의 명복을 빌기 위해 현화사(玄化寺)를 창건하였다.

현종의 개혁은 주로 지방제도의 개편에 두어졌다. 1012년(현종 3)에 12절도사제가 폐지되고 대신 5도호(都護)·75도안무사(道安撫使)가 설치되었다. 이어 안무사도 폐지하고, 1018년에는 4도호·8목·56지주군사(知州郡事)·28진장(鎭將)·20현령(縣令)을 설치하는 개혁이 이루어졌다. 이와 더불어 이 해에 군·현의 내속(來屬)관계가 대폭 정비되기도 했다. 그리하여 고려 군현제의 대체적인 골격이 마련되었다. 같은 해 정(丁)을 기준으로 한 주·현의 대소에 따라 향리들의 숫자가 정해졌으며 지방관이 지켜야 할 6개 조항의 업무가 제정되기도 하였다. 또 향리들의 공복제(公服制)도 정비되었다.

관련 사료

❶ 헌애왕태후(獻哀王太后) 황보(皇甫)씨는 대종(戴宗)의 딸이니 목종(穆宗)을 낳았다. 목종이 즉위하여 존호(尊號)를 올려 응천 계성 정덕(應天啓聖靜德) 왕태후라고 하였다. 목종의 나이가 이미 18세였으나 태후가 섭정하였고, 천추전에 거처하였으므로 세인들이 천추태후(千秋太后)라고 불렀다. (태후가) 김치양(金致陽)과 간통하여 아들을 낳으니 자기 아들로 왕위를 잇게 하려고 하였다. 당시 현종(顯宗)은 대량원군(大良院君)이 되었을 때였는데 태후가 시기하여 강제로 출가시키고 삼각산(三角山) 신혈사(神穴寺)에 머물게 하니 당시 사람들이 신혈소군(神穴小君)이라고 불렀다. 태후가 여러 번 사람을 보내 해치려고 도모하였다. 하루는 나인(內人)을 시켜 술과 떡을 보내게 하였는데 그 속에 모두 독약을 섞었다. 나인이 절에 당도하여 소군을 뵙고자 청하고는 직접 음식을 권하려고 하였다. 그 절의 한 승려가 문득 소군을 땅굴 속에 숨겨 두고 태연하게 말하기를 "소군이 산속으로 놀러 나갔으니 간 곳을 어찌 알겠는가?"라고 하였다. 나인이 돌아가자 그 음식을 뜰 안에 뿌렸는데 까마귀와 참새들이 먹자마자 즉시 엎어져 죽었다. (태후가) 모든 충신과 의로운 사인들을 더욱 시기하고 꺼리게 되어 대부분 죄가 아닌데도 모함하였으나 목종은 금하지 못하였다. (목종) 12년 정월에 천추전의 화재로 태후는 장생전으로 들어갔는데 후에 강조(康兆)가 김치양 부자를 살해하고 태후의 친척들은 섬으로 유배 보냈으며, 사람을 시켜 목종도 시해하였다. 이에 태후는 고향으로 돌아가 황주(黃州)에서 거처한 지 21년이 지난 현종 20년(1029) 정월에 숭덕궁에서 죽었다. 나이는 66세였고, 유릉(幽陵)에 장사지냈다. 《고려사》 권88, 후비1 헌애왕태후 황보씨)

❷ (목종 12년) 서경 도순검사 강조(康兆)가 군사(甲卒)를 거느리고 와서 드디어 폐립(廢立)을 모의하였다. 2월 무자일에 (강조가) 왕에게 용흥귀법사(龍興歸法寺)로 출어할 것을 요청하였다. 기축일에 태양의 색깔이 붉은 장막을 펼친 것 같았다. 강조의 병사들이 갑자기 궁문으로 난입하자 왕은 벗어날 수 없음을 알고 태후와 함께 울면서 법왕사(法王寺)로 출어하였다. 얼마 뒤에 유의(兪義) 등이 대량원군(大良院君 : 후의 현종)을 모시고 와서 드디어 (현종이) 왕위에 올랐다. 강조는 왕(목종)을 폐위하여 양국공(讓國公)으로 삼고 병사를 보내 김치양(金致陽) 부자와 유행간 등 7명을 살해했다. 왕이 선인문(宣仁門)에서 나가자

시종하는 신하들이 처음에는 모두 걸어서 따라오다가 이때에 비로소 말 타고 따르는 자가 있게 되었다. 귀법사에 이르러 왕의 옷을 풀고 음식을 바꾸어서 드렸다. 강조는 최항 등을 소환하여 왕의 시중을 들게 하였다. 왕이 최항에게 일러 말하기를 "지난번에 창고[府庫]에 불이 나고 변이 일어났는데도 소홀하였으니 모두 나의 부덕으로 말미암은 일이다. 무릇 다시 누구를 원망하겠는가! 다만 돌아가 고향에서 늙기를 원할 뿐이니 경은 새 임금에게 이를 아뢰고 또한 잘 보좌하시오"라고 하였다. (목종은) 드디어 충주(忠州)로 향하였다. 태후가 음식을 먹고자 하면 왕이 친히 소반을 차려 드리고 태후가 말을 타고자 하면 왕이 친히 고삐를 잡았다. 일행이 적성현(積城縣 : 경기도 파주군 적성면)에 이르자 강조가 사람을 시켜 (목종을) 시해하고는 왕에게 자결[自刎]한 것으로 보고하였다. 《고려사》 권3, 세가3 목종 12년 2월)

생각해 보기

1. 천추전의 화재는 누가 일으켰을까?
2. 천추태후와 김치양의 아들이 왕위에 오르지 못했던 이유는 무엇일까?
3. 강조가 대량원군을 왕으로 옹립한 이유는 무엇일까?

참고문헌

1. 김창현, 《천추태후 역사 그대로》, 푸른 역사, 2009.
2. 남인국, 《고려중기 정치세력연구》, 신서원, 1999.
3. 박용운, 《고려사회와 문벌귀족가문》, 경인문화사, 2003.
4. 정용숙, 《고려왕실족내혼연구》, 새문사, 1988.
5. 정용숙, 《고려시대의 후비》, 민음사, 1992.

7 문종대의 제도 정비와 문벌귀족의 등장

인주 이씨의 등장과 이자의(李資義)의 난

현종의 뒤를 이어 그 아들들이 차례로 왕위에 올랐다. 덕종(德宗 : 1031~1034) · 정종(靖宗 : 1034~1046) · 문종(文宗 : 1046~1083)이 그들이었다. 이들은 모두 현종과 김은부(金殷傅)의 딸 사이에서 태어난 자식들이었다. 덕종은 천리장성을 축조하여 거란과 여진의 침입에 대비하였다. 그러나 고려 사회의 제도적 정비는 주로 문종(文宗)대에 이루어졌다. 우선 정치제도 면에서 각 관부의 관리 정원과 품계가 정비되었다. 1076년(문종 30)에는 관리들의 서열체계인 문산계(文散階)도 재정비되었다. 지방제도 면에서도 많은 정비가 이루어졌다. 즉 양계의 방어사(防禦使) · 진장(鎭長)의 수가 늘어나고 남방에는 지주부군사(知州府郡事) · 현령(縣令)이 증설되어 수령의 관료제가 강화되었다. 1051년에 향리들의 9단계 승진 규정이 마련되었고, 1062년에는 개성부(開城府)가 설치되면서 그 관할 구역을 확대하는 조치가 취해졌다.

경제적인 측면에서는 양반전시과의 갱정(更定)과 녹봉제의 정비를 들 수 있다. 이 조치는 모두 1076년에 이루어졌다. 이로써 문무 관료들에 대한 경제적 보상조치가 확정되었다. 1069년에는 양전보수법(量田步數法)이 제정되어 1결(結)의 면적이 확정되기도 하였다.

무엇보다 이 시기에는 귀족사회의 발전에 짝하는 제도가 정비되었고 문풍이 진작되기도 하였다. 1049년에 공음전시법이 제정되어 관료들 중 일부가 자손들에게 토지를 세습할 수 있게 되었다. 원칙적으로 토지를 세습할 수 없었던 전시과의 기본 원칙이 무너지게 된 것이다.

또 문벌귀족들이 국가의 교육과 관료 선발 시험에 깊이 관여하게 되었다. 사학 12도(私學十二徒)의 창설이 그것이다. 최충(崔冲)이 문헌공도(文憲公徒)를 창설한 이후 많은 문신 관료들이 이를 본받아 개인적인 학교를 연 것이다. 이를 사학 12도라 하였다. 이로써 과거에 합격하고자 하는 젊은 유생들이 여기에 몰려들어 관학이 침체되는 결과를 초래하였다.

한편으로는 이 시기에 등장한 문벌귀족 가문들이 정계를 좌우하기 시작하였다. 특히 왕실의 외척가문이 막강한 실력을 행사하면서 여러 방면에서 모순이 노정되기 시작하였다. 그 대표적인 가문이 바로 인주 이씨(仁州 李氏：慶源 李氏라고도 함) 가문이었다. 인주 이씨와 왕실과의 관계는 현종의 장인이었던 김은부가 이허겸(李許謙)의 사위였던 데서 비롯된다. 이렇게 하여 왕실과 인연을 맺게 된 인주 이씨는 이허겸의 손자인 이자연(李子淵) 때에 와서 본격적인 왕실의 외척세력으로 등장하였다. 즉 이자연의 세 딸이 문종의 왕비가 되었던 것이다. 이후에도 이 가문에서는 순종비 장경궁주(長慶宮主：李顗의 딸), 선종비 사숙태후(思肅太后：李碩의 딸)·정신현비(貞信賢妃：李預의 딸)·원신궁주(元信宮主：李頲의 딸)를 배출하였다. 이런 가운데 인주 이씨 중 일부는 왕실의 후계자 싸움에 뛰어들기도 하였다. 이것이 이른바 '이자의(李資義)의 난'이었다.

문제의 발단은 선종이 세상을 떠나자 헌종(獻宗：1094~1095)이 11세의 어린 나이로 왕위에 오르면서 시작되었다. 더욱이 헌종은 몸이 병약하여 언제 죽을지 모르는 상황이었다. 이럴 즈음 중추원사(中樞院使：종2품)였던 이자의는 무뢰배와 용사들을 모아 자신의 생질[원신궁주의 아들]인 한산후 윤을 왕위에 앉히려고 획책하였다. 이것을 눈치 챈 계림공 희(鷄林公 熙：헌종의 숙부)는 평장사 소태보(邵太輔)를 회유하고 소태보는 상장군 왕국모(王國髦)로 하여금 병사를 이끌고 궁에 들어가 호위하게 하였다. 이어 왕국모는 고의화(高義和)를 보내 선정문 내외에서 이자의를 비롯한 장중(張仲)·최충백(崔忠伯) 등을 주살하였다. 이 공으로 계림공은 중서령(中書令)에 올랐다가 곧바로 헌종의 선위를 받아 왕위에 올랐으니 이가 곧 숙종(肅宗 : 1095~1105)이다. 숙종은 이런 과정을 통하여 왕위에 올랐기 때문에 인주 이씨 가문에서 왕비를 맞아오지 않았다.

이자겸의 난과 사회의 동요

이 사건으로 인주 이씨 가운데 이자의 계열은 큰 타격을 입었으나 다른 계열은 건재하였다. 그리하여 이자겸(李資謙)의 한 딸이 예종비로, 그리고 두 딸이 인종비로 들어갔던 것이다. 이렇듯 왕실의 외척이 됨으로써 막강한 실력을 행사하던 이자겸 일파는 왕실 측에게나 신진관료들에게 꺼리는 대상이 되었다. 결국 이자겸 일파는 신진관료라 할 수 있는 한안인(韓安仁) 일파와 대립하게 되었다.

예종은 자신의 왕권강화를 위해 이자겸과는 성향이 다른 한안인 일파를 주변에 포진시켜 이자겸의 전횡을 막으려 하였다. 그러나 이자겸의 외손인 인종이 14세의 어린 나이로 왕위에 즉위하면서 한안인 일파는 제거되었다. 1122년에 인종이 즉위하자 이자겸은 한안인이 불궤를 꾀했다고 하여 살해하고 그 일당인 최홍재·문공미·이영·정극영 등 50여 명을 유배 보냈다.

이렇게 하여 반대세력을 숙청한 이자겸 일파는 그 족속들을 요직에 앉히고 매관매직을 일삼았다. 또 스스로 지군국사(知軍國事)가 되고자 하여 인종을 자신의 집으로 직접 오도록 하는 무례를 범하기도 하였다. 이러한 이자겸의 태도에 대해 인종 자신도 반감을 갖게 되었다. 이를 눈치 챈 내시 김찬(金粲)·안보린(安甫麟) 등은 1126년(인종 4)에 지녹연(智祿延)과 결탁하여 이자겸 세력을 제거하고자 하였다. 그리하여 상장군 최탁(崔卓)·오탁(吳卓),

장군 고석(高碩) 등으로 하여금 궁중으로 들어가 척준경(拓俊京)의 아들 순(純)과 척준신(拓俊臣)·김정분(金鼎芬)·전기상(田其上)·최영(崔英) 등의 이자겸파를 살해하도록 하였다. 이 소식을 전해들은 이자겸은 어찌할 바를 모르고 있었는데 척준경이 군사 수십 명을 이끌고 신봉문 밖에 이르렀고 이자겸의 아들 승려 의장(義莊) 역시 승군 300여 명을 이끌고 궁성 밖에 도착했다. 이에 왕은 이들에게 해산할 것을 명령하였으나 듣지 않고 척준경이 궁궐에 불을 지름으로써 전세는 역전되었다. 이로써 인종은 잠시 피신을 하였다가 나와 이자겸에게 선위하려 하였으나 이공수(李公壽)의 반대로 중지되었다. 이후에도 이자겸은 '십팔자(十八子)'의 참언을 믿고 자신의 딸을 시켜 인종을 살해하려 하였으나 실패하였다.

이런 가운데 이자겸의 아들인 이지언(李之彦)의 종과 척준경의 종이 다툰 것이 계기가 되어 이자겸과 척준경의 사이가 벌어지게 되었다. 그러자 인종은 내의(內醫) 최사전(崔思全)을 통하여 척준경을 회유하였다. 결국 인종의 밀지를 받은 척준경은 이공수와 의론하여 이자겸을 체포하였다. 그리하여 이자겸은 영광으로 유배되어 그 곳에서 죽고 그 일파는 각지로 유배되었다. 척준경도 얼마 가지 않아 정지상의 상소로 암태도에 유배되었다가 곡주[곡산]에서 죽었다.

이렇게 하여 이자겸의 난은 진압되었으나 내부적으로 정국의 혼란상은 계속되었다. 정치기강이 해이해진 것은 물론이고 귀족층의 내부분열이 더욱 심화되었다. 그리고 많은 인명의 살상과 궁궐의 화재로 말미암아 개경의 민심이 흉흉하였다. 핵심적인 지배세력의 위치도 바뀌었다. 이자겸 일파가 제거된 대신 이공수·이지저 계열의 인주 이씨 및 김부식(金富軾)·김부일(金富佾) 등의 경주 김씨와 새롭게 외척이 된 임원애(任元敱) 등의 정안 임씨가 부상하였다.

여기에 대외적인 문제까지 등장하였다. 아골타(阿骨打)가 여진세력을 통합하여 금(金)을 세우고 고려에 압력을 가하고 있었던 것이다. 여진은 원래 우리의 북방지역에 거주하면서 산만한 부락생활을 하던 족속이었다. 그리고 고려를 부모의 나라로 섬기면서 복종하는 태도를 보였다. 이에 고려는 이들에게 때로는 강경한 정책을 쓰기도 했지만 대체로 은전을 베푸는 태도를 취하였다. 그리하여 여진인들이 고려에 들어와 토산물을 바치면 식료·의류 등 생활필수품을 하사해 주기도 하였고 투화여진인들에게는 무산계나 향직을 주는가 하면 일정한 지역에 살게 해주기도 하였다.

그러다가 북만주의 송화강 지류인 아르추카하(阿勒楚喀河) 유역에서 완안부(完顔部)가 일어나면서 서서히 세력을 확대하기 시작하였다. 특히 오아속(烏牙束) 때에 이르러 세력을 더욱 키운 이들은 고려에 복속한 여진부락을 침략하고 계속 남진하여 정주(定州)의 장성부근까지 이르게 되었다. 이에 고려에서는 임간(林幹)·윤관(尹瓘)을 보내 이들을 물리치게 하였으나 실패하고 드디어 숙종이 즉위하면서 별무반(別武班)을 편성하여 정벌하게 되었다. 이때 윤관은 여진족들을 내쫓고 9성을 쌓았으나 오래지 않아 돌려준 바 있다. 오아속의 뒤를 이은 아골타는 동북면의 여진을 통합하고 요(遼)의 군대를 격파하더니 마침내 1115년(예종 10)에 황제를 칭하고 국호를 금(金)이라 하였다.

이 같은 상황에서 금은 1117년(예종 12)에 사신을 보내 형제맹약을 제의해 왔다. 이에 고려에서는 상하가 모두 분노하였으나 제청을 묵살하는 것으로 일단락 지었다. 그러나 금은 1125년(인종 3)에 요를 멸망시키더니 이번에는 군신관계를 요구해 왔다. 고려에서는 대부분의 신하들이 반대하였으나 이자겸·척준경 등은 당시의 국제정세를 들어 '표를 올려 신하를 칭하는[上表稱臣]' 쪽으로 결정하였다. 이후에도 굴욕적인 외교는 계속되는 상황이 전개되었다.

경제적으로도 이자겸을 비롯한 일부 귀족들의 전횡으로 전시과 체제가 서서히 무너지고 있었다. 중앙귀족들의 권력쟁탈전이 전개되면서 사회기강이 문란해지고 이 틈을 타 권력가들의 토지탈점이 자행되었던 것이다. 《고려사》 권40, 이자겸전에는 당시의 상황을 이렇게 전하고 있다. 즉 "(이자겸의) 세력이 더욱 성하게 되어 뇌물수수가 공공연히 행해지니 사방에서 선물이 모여들어 썩는 고기가 항상 수만 근이었다. 남의 토전(土田)을 강탈하고 자기 종을 놓아 거마(車馬)를 약탈하여 자기의 물건을 실어들이니 백성들은 수레를 훼손하고 우마(牛馬)를 팔아 도로가 소연하였다"라고 전하고 있는 것이다. 또 이들 귀족들은 백성들을 동원하여 큰 저택을 짓기도 하였고 이들로부터 수시로 별공(別貢)을 징수하여 괴롭히는 지경에 이르렀다. 그리하여 견디다 못한 백성들이 도망하는 사태가 속출하였다.

관련 사료

❶ 헌종(獻宗) 초년에 문하시랑평장사·상주국에 제수되었다. 이자의(李資義)가 반란을 꾸밀 때에 소태보가 왕국모를 시켜 병사를 인솔하고 궁중에 들어가서 왕을 호위하는 한편 장사(壯士) 고의화(高義和)로 하여금 이자의와 그의 당여를 참수하였다. 이 공(功)으로 권판이부사(權判吏部事)가 되었다가 특진(特進)·수사도(守司徒)·판이부사로 옮겨갔다. 숙종이 선위(禪位) 받자 발탁하여 수태위(守太尉)·문하시중(門下侍中)에 제수하고 금, 은, 그릇과 관복, 의대, 비단, 모직, 능라, 포목, 안마 등을 내려주고 또 악사(樂部)들과 화주(花酒)를 그 집으로 보내 축하연을 베풀어 주었다. 《고려사》 권95, 열전8 소태보)

❷ 이자겸은 사사로이 자기 부(府)에 속한 주부(注簿) 소세청(蘇世淸)을 송(宋)에 보내서 표를 올리고 토산물을 바치면서 스스로 지군국사(知軍國事)를 칭했다. 이자겸의 권세와 총애는 나날이 성해졌으며 자기에게 붙지 않는 자는 백방으로 중상하여 왕의 아우 대방공(帶方公) 왕보를 경산부(京山府)로 추방했고 평장사 한안인(韓安仁)을 섬으로 유배 보냈다가 죽였다. 또 최홍재(崔弘宰), 문공미(文公美), 이영(李永), 정극영(鄭克永) 등 50여 인을 유배하기도 했다. 자기의 족속을 요직에 배치하고 관작을 매매하여 대부분 자기의 당여를 심어 놓았다. 스스로 국공(國公)이 되어 예(禮)의 등급을 왕태자와 같게 하고 자기 생일(生日)을 인수절(仁壽節)이라 칭하였으며, 전국[內外]에서 온 축하문을 전(箋)으로 칭하게 하였다. 《고려사》 권127, 열전40 이자겸)

생각해 보기

1. 안산 김씨보다 인주 이씨가 더 득세한 이유는 무엇일까?
2. 문종 때 정비된 제도의 정치적 지향은 무엇이었을까?
3. 이자겸은 왜 왕이 되지 않았을까?

참고문헌

1. 김병인,《고려 예종대 정치세력 연구》, 경인문화사, 2003.
2. 김윤곤,《한국 중세의 역사상》, 영남대출판부, 2001.
3. 남인국,《고려중기 정치세력연구》, 신서원, 1999.
4. 박용운,《고려사회와 문벌귀족가문》, 경인문화사, 2003.
5. 이병도,《고려시대의 연구》, 을유문화사, 1948.
6. 황운용,《고려 벌족연구》, 동아대출판부, 1990.
7. Edward J. Shultz, *Generals and Scholars ; Military Rule in Medieval Korea*, University of Hawaii Press, 2000.

8 묘청의 난과 고려 전기 사회의 붕괴

묘청의 서경천도 운동

고려 중기에는 문벌귀족들이 왕권을 능가하면서 권력을 전횡하였다. 이러한 여파로 일반 백성들은 그들의 수탈과 탄압 속에서 고통을 당하게 되었다. 이자겸의 난 때는 개경의 궁궐이 불타기도 하였다. 그런가 하면 새롭게 대두한 여진세력이 고려를 압박하는 사태까지 발생하게 되었다. 이러한 가운데 서경천도(西京遷都)와 더불어 칭제건원(稱帝建元)·금국정벌(金國征伐) 등을 주장하는 일파가 있었고, 결국은 이들이 서경에서 봉기하기에 이르렀으니 우리는 이를 '묘청(妙淸)의 난'이라 부르고 있다.

묘청은 서경[평양]의 승려였으며, 후에 이름을 정심(淨心)으로 개명하였다. 그는 원래 풍수도참설에 능한 자였다. 그리하여 서경의 일관(日官)이었던 백수한(白壽翰)도 그를 스승으로 모셨다. 정지상(鄭知常)도 서경 사람으로 그들의 말을 깊이 믿었다. 그들은 개경의 지덕이 쇠진하여 궁궐이 불타 없어졌으니, 왕기(王氣)가 있는 서경을 수도로 정해야 한다고 생각했다. 인종도 이들의 말에 혹하여 1127년(인종 5), 서경에 행차하여 관정도량(灌頂道場)을 베풀고 유신정령(維新政令)을 반포하였다.

묘청 등은 또 "서경의 임원역 지역은 바로 음양가들이 말하는 이른바 '대화세(大華勢)'이니 만일 여기에 궁궐을 세우고 임어(臨御)하시면 천하를 병합할 수 있게 되어 금국이 방물을 바치고 36국이 모두 조공을 바칠 것입니다"라고 왕에게 건의하였다.

이에 따라 인종은 서경으로 가서 재추들에게 명하여 묘청·백수한 등을 거느리고 임원역의 지세를 보게 하고 김안(金安)을 시켜 궁궐을 짓게 하였다. 그리하여 1128년 11월부터 이듬해 2월까지 임원역 일대에 대화궁을 지었다. 1129년에 대화궁이 완성되자 인종은 또 서경으로 행차하였다. 이때 묘청의 당 중에서 어떤 자는 표문을 올려 "황제를 칭하고 연호를 제정하라[稱帝建元]"고 권고하였으며, 또 어떤 자는 금을 쳐서 멸하자고 주청하였다. 그러나 식자들은 모두 불가능하다고 여겼으며 인종도 듣지 않았다.

그러자 묘청 일파는 왕이 서경에 행차하니 공중에서 음악소리가 들린다거나 신룡(神龍)이 침을 토한다거나 하는 술수를 쓰기도 하였다. 또 묘청은 왕에게 청하여 임원궁성(林原宮城)을 축성하고 그 궁성에 8성당(八聖堂)을 설치하였다. 8성은 여덟 사람의 성인이란 뜻으로 국내 명산의 수호신·호국신과 부처 중에서 하나씩을 뽑아 서로 연결 짓게 한 것이다. 인종은 이에 묘청의 말을 들어 서경에 자주 행차하였는데 홍수·한발·폭풍·우박·낙뢰 등의 재변이 꼬리를 물고 일어났다. 대동강에서 뱃놀이할 때 갑자기 폭풍이 불어 인종이 황급히 대피했는가 하면, 대화궁 근방 30여 곳에 벼락이 떨어지기도 하였다. 이에 인종은 점차 이들을 의심하기 시작하였다.

묘청 일파는 서경천도가 어려워졌음을 알고 무장봉기를 감행하였다. 1135년(인종 13)에 묘청은 분사시랑 조광(趙匡), 분사병부상서 유감(柳旵) 등과 더불어 거사하였다. 그는 왕의 조서를 위조하여 서경부유수 최자(崔梓), 감군사 이총림(李寵林), 어사 안지종(安至宗) 등을 잡아가두고 서북면병마사 이중병(李仲幷)과 그의 막료들 및 각 성의 수장들도 서경의 소금창고에 가두었다. 그리고 각 성의 병력을 강제로 동원시키고 인근의 마필을 약탈하여 성내로 끌어들였다. 그들은 국호를 대위(大爲), 연호를 천개(天開)라 하고 또 그들의 군대를 천견충의군(天遣忠義軍)이라 하였다. 그리고 성공했을 때를 대비하여 미리 양부대신과 각 도의 수령들을 모두 서경인들로 임명한다는 문서를 작성해 두었다.

이에 조정에서는 토벌군을 편성하였다. 여기에는 김부식이 원수가 되어 삼군을 편성하였는데 중군에는 김부식(金富軾)·임원애(任元敳)·윤언이(尹彦頤) 등이 통솔책임자가 되었고, 좌군에는 김부의(金富儀)·김단(金旦)·윤언민(尹彦旼) 등이, 그리고 우군에는 이주연(李周衍)·진숙(陳淑) 등이 그 책임자로 임명되었다. 김부식은 떠나기에 앞서 정지상·김안·백수한 등이 묘청과 공모하였다 하여 용사들을 시켜 이들을 잡아 죽이고 왕에게 보고하였다. 그리고 음중인·이순무 등 개경에 있던 묘청의 당을 먼 섬으로 귀양 보냈다.

김부식의 대군이 출정하자 조광 등은 능히 항거할 수 없음을 알고 묘청·유감 및 그 아들 유호의 머리를 베어서 윤첨으로 하여금 조정에 바치게 하였다. 그러나 김부식은 이 3인의 머리를 효수하고 윤첨을 옥에 가두었다. 그러자 조광은 자신도 죽음을 면치 못할 것을 알고 다시 반란을 일으켰다. 이에 김부식은 성이 험준하여 갑자기 공격하기 어렵다 생각하고 지구전법을 썼다. 그러다가 인종 14년 2월에 총공격을 가하자 조광은 불에 타 자살하였으며 드디어 서경은 평정되었다.

서경천도 운동의 평가와 의미

위의 내용이 《고려사》에 나와 있는 이른바 '묘청의 난'에 대한 개요이다. 그러면 과연 묘청은 이 기록대로 당시의 반란자였는가. 기록이란 자의든 타의든 간에 기록자의 주관이 개입되게 마련이다. 《고려사》는 1395년(조선 태조 4)에 정도전·정총 등이 편찬한 《고려국사》를 모태로 하는데 이를 첨삭·개수하면서 김종서(金宗瑞)·정인지(鄭麟趾) 등에 의하여 1451년(조선 문종 1)에 완성된 사서이다. 그런데 편찬의 주체가 된 이들은 주로 과거출신의 유학자들이었다. 따라서 열전의 내용을 보면 문신위주·과거위주로 되어 있다. 그리고 조선의 통치이념이 유교였기에 유교중심 서술도 당연한 결과였다. 그리하여 《고려사》에는 승려전이 없었다. 이러한 여러 상황으로 보아 《고려사》에서 묘청을 긍정적으로 보지 않고 반역전에 포함시키고 있는 것은 당연한 결과일지 모른다. 그러나 그것이 객관적이고 공정한 평가라고 보기는 어렵다.

물론 묘청 일파가 주장한 금국정벌론 같은 것은 당시의 현실에서 볼 때 다소 무리한 주장이었다고 여겨진다. 그러나 기록을 검토해 보면 묘청이 과연 이 주장을 꼭 실천에 옮기려고 한 것이었을까 하는 의문이 든다. 그는 다만 금의 압력이 계속되는 상황에서 서경을 중심으로 하여 민심을 한곳으로 모으는 한 방법으로 이것을 주장한 것으로 볼 수 있는 여지가 있다. 그리고 그가 행한 여러 술책들도 자신의 주장을 관철시키기 위해 정치가들이 흔히 행하는 하나의 방법이라 해석할 수 있다.

이렇게 본다면 묘청 일파의 일련의 행동은 일종의 현실개혁(現實改革) 운동이었다고 평할 수도 있는 것이다. 묘청은 인종대의 정치·사회적인 불안 요인이 당시 집권층의 경제적 수탈과 정치적 무능으로 인한 대금(對金) 의존도의 심화에 있었다고 간파하여 이를 개혁하고자 했다. 그것은 묘청·백수한·정지상 등의 청에 의하여 인종 5년 왕이 서경에 행차하여 내린 '유신지교(維新之敎)'를 통해서 알 수 있다. 이 교서는 정지상이 작성했을 가능성이 큰데 그 내용은 모두 15개 조항으로 되어 있다. 그것을 분석해 보면 풍수지리에 관한 것은 1개항뿐이고 관리들의 비위척결이나 훌륭한 인재선발에 관한 것이 4개항, 그리고 나머지 10개항은 모두 일반 백성들의 생활향상에 직·간접으로 관련된 것들이다. 즉 인종은 이 교서를 통하여 왕권의 회복, 정치기강의 확립과 함께 기층사회의 안정을 도모하려는 민생구휼 정책을 시행하려 하였다.

이 교서가 발표된 후 묘청 등은 적극적으로 천도 운동을 전개하였던 것이다. 그가 개혁의 중심지로 서경을 택한 것은 그가 서경출신이라는 이유도 있었겠지만 서경은 옛 고구려의 수도로 고려 초기 이래 중시되었기 때문이었다. 또한 고려에서 이적시해 왔던 금과의 잦은 사신왕래로 서경지역이 다른 지역보다 경제적 피해가 컸고 과중한 역과 별공(別貢)의 상납에 시달렸기 때문이기도 했을 것이다.

이렇듯 묘청을 긍정적으로 평가한 것은 신채호가 효시를 이룬다. 즉 그는 이 사건을 낭(郎)·불(佛) 양가 대(對) 유가(儒家), 국풍파(國風派) 대 한학파(漢學派), 독립당 대 사대당, 진취사상 대 보수사상의 싸움으로 규정하면서 "조선 1천년 이래 제일 큰 사건"이라 평하였다. 그리하여 묘청은 전자의 대표요, 김부식은 후자의 대표라 하였다. 그러나 이 사건의 실패로 고려 후기부터 조선시대에 이르기까지 사대사상이 만연하여 결국은 일본의 식민지 국가가 되었다고 논단하였다. 문일평도 묘청과 같은 이를 '반역아'로 지칭하고 있지만 오히려 이들은 가치 있고 필요한 존재로 보고 있다. 이러한 일련의 평가는 일제강점기의 암울한 시대상황 속에서 진취적인 민족정신을 일깨우기 위한 목적이었을 터이지만 일면의 정당성이 없지 않은 것이다.

관련 사료

❶ 묘청은 서경의 승려인데 후에 정심(淨心)으로 개명했다. 인종(仁宗) 6년에 일관(日官) 백수한(白壽翰)은 서경 분사(分司)검교소감(檢校少監)으로서 묘청을 가리켜 스승이라 하였다. 두 사람은 음양비술(陰陽秘術)에 의탁하여 중생을 현혹하였다. 정지상(鄭知常)도 서경 사람인데 그들의 말을 깊이 믿고 '개경은 왕업(王業)의 기운이 이미 쇠진하였으며 궁궐이 다 타버리고 남은 게 없으나 서경은 왕기(王氣)가 있으니 마땅히 어가(御駕)를 옮겨와 왕경으로 삼아야 한다'라고 여겼다. 이에 근신인 내시(內侍) 낭중(郎中) 김안(金安)과 모의하여 말하기를 "우리들이 만약 주상께 아뢰어 어가를 옮기게 하여 서경을 왕경으로 삼게 한다면 마땅히 중흥공신(中興功臣)이 될 것이니 비단 우리 한 몸만 부귀를 누릴 뿐만 아니라 또한 자손을 위해서도 무궁한 복이 될 것이다"라고 하고 드디어 입만 열면 칭찬을 주고받았다. 근신(近臣) 홍이서(洪彝敍)와 이중부(李仲孚) 및 대신 문공인(文公仁), 임경청(林景淸)도 수용하지 않음이 없었다. 《고려사》 권127, 열전40 묘청)

❷ 윤언이(尹彦頤)는 인종 때 급제하고 여러 관직을 거쳐 기거랑(起居郎)에 올랐다. 좌사간 정지상(鄭知常)과 우정언 권적(權適) 등과 함께 시정득실을 논하였는데 왕이 우대하여 받아들였다. 국자사업(國子司業)으로 전임해서는 경연(經筵)에 나아가 경서(經)의 뜻을 강론하였는데 (왕에게) 화려한 서대(犀帶 : 고급 관원이 착용한 띠) 한 벌을 하사받고, 보문각직학사로 옮겼다. 묘청이 반란했을 때 조서(詔書)로써 김부식과 임원애를 원수로 삼고 윤언이는 보좌관이 되어 묘청을 토벌하였다. 이에 앞서 윤관이 조서를 받들어 대각국사(大覺國師)의 비문(碑文)을 지었는데 공교하지 못하여 그 문도(門徒)들이 몰래 왕에게 아뢰니 김부식에게 다시 짓게 하였다. 당시 윤관은 재상부[相府]에 있었으나 김부식은 사양하지 않고 마침내 지었으니 윤언이가 마음으로는 싫어하였다. 하루는 왕이 국자감에 거둥하여 김부식에게 주역(周易)을 강의하게 하고 윤언이에게는 난해한 부분을 논의하게 하였다. 윤언이는 자못 주역에 매우 정통하여 (난해한 부분을) 변론하고 거침없이 질문하니 김부식은 응답하기가 난처하여 땀이 흘러 얼굴을 적셨다. 윤언이가 김부식의 부하가 되었을 때에는 김부식이 아뢰기를 "윤언이는 정지상과 두텁게 서로 결탁하였으니 그 죄는 사면할 수 없습니다"라고 하였다. 이에 양주방어사(梁州防禦使)로 폄출되었고, 그 후에 광주 목사(廣州牧使)가 되었으나 표를 올려 사양하였다. 《고려사》 권96, 열전9 윤관 附 언이)

생각해 보기

1. 서경천도 운동이 일어난 원인은 무엇일까?
2. 인종이 묘청 등의 세력을 등용한 이유는 무엇일까?
3. 윤언이는 과연 묘청과 결탁하였을까?

참고문헌

1. 김상기,《동방사논총》, 서울대출판부, 1974.
2. 김정권,《묘청란》, 충남대학교 출판부, 2007.
3. 김창현,《윤관과 묘청, 천하를 꿈꾸다》, 경인문화사, 2008.
4. 남인국,《고려중기 정치세력 연구》, 신서원, 1999.
5. 변태섭 등,《고려사의 제문제》, 삼영사, 1986.
6. 이병도,《고려시대의 연구》, 을유문화사, 1948.
7. 홍승기,《고려정치사연구》, 일조각, 2001.

9

무신정권의 성립과 전개

무신정변의 원인

이자겸과 묘청의 난으로 중앙정계가 혼란해질 무렵, 고려는 내부적으로 다시 한 번 큰 변란이 일어났다. 1170년(의종 24)에 무신들의 반란이 일어나 '무신정권'이 성립되었다. 당시 상장군(上將軍)이었던 정중부(鄭仲夫)를 필두로 이고(李高)·이의방(李義方) 등이 보현원(普賢院)에서 거사하여 수도인 개경을 장악함으로써 이후 100년간 무신들이 통치하는 시대가 전개되었던 것이다.

무신들이 변란을 일으킨 배경과 원인은 다각적인 측면에서 살펴볼 수 있다. 우선 가장 중요한 원인으로 들 수 있는 것은 고려 초기 이래의 무신들에 대한 차별정책이다. 관제 면에서 볼 때 무신들은 정3품까지밖에 오를 수 없었다. 그것은 무반의 최고위직인 상장군이 정3품이었기 때문이다. 반면 문신은 능력이 있으면 2품 이상의 고위직에 진출할 수 있었다. 당연히 무신들이 맡아야 할 군대의 지휘통솔권도 문신들이 맡는 경우가 허다하였다. 거란의 침입을 물리칠 때 활약한 강감찬(姜邯贊)이나 별무반을 편성하여 여진을 정벌할 때 총책임을 맡았던 윤관(尹瓘)도 장수로 알려져 있지만, 무신이 아니라 문신이었다.

그리하여 문신들은 무신들을 업신여기고 천대하는 경향이 있었다. 김부식의 아들 김돈중이 무신 정중부의 수염을 태운 일이나 보현원으로 행차하는 도중 하급 문신이었던 한뢰(韓賴)가 대장군(大將軍 : 종3품) 이소응(李紹膺)의 뺨을 때린 것도 이러한 당대의 분위기를 전해주는 것이다.

또 다른 원인은 일반 군인들의 불만을 들 수 있다. 이들은 전쟁 상황에서는 물론이고 평화 시에도 노역으로 시달리고 있었다. 거기에다가 그들에게 주어져야 했던 군인전도 제대로 지급되지 못하였다. 무신들의 정변이 성공을 거둔 것도 실은 일반 군인들의 호응이 있었기에 가능한 일이었다. 이고·이의방·이소응 등이 개경에서 "모든 문관(文冠)을 쓴 자는 비록 서리(胥吏)라도 죽여서 씨를 남기지 말라"고 외쳤을 때 일반 군졸들이 여기에 참여하여 무신들의 정변이 성공하였던 것이다.

의종(毅宗)의 실정(失政)도 한 원인으로 들 수 있다. 의종은 문신 및 환관들과 잔치를 벌이고 유희하기를 그치지 않았다. 그런 와중에서 통치체제가 이완되어 백성들의 부담은 가중되고 무신 및 군인들에 대한 천대는 더욱 심하였다. 그 결과 결국은 무신들의 정변을 초래하였다는 것이다.

그러나 이와는 약간 다른 원인을 제시하는 견해도 있다. 즉 의종은 비대해진 문신귀족들의 틈바구니에서 뜻을 제대로 이룰 수가 없었다. 오히려 그는 문신세력에 대한 반발과 혐오를 가지고 있었다. 반면 은근히 무신세력을 비호하는 경향도 가지고 있었는데 그것이 무신정변을 일으키게 된 한 원인이 되었다는 것이다. 그 근거로 의종은 이의민이 수박(手搏)이라는 운동을 잘하자 품외의 대정(隊正)에서 3등급이나 특진시켜 그를 별장(別將 : 정7품)으로 삼기도 하였으며 보현원으로 가는 도중 무신들을 위로하기 위해 오병수박희(五兵手搏戲)를 벌였다는 점을 들었다. 또 무신들이 정변을 일으키자 그들에게 큰 칼을 하사하여 위로하기도 했다는 것이다. 위와 같은 여러 요인이 작용하여 무신정변은 성공하였다.

초기의 무신정권

1170년에 무신정변이 성공을 거둔 후 무신들이 정권을 잡게 되었고, 이 무신정권은 1270년(원종 11)까지 계속되었다. 그러나 이 시기의 무신정권은 그 정권의 추이와 성격에 따라 대체로 3시기로 나누어 볼 수 있다.

처음은 무신정권의 성립기라 할 수 있는데 1170년(의종 24)부터 1196년(명종 26), 이의민이 최충헌 형제에게 제거될 때까지이다. 이 시기 정권의 전개과정을 보면 온건세력이라 할 수 있는 정중부와 주동세력이라 할 수 있는 이고·이의방, 행동대장이었다고 할 수 있는 이의민 등이 갈등 대립을 하던 시기라 할 수 있다. 먼저 이고는 권력을 잡자마자 왕이 되려는 생각으로 또 다른 정변을 계획했으나 교위(校尉 : 정9품)인 김대용(金大用)의 아들이 이의방에게 밀고함으로써 오히려 죽음을 당하였다.

이에 이의방은 권력을 휘두르며 자신의 딸을 강제로 태자비(太子妃)로 삼는가 하면 승려들이 반기를 들자 그들의 근거지인 중광사·홍호사·귀법사 등의 절을 불태우기까지 하였다. 이러한 가운데 이의방과 정중부 사이가 악화되었다. 1174년에 서경유수 조위총(趙位寵)이 무신정권에 반발하자 이의방 등은 토벌군을 편성하여 서경군과 접전을 치렀다. 이 와중에 이의방은 정중부의 아들 정균(鄭筠)에게 고용된 승려 종감에게 살해당하였다.

이 과정에서 정중부 부자는 전권을 장악하였으나, 권력을 남용하여 원성을 사게 되었고, 나중에는 정균이 공주에게 장가들려는 계획까지도 추진하였다. 그러다가 1179년 청주 출신의 청년 장군 경대승(慶大升)에게 제거되었다. 경대승은 정균이 총애하던 견룡군(牽龍軍) 허승(許升)과 결탁하여 정중부를 살해하였던 것이다. 이후 경대승은 신변 보호를 위해 결사대를 모아 도방(都房)이란 사병집단을 거느리며 집권했으나, 1183년(명종 13)에 병으로 죽었다.

그 뒤를 이어 경대승을 피해 경주로 내려가 있던 이의민(李義旼)이 집권하였다. 이의민은 원래 천민 출신으로 어머니는 옥령사(玉靈寺)의 종이었고, 아버지는 소금과 체를 팔러 다니는 사람이었다. 또 이의민 3형제는 경주에서 못된 일을 도맡아 하다가 안찰사 김자양(金子陽)에게 잡혀 형제 2명은 죽고, 이의민만 살아남아 서울의 경군(京軍)에 편입되었다. 그 후 무신정변이 일어나자 반대파를 제거하는 데 큰 활약을 하였고 김보당(金甫當)의 난 때 의종을 살해하였다. 조위총을 토벌할 때도 공을 세워 출세하였다. 따라서 그의 집권 시절 정치는 매일 중서성에서 술을 마시고 두경승(杜景升)이란 자와 주먹 자랑이나 하는 정도였다. 그러다가 최충헌 형제에게 제거된 것이다.

이 성립기 무신정권의 특징을 보면 우선 무신집권자들의 지위가 확고하지 못했다는 점을 들 수 있다. 따라서 서로 죽고 죽이는 상황이 되풀이되었다. 또 명종 옹립 후 정중부가 참지정사(叅知政事), 이고는 대장군(大將軍)·위위경(衛尉卿)·겸 집주(兼 執奏), 이의방은 대장군(大將軍)·전중감(殿中監)·겸 집주(兼 執奏)에 임명되는 등 문관직을 겸하기도 했지만, 가급적 높은 관직에 올라 중요직을 점령하려 하였다. 즉 아직도 왕조권력의 권위를 필요로 했던 것이다.

그들은 또한 자기 자신의 독자적인 정치기구를 수립하지 못하였다. 그리하여 기존의 중방(重房)을 중심으로 정치를 전개하였다. 이는 원래 상장군·대장군들의 회의체였지만 이 시기에 와서는 일종의 최고 정치기구 역할을 했던 것이다.

또한 그들은 독자적인 사병조직을 갖지 못하고 여전히 국가의 부병(府兵)에 의존하고 있었다. 이 시기 무장들은 문객(門客)이나 용사(勇士)·사사(死士)와 같은 사병들을 가지고 있기는 했으나 체계적이고 독자적인 사병집단은 아니었다. 경대승의 경우는 약간 예외가 되겠지만, 이들이 권력쟁탈전을 벌일 때 주로 동원한 것은 금군(禁軍)이나 순검군(巡檢軍) 같은 국가의 공병이었다.

이 시기에는 문신들에 대한 극심한 탄압을 하였다는 것도 특징이다. 무신정변이 일어난 해인 경인년(庚寅年)은 물론이고 동북면병마사 김보당(金甫當)이 반(反)무신란을 일으킨 계사년(癸巳年) 즉 1173년에도 여기에 연루된 많은 문신들이 화를 당하였다. 그리하여 후일 이를 '경계의 난(庚癸之亂)'이라 부르기도 하였다. 요행히 살아남은 문신들은 산림으로 은거하거나 머리를 깎고 승려가 되는 경우도 있었다. 또 정중부 집권기에는 공주 명학소에서 '망이(亡伊)·망소이(亡所伊)의 봉기'가 일어나기도 하였다.

최씨 무신정권

이의민이 최충헌(崔忠獻) 형제에게 살해당한 1196년부터 최씨정권의 마지막 집정자인 최의(崔竩)가 피살당하는 1258년(고종 45)까지 62년간을 무신정권의 확립기라 부를 수 있다. 이의민이 최충헌의 동생 최충수(崔忠粹)의 집에서 집비둘기를 빼앗아 간 것이 발단이 되어 이의민이 최충헌 형제에게 살해당한 후 최충헌은 나름대로 권력을 남용하지 않으려 애썼다. 그것은 그가 비교적 좋은 가문 출신이었고, 음서로 문관직을 받으면서 관계에 나왔기 때문이었다. 그러나 그 후 무관직으로 전환하여 조위총 난 때 전공을 세우면서 두각을 나타내었다. 그는 집권하자마자 개혁안으로 봉사 10조(封事十條)를 명종에게 올려 당시 정치·사회상의 폐해를 정확하게 지적하였다. 또 자신의 딸을 태자비(太子妃)로 삼으려는 최충수를 무력으로 막다가 동생을 죽이기까지 하였다.

그러나 그는 곧 이어 반대파들을 제거한 후 명종을 폐하고 왕의 동생이었던 왕민(王旼)을 옹립하여, 새로이 신종(神宗 : 1197~1204)으로 세우고 자신의 집권체제를 굳히기 시작하였다. 또 그의 집권에 반기를 든 사원세력과 '이비(利備)·발좌(孛佐)의 난', '만적(萬積)의 난'을 진압하는 등 탄탄한 권력 기반을 구축하였다. 거기에다 경대승 때 존재했다 폐지되었던 도방이란 사병 집단을 부활하여 자신의 세력기반으로 삼았다.

또 최충헌은 독자적인 정치기구로서 교정도감(敎定都監)을 설치하기도 하였다. 이는 원래 1209년(희종 5)에 최충헌 부자의 살해를 모의했던 자들을 수색하기 위해 일시적으로 설치한 관청이었으나 그 뒤에도 존치되어 무인 집권자들의 중심 통치기구가 되었다. 그들은 교정도감의 장관직인 교정별감(敎定別監)의 직책을 띠고 모든 권력을 오로지하였던 것이다.

최충헌이 집권 23년만인 1219년(고종 6)에 세상을 떠나자 그 아들인 최우(崔瑀 : 뒤에 怡로 고침)가 집권하였다. 그의 집권은 자신의 동생 향(珦)과의 쟁탈전을 통해 이루어졌는데 집권초반에는 인심을 얻기 위해 최충헌이 모아 두었던 금은과 보물들을 왕에게 바치고 아버지가 탈점한 공·사전을 모두 본 주인에게 돌려주었다.

그러나 그는 도방을 확대하여 내·외도방으로 나누는 한편 마별초(馬別抄)와 삼별초(三別抄 : 左·右別抄와 神義軍)를 조직하여 무력기반을 확충하였다. 또 인사기구인 정방(政房)과 자문기구인 서방(書房)을 설치하여 문신들을 자신의 지지기반으로 포섭하였다. 이러던 중 몽고(蒙古 : 몽골)와의 관계가 악화되어 1231년(고종 18)에 몽고의 침입을 맞기도 하였다.

이후 1249년까지 집권한 최우의 뒤를 이어 최항(崔沆)이 집권하였다. 최항은 최우가 사랑하던 기생 서련방(瑞蓮房)과의 사이에서 태어난 자식이다. 처음에 최우는 그를 강제로 만전(萬全)이라는 승려가 되게 했으나, 후에 환속하여 이름을 바꾸고 집권하게 되었다. 최우가 죽자 주숙(周肅) 등은 왕정복고를 하려 했으나 이공주(李公主)·최양백(崔良伯)·김준(金俊) 등의 활약에 힘입어 최우의 뒤를 잇게 되었던 것이다. 그도 처음에는 반대파를 제거하고 백성들에게 혜정(惠政)을 베풀려 하였으나 곧 이어 도방을 36번(番)으로 강회하면서 교정별감의 지위에 올라 정치를 오로지하였다.

1257년(고종 44)에 최항이 병으로 죽으면서 최항과 그의 비(婢)에서 태어난 최의(崔竩)가 집권하였다. 그도 처음에는 창고를 열어 백성들을 구휼하고 집에 있던 쌀을 왕에게 바치는 등 선정을 하는 듯 했다. 그러나 얼마 안 있어 본색을 드러내어 백성들을 침탈하고 노비들에게 참직(參職 : 6품 이상의 관직)을 주는 등의 전제적 권력을 행사하였다. 그러다가 1258년 3월에 유경(柳璥)·김준(金俊) 등에게 살해되었다.

확립기의 특징은 교정도감을 중심을 한 독자적인 정치기구를 수립했다는 점을 들 수 있다. 이제 종래의 관직보다도 교정별감의 특수직을 매우 중시하였다. 기존의 중방 정치에서 독자적인 세습체제로 전환하였던 것이다.

또 무력장치로서 막대한 사병조직을 갖추고 있었다. 도방을 계속적으로 강화하고 마별초 등이 창설되어 무신정치의 군사적 기반을 마련하였던 것이다.

한편으로는 강대한 경제적 기반도 구축하였다. 최씨 집정자들은 진강후(晉康侯) 내지 진양후(晉陽侯)에 책봉되어 이 지역에서 나오는 수확물을 가지고 군부정치의 경제적 토대를 마련하였다.

그런가 하면 이 시기에는 기존의 중방을 오히려 억제하고 문신들을 대거 등용하였다. 정방이나 서방이 설치되어 문신들을 등용하였고 과거를 계속적으로 시행하여 자신들에게 충성할 문인들을 선발하였다. 이규보(李奎報)나 이인로(李仁老), 최자(崔滋) 같은 이가 이때 등장한 대표적 문신이었다. 이들은 각각 《동국이상국집(東國李相國集)》, 《파한집(破閑集)》, 《보한집(補閑集)》 등의 문집을 남겼다. 특히 이규보는 당시 5언절구(五言絶句)로 된 장편서사시 〈동명왕편(東明王篇)〉을 지었다. 이 시는 동명왕 탄생 이전의 계보를 밝히는 서장(序章), 그의 출생과 건국 및 종말을 다룬 본장(本章), 왕업을 계승한 유리의 즉위 과정과 작자의 소감을 밝힌 종장(終章)으로 구성되어 있다. 이 서사시는 이규보가 26세 되던 해인 1193년(명종 23)에 지은 것이다. 여기서 그는 고구려 건국의 신성성을 인정하고 고려가 고구려를 계승했다는 민족적 자긍심을 잘 드러냈다. 당시의 정치적 문란상을 비판하면서도 고구려 계승의식을 고취하여 국가적 안정과 번영을 바라는 심정을 표현하였다.

무신정권의 종말

1258년(고종 45)에 최의가 살해되면서 형식상의 왕정복고가 이루어졌으나 사실은 무신정권이 계속되었다. 그리하여 이때부터 1270년(원종 11) 임유무(林惟茂)가 살해되고 개경환도가 이루어지기까지의 기간을 무신정권의 붕괴기라 할 수 있다.

최의가 집권하여 최양백(崔良伯)이나 유능(柳能)만을 신임하자 이에 불만을 품은 김준(金俊)은 문신인 유경(柳璥)과 손잡고 정변을 일으켜 왕정복고를 단행하였다. 위사공신(衛社功臣)에 책봉된 김준은 곧 바로 유경을 추방하고 교정별감의 직에 올라 전권을 행사하였다. 자신의 고향인 해양후(海陽侯)에 봉해지기도 했던 그였지만 1268년, 임연(林衍)에 의해 제거되었다.

임연은 임효후(林孝侯)와의 이른바 '쌍간(雙奸) 사건'에서 김준이 자신을 도와줬으므로 그를 아버지라 부르던 사이였다. 그러나 김준의 아들과 땅을 가지고 다투는 사건이 일어나고 권력에서 점차 소외되면서 김준을 제거하였던 것이다. 그는 집권 후 한때 원종을 폐하기도 했으나 원의 압력으로 실패하였다.

1270년에 원종이 원(元)에 들어간 사이 임연은 병으로 죽고 그 뒤를 이어 그 아들인 임유무(林惟茂)가 권력을 이어받았다. 임유무도 원에 항거하면서 원종의 출륙환도 명령을 듣지 않았다. 그러다가 그의 자부(姊夫)인 홍문계(洪文系)와 송송례(宋松禮)에 의해 살해당함으로써 꼭 100년간에 걸친 무신정권은 종말을 고하였다.

물론 이 개경환도에 반대하여 삼별초가 배중손(裵仲孫)·노영희(盧永禧) 등의 지휘 아래 진도에서 항거하였으나 여·원 연합군의 공격으로 실패하였다. 그 후 제주도에서 김통정(金通精)을 중심으로 항거를 계속하던 삼별초는 1273년(원종 14)에 평정되었다. 이에 따라 고려는 무신정권이 무너지고 원의 압제 밑에 들어가게 되었다.

이 시기의 특징은 미약하기는 하지만 무신정권이 지속되었다는 점이다. 김준·임연·임유무는 여전히 교정별감직에 앉아 권력을 행사하였다. 그러나 김준이 제거되고 임연·임유무 때에 오면 교정별감직만 갖고 봉작(封爵)이나 입부(立府)는 하지 못함으로써 그 지위가 현저히 약화된 것은 사실이다. 그 결과 경제적 기반도 약화되었고 사병집단의 존재도 미미하게 되었다.

요컨대 무신정권은 성립 당시부터 백성들의 열망과 기대를 무시하고 권력쟁탈과 그 확대에만 몰두하였다. 그리하여 농민·천민들의 항거를 초래하였다. 특히 1231년(고종 18)부터 시작된 몽고의 침입은 백성들을 더욱 도탄에 빠뜨린 반면 무신집정자들을 비롯한 지배세력은 강화도에서 안일한 생활을 영위하였다. 이 결과 고려는 몽고의 압제 밑에 들어가게 되었던 것이다.

관련 사료

❶ 정중부(鄭仲夫)는 해주(海州) 사람으로 용모가 웅장하고 위대했으며, 눈동자는 모지고 이마가 넓었다. 얼굴은 희고 밝았으며 수염이 아름다웠는데 키가 7척이 넘어서 바라보면 두려워할만 하였다. 처음에 고을에서 그를 군적(軍籍)에 올리고 그의 팔을 봉하여 개경으로 보냈는데 재상 최홍재(崔弘宰)가 선군(選軍)하다가 그를 보고 비범하게 여겨 봉한 것을 풀어 주고 위로·격려하여 공학금군(控鶴禁軍)에 충원하였다. 인종 때에 처음으로 견룡대정(牽龍隊正)이 되었다. 섣달 그믐날 밤에 나례(儺禮)를 베풀고 잡기(雜技)를 올리고 왕이 임어하여 구경하였는데 내시(內侍), 다방(茶房), 견룡(牽龍) 등의 뛰어오르는 재주를 즐겼다. 당시 내시 김돈중(金敦中)은 나이가 젊고 기운이 세어 촛불을 가지고 정중부의 수염을 태웠다. 이에 정중부가 그를 틀어잡고 치욕을 주자 김돈중의 아비인 김부식이 노하여 정중부에게 매질하고자 왕에게 아뢰었다. 왕이 윤허하였으나, 정중부의 위인을 비범하게 여기고 밀령(密令)으로 도망시켜서 화를 면하게 하였다. 정중부는 이로 인해 김돈중을 싫어하였다. 《고려사》 권 128, 열전41 정중부)

❷ 신종(神宗) 2년에 비로소 전주사록(全州司錄)에 보임되었으나 동료(同僚)의 시기를 받게 되어 교체 당했다. 동도(東都)가 모반하여 장차 토벌할 것을 명할 때 급제하고도 아직 임관되지 못한 사람을 수제원(修製員)으로 충원하게 하였다. 사람들이 모두 계책을 써서 회피하였으나, 이규보는 개연히 말하기를 "내 비록 겁이 많고 유약하지만 국난을 회피하는 것은 장부가 아니다"라고 하였다. 드디어 종군하여 병마녹사·겸수제(兵馬錄事兼手製)가 되었다. (일을 마치고) 돌아왔을 때 장사(將士)들의 상벌을 논하였는데 이규보만이 관직을 얻지 못하였다. 그 후 금성(禁省)의 여러 유자(儒者)들이 상서하고 교대로 그를 추천하여 권직한림원(權直翰林院)에 보임되었다. 어느 날 최충헌이 (이규보에게) 모정기(茅亭記)를 짓게 하였는데 그 글을 살펴보고는 상을 주어 드디어 권직(權職)에서 진직(眞職)이 되었다. 이때부터 최충헌이 자주 불러오게 하니 나아가 시부를 써주었고 빠르게 승진하여 사재승(司宰丞)이 되었다. 고종 초에 그가 최충헌에게 찬시(贊詩)를 지어 보내고 참직(叅職 : 6품 이상의 관직)계의 관직을 제수해주길 요구하니 최충헌이 그의 시를 자기 부(府)의 전첨(典籤) 송순(宋恂)에게 보이면서 말하기를 "이 사람은 (뜻이) 높고 넓어서 여기에 그치지 않을 텐데, 만일 곧바로 참관(叅官)을 제수한다면 다른 사람들 또한 나를 우러러볼 것이다."라고 말하고 이내 우정언(右正言)·지제고(知制誥)를 제수하였다. 《고려사》 권102, 열전15 이규보)

생각해 보기

1. 무인정변이 발생한 원인은 무엇일까?
2. 무인집정자들은 왜 왕이 되지 않았을까?
3. 최씨 정권이 60여 년이나 지속된 까닭은 무엇일까?

참고문헌

1. 김갑동 등,《고려무인정권과 명학소민의 봉기》, 다운샘, 2004.
2. 김당택,《고려의 무인정권》, 국학자료원, 1999.
3. 김상기,《동방문화교류사논고》, 을유문화사, 1948.
4. 김호동,《고려무신정권시대 문인지식층의 현실대응》, 경인문화사, 2003.
5. 민병하,《고려무신정권연구》, 성균관대출판부, 1990.
6. 변태섭,《고려정치제도사연구》, 일조각, 1971.
7. 이정신,《고려무신기 농민·천민항쟁 연구》, 고려대 민족문화연구소, 1991.
8. 신안식,《고려무인정권과 지방사회》, 경인문화사, 2002.
9. 신호철 등,《임연·임연정권연구》, 충북대출판부, 1997.
10. 하현강,《한국중세사연구》, 일조각, 1988.
11. 홍승기 등,《고려의 무인정권연구》, 서강대출판부, 1995.
12. 황병성,《고려 무인정권기 연구》, 신서원, 1998.
13. 황병성,《고려 무인정권기 문사 연구》, 경인문화사, 2008.

10 원간섭기의 권문세족

권문세족의 형성

고려는 이자겸의 난, 묘청의 난 등을 겪으면서 서서히 흔들리기 시작하였고 1170년에 정중부·이고·이의방 등에 의한 무신정권이 탄생되면서 혼란은 증폭되었다. 특히 1231년(고종 18)에 몽고의 침입으로 인한 농민의 피폐는 이러한 혼란을 더욱 가중시켰다. 이후 고려는 원의 부마국이 되면서 권문세족(權門世族)이라는 새로운 성격의 지배세력이 등장하였고, 이를 비판하는 세력으로 신진사류(新進士類)들이 생겨나면서 고려의 멸망과 조선의 건국으로 이어지게 되었다.

충렬왕(忠烈王 : 1274~1308)이 원(元) 세조의 딸 제국대장공주(齊國大長公主)와 혼인한 것을 시발로 하여 그 이후의 왕들은 원 황제의 딸을 아내로 맞이하여야 했던 시대적 상황이 전개되었다. 이러한 원과의 관계 속에서 새로운 지배세력이 등장하였는데 이를 보통 '권문세족(權門世族)'이라 하였다. 이들은 사료에 따라서는 '권세지가(權世之家)'·'세신대족(世臣大族)' 등의 명칭으로 표기되기도 하였다. 최근에는 '권문(權門)'과 '세족(世族)'을 따로 떼어서 보아야 한다는 의견도 있다. 즉 '권문'은 권세가 있는 특정 인물이나 가문을 뜻하지만, '세족'은 대대로 높은 지위와 특권을 누려온 집안 또는 권신(權臣)의 사회적 지위를 뜻한다는 것이다.

이들의 구성 요소를 보면 우선 역관(譯官) 출신을 들 수 있다. 이들은 몽고와의 긴밀한 관계를 유지해야 했던 당시 고려의 실정으로 볼 때 매우 중요한 역할을 담당하였다. 그리하여 본래 미천한 신분에 있던 자들이 몽고어를 습득하여 역관이 됨으로써 막강한 정치세력으로 등장하였던 것이다. 이의 대표적인 예로 조인규(趙仁規)와 유청신(柳淸臣) 가문을 들 수 있다. 조인규는 평양 조씨로서 가문의 전통이 거의 없는 집안 출신이었지만 몽고어 실력을 바탕으로 중찬(中贊 : 종1품)의 지위까지 올랐다. 유청신도 전남 장흥의 고이부곡리(高伊部曲吏) 출신이었지만 몽고어를 익혀 한직제(限職制)를 뛰어넘으면서까지 출세하여 최고의 지위인 정승(政丞)에 올랐다.

또 응방(鷹坊)을 통해 진출한 세력도 있었다. 응방은 매사냥을 즐겨 하던 몽고의 풍습 때문에 매의 사육과 진공을 맡았던 기관이었다. 고려에서는 이를 매개로 권세 있는 가문을 이룩하는 경우도 있었다. 칠원(漆原) 윤씨인 윤수(尹秀)나 이정(李貞)의 경우가 대표적인 사례이다. 원과의 관계 속에서 삼별초군의 토벌이나 일본정벌 과정에서 무공을 세워 출세하는 경우도 있었다. 안동 김씨인 김방경(金方慶)이나 나주 나씨인 나유(羅裕)의 경우가 그 대표적인 예다. 이 밖에 환관(宦官) 출신으로 원에 보내졌다가 사명을 띠고 귀국하여 그 일족에게 관직을 얻어줌으로써 권력을 잡은 이숙(李淑)·방신우(方臣祐)의 경우가 있는가 하면, 원래는 몽고인이었지만 원 공주의 겁령구(怯怜口 : 私屬人)로서 따라와 고려에서 출세한 인후(印侯)·장순룡(張舜龍)·차신(車臣) 등도 있었다. 또 원에 자주 입조하는 왕을 수행하여 친종행리(親從行李)의 공신으로 출세하는 사람도 있었다.

이들 권문세족은 1308년에 충선왕이 즉위하여 왕실과 혼인할 수 있는 가문으로 선포한 이른바 '재상지종(宰相之種)'을 통해서도 알 수 있다. 이를 분석해 보면 고려 전기부터 문벌귀족 가문이었던 정안 임씨·철원 최씨·해주 최씨·청주 이씨·파평 윤씨·경주 김씨·경원 이씨·안산 김씨가 있고 무신정권 시대에 무신으로 득세하여 성장한 언양 김씨·평강 채씨 등이 있었다. 그리고 무신란 이후 '능문능리(能文能吏)' 계층으로 새로이 등장한 공암 허씨·당성 홍씨·황려 민씨·횡천 조씨 등이 있었고 이밖에 대원관계 속에서 신흥세력으로 등장한 평양 조씨 등이 속해 있었던 것이다. 그러나 여기에는 당시 세력을 떨쳤던 몇몇 가문이 빠져 있기는 하다. 예컨대 칠원 윤씨·안동김씨 이외에 권부(權溥)로 대표되는 안동 권씨, 염신약(廉信若)·염승익(廉承益) 등의 서원(瑞原) 염씨, 기철(奇轍)의 행주(幸州) 기씨, 송송례(宋松禮)의 여산(礪山) 송씨, 문극겸(文克謙)의 남평(南平) 문씨, 유공권(柳公權)의 유주(儒州)유씨 등이 그것이다.

권문세족의 성격

권문세족은 자신들의 지위를 이어가기 위하여 음서제(蔭敍制)를 많이 이용하였다. 이것은 그들의 비문비유(非文非儒)적 경향과도 관련이 있다. 물론가문에 따라 약간 다른 경향을 보이기는 하지만 이들 가운데 상당수가 무장출신이거나 특이한 대원관계 속에서 등장했기 때문에 문학적·유학적 소양과는 거리가 멀었다.

또한 이들이 고위관직으로 진출하는 데 있어서는 정방(政房)이 큰 역할을하였다. 정방은 이미 최우정권 때에 설치한 인사담당 기관이었지만, 그 이후에도 남아 실력 없는 권문세족들이 뇌물이나 개인적인 관계를 통하여 관계에 진출하는 데 큰 역할을 했던 것이다.

또 이들은 많은 농장(農場)을 소유하기도 하였다. 전시과체제의 붕괴와사전·농장의 확대는 이미 무신정권 때부터 있어온 것이지만 원간섭기에 이르러 더욱 심화되었다. 1270년에 고려가 개경으로 환도한 다음 해에 부족해진 백관들의 녹봉을 보충해 주기 위해 녹과전(祿科田)제를 실시하기도 하였다. 그러나 이것은 일시적인 미봉책에 불과하였고 국가와 백성의 많은토지는 일부 권세가들에 의해 탈점되었다. 이들은 자신의 권력을 바탕으로 토지를 겸병하였고, 거기에 백성들을 끌어 모아 농장을 경영하였던 것이다. 우왕대의 최고집정자였던 이인임을 비롯하여 임견미·염흥방이 물푸레나무 채찍을 휘두르며 백성들의 토지를 마구 빼앗았다 하여 '수정목공문(水精木公文)'이라 지칭한 데에서도 잘 알 수가 있다. 이러한 농장의 확대는 고려의 경제구조를 붕괴시켜, 새로이 관직에 진출한 사람들에게 주어야할 땅조차 남아나지 않았다.

이들은 또한 친원(親元)적 경향을 갖고 있었다. 당시 원의 세력을 등에 업지 않고는 출세할 수 없었던 상황에서 그것은 당연한 처사였다고 볼 수 있다. 그리하여 그들은 원의 황제나 관료·공주들에게 붙어 관직을 얻는 경우가 많았다. 그 가운데는 직접 원에 가서 관직생활을 하는 자도 있었지만 원이 고려에 설치한 정동행성이나 만호부·쌍성총관부·동녕부 등의 관직을 얻는 데 더욱 적극적이었다. 고려의 고위관인이기도 했던 이들은 원의 관직을 얻어 권력과 위세를 부리려 하였던 것이다.

이들은 불교(佛敎)와 깊은 인연을 맺기도 하였다. 이 같은 사례는 김취려(金就礪)의 언양 김씨 가문과 조인규의 평양 조씨 가문을 통해서 알 수 있다. 1218년(고종 5)에 강동성에 들어온 거란족을 몽고와의 합동작전으로 섬멸하는 데 큰 역할을 했던 김취려 가문은 원간섭기에도 권문세족으로 위세를 떨쳤다. 그런데 원종·충렬왕대에 첨의참리(僉議叅理)를 지낸 김변의 아들 4명 가운데 현변(玄卞)·여찬(如璨)이 승려가 되었으며 그의 손자 가운데 종항(宗恒)·달잠(達岑)도 각각 화엄종과 선종의 승려가 되었다. 조인규의 넷째 아들 의선(義璇)도 승려로서 원 황제의 총애를 받아 삼장법사(三藏法師)라는 칭호를 받기도 하였으며 고려에 돌아와 묘련사(妙蓮寺)·만의사(萬義寺)를 크게 중건하여 천태종단의 진흥에 공헌하였던 것이다.

이렇듯 지배세력과 불교가 깊은 관련을 맺고 있었던 것은 이전부터 있어온 일이지만 이때에는 그것이 더욱 심하였고 많은 폐단을 낳기도 하였다. 사원이 백성들의 토지를 탈점하였을 뿐 아니라 양민들을 노비로 삼기도 하였다. 충렬왕비 정화궁주(貞和宮主)의 오빠가 동화사(桐華寺)에 거주하면서 양인 천수백 호를 노비로 삼았고, 앞서 든 의선이 만의사 주지직과 그 재산을 놓고 싸움을 벌이기도 했던 것이다.

관련 사료

❶ 조인규(趙仁規)의 자(字)는 거진(去塵)이고 평양부 상원군(祥源郡) 사람이다. 그의 어머니가 꿈에 해가 몸으로 들어오자 품었는데 얼마 후 임신하였다. (조인규는) 나면서부터 빼어났고 이해가 빨랐으며, 자라서는 공부하여 대략 문의에 통하였다. 당시 국가가 나이 어린 자제(子弟) 가운데 총명한 자들을 뽑아 몽고어를 익히게 하였는데 조인규도 여기에 선발되었다. 그러나 자기 동료들보다 특출하지 못하다 하여 문을 닫아걸고 3년 동안 밤낮을 게을리 하지 않고 노력한 결과 마침내 명성이 알려지게 되어 제교(諸校 : 교위급의 관직들)에 보임될 수 있었고, 여러 관직을 거쳐 장군에 올랐다. 충렬왕 때 조인규는 휘하의 병졸 개삼(介三)을 시켜 남경[한양부]의 백성 8명을 유인하여 달호(獺戶 : 山獺이나 水獺 등을 잡는 것을 기본업으로 하는 민호)로 삼게 하였는데 백성들은 국가의 부(賦 : 각종 부담)를 피하려고 조인규에게 붙은 자들이 많아서 해마다 달피(獺皮)는 경성궁(敬成宮 : 제국대장공주의 궁)에 납부해야 하지만, 그 절반은 조인규의 집으로 들어갔다. 《고려사》 권105, 열전18 조인규)

❷ 윤수(尹秀)는 칠원현(漆原縣) 사람이다. 그의 아비 윤양삼(尹養三)은 무뢰한(無賴漢) 짓을 하여 강도(江都)에서 기시(棄市) 되었는데 이로 인해 그 지역을 양삼기(養三岐)라고 불렀다. 윤수는 원종 때 친종장군(親從將軍)에 임명되었다. 그때 동지추밀원사 조오(趙璈)가 야밤에 윤수를 불러 임연(林衍)을 살해하려고 모의하였는데 윤수가 승낙하였다. 조오가 지연하다가 실패[不發]하게 되자 윤수는 두려운 나머지 모의사실을 임연에게 밀고하여 임연이 조오를 죽였다. 처음에 윤수의 장인 대정(隊正) 송의(宋義)가 사신을 따라서 몽고에 갔다가 몽고가 장차 우리나라를 침입하려는 것을 알게 되어 도망하여 돌아와 조정에 고하였으므로 강화로 천도(遷都)할 수 있었고, 그는 이 공으로 여러 관직을 거쳐 추밀부사가 되어서 치사(致仕)하였다. 이때에 와서 다시 옛 수도[개경]에 도읍하니 송의는 몽고가 지난 일을 힐책할까 두려워하였고, 윤수도 조오가 살해된 이유를 추궁당할까 두려워하였으므로 두 사람은 서로 모의한 후 가족을 데리고 두련가(頭輦哥)에게 투화하였다가 배반하고 몽고로 들어갔다. 충렬왕이 몽고에 있을 때 독로화(禿魯花)였는데 윤수는 매[鷹]와 사냥개로써 총애를 얻게 되었으며, (충렬왕이) 즉위하자 윤수는 심양으로부터 가족을 데리고 돌아와 응방(鷹坊)을 관리하면서 권세를 믿고 악행을 저지르니 사람들이 그를 금수(禽獸)로 여겼다. 《고려사》 권124, 열전37 윤수)

생각해 보기

1. 권문세족이 정치적 세력으로 등장한 시기는 언제일까?
2. 권문세족의 후손들이 출사하는 방법은 무엇이었을까?
3. 권문세족은 고려 전기의 문벌귀족과 어떠한 차이가 있을까?

참고문헌

1. 김광철, 《고려후기 세족층연구》, 동아대출판부, 1991.
2. 김당택, 《원간섭하의 고려정치사》, 일조각, 1998.
3. 민현구, 《고려정치사론》, 고려대출판부, 2004.
4. 박용운, 《고려사회와 문벌귀족가문》, 경인문화사, 2003.
5. 백인호, 《고려후기 부원세력연구》, 세종출판사, 2003.
6. 14세기 고려사회성격 연구반, 《14세기 고려의 정치와 사회》, 민음사, 1994.
7. 홍승기, 《고려정치사연구》, 일조각, 2001.
8. 존 B. 던컨 지음, 김범 옮김, 《조선왕조의 기원》, 너머북스, 2013.

11 신진사류의 등장과 개혁운동

신진사류의 성장과 개혁

이러한 상황 속에서 고려의 국운은 점차 기울어져 가고 있었는데 이를 개혁해 보고자 하는 일부 세력들도 있었다. 이를 '신진사류(新進士類)' 또는 '신진사대부(新進士大夫)'라 하였다. 이들은 대체로 문학과 유교적 소양을 갖춘 과거출신 관료들로 경제적으로는 지방의 중소지주 자제들이었다. 또 합리적인 사고를 가졌으며 청렴·결백한 성품을 지닌 자들이었다. 그러기에 그들은 불법적인 인사행정의 온상이었던 정방과 권문세족들의 불법적인 농장의 혁파를 주장하였다.

이러한 성향을 가진 정치적 세력은 무신정권 시대부터 미미하게 있어왔으나 그들이 제 모습을 드러내는 것은 충선왕(忠宣王)의 개혁정치 이후부터였다. 충선왕은 원에서 세자로 있던 1296년(충렬왕 22) 11월에 원의 공주 보탑실련(寶塔實憐)과 혼인하였는데 여기에 참석하였던 충렬왕비 제국대장공주가 귀국한 지 수 일 만에 죽는 사건이 발생하였다. 이 소식을 들은 세자는 급히 귀국하여 모후의 사망이 충렬왕이 총애하던 무비(無比) 등의 저주에 의한 것이라 하여 그와 환관 최세연(崔世延)을 살해하고, 그 일당 40여 인을 유배 보냈다.

이러한 가운데 1298년(충렬왕 24)에 충렬왕은 왕위에서 물러나고 세자가 왕위에 올랐으니 이가 곧 충선왕(忠宣王 :

1308~1313)이었다. 충선왕은 즉위하자마자 홍자번(洪子藩)의 '편민18사(便民十八事)'를 수용한 즉위교서를 발표하여 개혁의지를 표명하였다. 그리고는 정방을 혁파하고, 그 권한을 한림원(翰林院)으로 넘겼다. 곧 이어 한림원을 사림원(詞林院)으로 개칭함과 동시에 왕명출납을 관장하던 승지방(承旨房)마저 혁파하여 그 기능 역시 사림원에 소속시켰다. 이에 따라 사림원은 왕의 고문기관 겸 인사행정과 왕명출납을 담당하는 개혁의 중심기관으로 부상하였다.

그런데 이 사림원에서 주요한 역할을 맡았던 자들이 바로 신진사류 계열이었다. 박전지·이진·오한경·최감 등이 그들인데 이들은 모두 과거출신이었으며 청렴하면서도 선정을 베풀려고 노력했던 인물들이었다. 그러나 이 개혁은 권문세족들이 '조비무고(趙妃誣告) 사건'을 일으켜 충선왕을 모함하고 원이 이에 개입하면서 부자간의 갈등만 남긴 채 실패로 돌아가고 말았다. 이른바 '조비무고사건'이란 충선왕과 계국대장공주의 사이가 소원한 것이 조인규의 딸인 조비가 저주하였기 때문이라고 무고한 것으로 개혁 반대파의 책동으로 짐작되는 것이다.

이후 충선왕은 10년 후 부왕이 사망하자 다시 왕위에 올랐으나 복위한 지 얼마 안 되어 충숙왕(忠肅王 : 1313~1330)에게 선위하였다. 충선왕은 원에서 생활하다 그의 후원자였던 원 무종(武宗)의 아들 인종(仁宗)이 사망하자 토번(吐藩 : 현재의 티베트)으로 유배되어 거기서 죽었다. 뒤를 이은 충숙왕도 잠시 개혁을 위해 노력한 일이 있으나 큰 진전을 보지 못하고 아들 충혜왕과의 갈등으로 왕위를 충혜왕에게 잠시 물려주고 말았다. 10년 후 충숙왕의 뒤를 이어 다시 즉위한 충혜왕(忠惠王 : 1330~1332, 1340~1344)은 원래 통치자로서의 자질이 없어 재위 5년 만에 원에 소환당하여 유배 도중에 죽었다. 뒤를 이어 즉위한 것이 충목왕(忠穆王 : 1344~1348)이었다.

이때에 다시 고려에서는 개혁의 바람이 불기 시작하였다. 당시 충목왕의 나이는 8세였으므로 그 개혁의 주요 담당자는 신하들이 맡을 수밖에 없었는데 그들이 바로 이제현(李齊賢)과 왕후(王煦)였다. 이제현은 유명한 유학자였고 왕후는 본명이 권재(權載)로 충선왕이 아들로 삼아 성명을 하사했던 인물이다. 이 둘은 처남·매부 사이이기도 한데 이제현이 먼저 개혁안을 올리고 왕후가 수상직에 취임하면서 개혁이 시작된 것이다.

먼저 정방을 혁파하고 녹과전을 복구·정비하는 조처를 취하였다. 그러나 이 조치는 권문세족의 반대에 부딪혀 좌절되었다가 왕후가 원에 들어가 폐정을 바로잡으라는 황제의 명령을 받고 돌아와 1347년(충목왕 3)에 정치도감(整治都監)이 설치되면서 다시 시행되었다. 정치도감에서 주로 한 일은 관리들의 비위감찰을 비롯한 불법적인 농장의 혁파와 불법적인 노비의 방면이었다. 그런데 정치도감의 관원 34명 가운데 고위층은 권문세족이었으나 그 밑의 사(使)·부사(副使)·판관(判官) 등은 대부분 신진사류 계열이었던 것이다. 그러나 이때의 개혁도 기황후의 일족인 기삼만(奇三萬)이 옥사하는 사건으로 인하여 실패하고 말았다. 결국 정치도감의 활동은 불과 2개월 여 만에 사실상 중지되었고, 1349년에 충정왕이 즉위한 뒤로 혁파되고 말았다.

충목왕의 뒤를 이어 충정왕(忠定王 : 1348~1351)이 12세의 나이로 즉위하였으나 재위 3년 만에 물러나고 그의 숙부인 공민왕(恭愍王 : 1352~1374)이 즉위하였다. 공민왕은 원래 총명하고 민망(民望)이 있던 인물이었으며, 신진사류도 이때의 개혁을 통해 정치적 세력으로 등장하게 되는 것이다. 22세의 젊은 나이로 왕위에 오른 공민왕은 즉위하자마자 노학자인 이제현을 등용하여 개혁에 착수하였다. 정방을 혁파함과 아울러 전민변정도감(田民辨整都監)을 설치하여 부당한 토지와 백성의 탈점을 시정토록 하였다. 그리고 몽고식의 변발·호복을 풀고 기자사(箕子祠)를 수축하여 봉사(奉祀)하도록 하는 자주적 조치를 취하였다. 그러나 이러한 의도는 뜻대로 되지 않고 연저(燕邸) 1등공신 '조일신(趙日新)의 난'이 일어나기도 하였다.

그의 본격적인 개혁은 1356년(공민왕 5)에 이르러 시작되었다. 공민왕은 원이 쇠약해지고 각지에서 한인(漢人) 반란군이 일어나자 이들을 토벌하러 갔던 고려장수들의 상황보고를 받고 기철(奇轍)을 비롯한 부원배들을 주살하였다. 한편 정동행성이문소를 혁파하고 쌍성총관부와 동녕부를 공격하여 실지(失地)를 회복하였다. 그리고 원의 연호를 정지하고 관제도 문종대의 그것으로 복구하였다. 이때 새로 설치된 충용위(忠勇衛)도 일련의 개혁조치를 뒷받침하기 위한 군사조직으로 생각된다.

당시 개혁을 주도한 세력은 홍언박(洪彦博)을 정점으로 하는 외척세력과 연저시종공신(燕邸侍從功臣) 등이 중심이었다. 즉 개혁의 핵심세력은 신진사류가 아닌 권문세족이었다. 그런 만큼 태생적인 한계가 내재하였고, 원의 반발로 상당한 차질을 빚게 되었다. 게다가 1359년(공민왕 8)과 1361년, 두 차례에 걸친 홍건적의 침입으로 말미암은 정계의 혼란은 개혁의 지속적인 진행을 불가능하게 만들었다. 특히 2차 침입시에는 개경이 함락되고 공민왕은 복주(福州 : 안동)로 피난하는 사태까지 발생하였다. 물론 최영·이성계를 비롯한 여러 장수들의 활약으로 개경을 수복했지만 1363년에는 평장사 김용(金鏞)이 총병관 정세운(鄭世雲)을 비롯하여 3원수 즉 안우(安祐)·김득배(金得培)·이방실(李芳實)을 살해하고 북상도중 흥왕사(興王寺)에서 임시거처를 마련하고 있던 공민왕을 습격하는 사건이 발생하기도 하였다.

또 몇 달 후에는 원이 일방적으로 공민왕을 폐위하고, 충숙왕의 아우 덕흥군(德興君)을 왕으로 삼아 고려로 향하게 하였다. 그러나 최영·이성계에 의하여 덕흥군과 최유(崔濡)의 세력은 격퇴당하고 원도 공민왕을 다시 복위시켰다.

그러던 중 1365년(공민왕 14)에 노국대장공주가 죽게 되어 시름에 빠져 있던 공민왕은 신돈(辛旽 : 원래 승명은 遍照)이라는 승려를 등용하여 다시 한 번 대대적인 개혁을 단행하였다. 신돈은 먼저 최영을 비롯한 권문세족을 쫓아내고 자신의 측근을 중심으로 하는 내재추제(內宰樞制)를 신설하였다. 또 외방의 한인들을 뽑아 군대에 소속시켰으며 순자격제(循資格制)를 실시하여 근무연한을 중심으로 하는 인사규정을 마련하였다. 이와 함께 전민변정도감(田民辨整都監)을 설치하여 탈점된 공·사전을 원래의 주인에게 되돌려주고 불법적으로 노예가 된 백성들을 원래의 상태로 풀어주는 사업을 전개하였다. 그는 또 성균관을 중건하여 실력 있는 유신들을 길러내기에 힘썼다.

신진사류의 성격과 명의 등장

그런데 이러한 일련의 개혁 속에서 신진사류가 크게 성장하였다. 약간의 성향 차이는 있지만 이색(李穡)을 정점으로 하여 정몽주(鄭夢周)·이존오(李存吾)·임박(林樸)·박상충(朴尙衷)·이숭인(李崇仁)·정도전(鄭道傳)·박의중(朴宜中)·윤소종(尹紹宗)·권근(權近) 등은 모두 과거(科擧) 출신자들로 개혁의 의지를 갖고 있었던 인사들이었다. 이때의 개혁도 1369년부터 시작된 가뭄과 신돈 자신의 부정으로 퇴색하고, 이듬해에 신돈도 역모혐의로 유배되었다가 수원에서 처형당하였다.

이렇듯 점차 세력을 확장하게 된 신진사류들은 '파정방(罷政房)'·'복과전(復科田)'의 기치를 내걸었다. 우선 이들은 무신정권 이후 불법적인 인사 행정의 온상이었던 정방을 혁파하고자 하였다. 실력을 통해 과거에 합격하는 것이 가치롭다고 생각하였다. 권문세족들의 농장 확대로 과거를 통해 관직에 진출한 이들이 받을 과전이 부족하게 되었다. 그러자 농장을 혁파하여 관직자들에게 줄 과전도 복구하고자 했던 것이다.

또한 권문세족들과는 달리 새롭게 중국에서 대두하고 있던 명(明)과 관계를 맺는 친명(親明)적 경향이 있었다. 그것은 친원정책을 비판하던 정도전·정몽주·이숭인·임박 등이 1375년에 유배되고 있는 것에서 알 수 있다.

또 신진사류들은 유교 즉 성리학(性理學)적 입장에서 권문세족과 밀착되어 있던 불교를 격렬하게 비판하였다. 성리학적 입장에서 실천윤리를 강조하고 있던 신진사류들에 있어 불교의 비현실적 논리는 맞지 않는 것이었다. 또 당시 타락한 불교계의 상황이 이러한 비판의 명분으로 작용하였다.

이색 같은 이는 불교계의 폐단을 지적하는 정도에 그쳤으나 정몽주를 거쳐 정도전·김초에 이르면 '불교말살론'에까지 이르고 있는 것이다. 김초는 "출가한 무리들을 모아 본업에 돌아가게 하고, 오교양종은 혁파하여 군영에 보충하되 서울과 지방의 사사(寺社)는 모두 소재의 관사(官司)에 나누어 소속시키고 … 엄한 금령을 세워 머리를 깎는 자는 죽여서라도 용서치 말아야 합니다"라고 하고 있는 것이다.

그런 와중에 공민왕은 자제위(子弟衛) 소속의 홍윤과 내시 최만생에 의해 살해당하고 그 뒤를 이어 10세의 우왕(禑王 : 1374~1388)이 왕위에 올랐다. 이 무렵 고려는 새롭게 흥기한 명(明)과의 관계 때문에 골치를 앓고 있었다. 명은 곽자흥(郭子興)의 부하였던 주원장(朱元璋)이 그의 뒤를 이어 오왕(吳王)에 즉위한 후 장사성과 방국진을 평정하고 1368년(공민왕 17)에 세운 나라였다. 명이 건국되자 고려에서는 재빨리 사신을 보내 통교하였으나 명은 점차 고려를 위협하기 시작하였다.

그러던 중 1374년에 명의 사신 채빈(蔡斌)이 군마 2,000필을 요구하고 귀국하던 도중 김의(金義)에게 피살당하는 사건이 일어났다. 이 사건으로 고려와 명과의 관계는 악화되었고, 고려에서 보낸 사신을 억류하는 사태까지 발생하였다. 그러나 당시의 집권자였던 이인임은 원과 명을 동시에 통교하는 양단외교정책으로써 큰 사단이 없이 지나갔다. 그리하여 1385년(우왕 11)에 그때까지 미루어오던 신왕의 고명(誥命)과 전왕의 시호를 얻게 되면서 명과의 관계는 잠시 원만해졌다.

이즈음 고려 내부에서는 이인임을 비롯한 임견미·염흥방이 백성들의 토지를 마구 탈점하면서 최영과의 갈등이 고조되었다. 최영은 이들의 불법적인 행동을 비판하였고 이인임 일파는 이런 최영을 제거하고자 하였다. 그러나 최영이 거느리고 있던 군사집단의 힘과 우왕의 비호로 불발에 그쳤다.

1388년에 이인임 일파는 염흥방의 가노가 전 밀직부사 조반의 땅을 빼앗는 사건을 계기로 최영·이성계 등에 의해 제거되었다. 이 사건으로 조반은 염흥방의 가노를 죽였고 염흥방은 모반의 혐의를 뒤집어 씌워 조반을 죽이고자 하였으나 우왕과 최영은 오히려 염흥방을 구금하고 이들 일파를 제거하였던 것이다. 이로써 최영은 시중의 벼슬에 올라 최고실권자가 되었으며 우왕에게 한 딸을 들임으로써 왕의 장인이 되기도 하였다.

관련 사료

❶ 충목왕이 왕위를 이은 후 판삼사사(判三司事)로 승진하여 부원군(府院君)에 봉해졌는데 (이제현이) 도당(都堂)에 상서(上書)하여 말하기를, "… 정방(政房)이란 이름은 권신(權臣)의 시대에 시작된 것으로 옛 제도가 아니니 마땅히 정방을 혁파하고 (그 업무를) 전리사(典理司)와 군부사(軍簿司)에 귀속시켜야 합니다. 고공사(考功司)를 설치하여 (관리의) 공(功)과 과실을 밝히고 그 재능의 여부를 따져서 매년 6월과 12월에 도목고정안(都目考政案)을 받아 출척(黜陟)의 근거로 사용하고, 이를 영원히 일정한 법규[恒規]로 삼는다면 칭탁하는 무리가 근절될 수 있고 요행을 바라는 문(門)도 막힐 것입니다. … 경기(京畿)의 토전(土田)은 조업구분전(祖業口分田)을 제외하고 나머지는 모두 나누어 지급하여[折給] 녹과전(祿科田)으로 삼아 시행한 지 50년 가까이 되었습니다. 근래에는 권호(權豪)의 가문이 탈점하여 거의 다 없어졌습니다. 중간에 여러 번 개혁할 것을 의논하였으나 그때마다 위험을 무릅쓰고 한 말들[危言]이 임금에게는 덮어지고 속여졌기 때문에 모두 시행할 수 없었는데, 이는 대신들이 고집하지 못했기 때문입니다. 과연 이를 혁파할 수만 있다면 기뻐하는 자가 매우 많을 것이요, 기뻐하지 않는 자는 권호 수십의 무리일 따름이니 무엇을 꺼려서 과감히 실시하지 못하겠습니까."하였다. 《고려사》 권110, 열전23 이제현)

❷ 공민왕은 오랫동안 왕위에 있는 사이에 일찍이 많은 재상들에 대하여 만족을 느끼지 못하였다. 세신대족(世臣大族)은 친당(親黨)의 뿌리가 얽혀 서로 엄폐하고 있으며 초야(草野)의 신진(新進) 세력은 자기의 뜻과 행동을 가식하여 명망을 얻어서 귀하게 되면 자기 가문이 한미한 것을 부끄럽게 여겨 대족(大族)과 혼사하여 처음의 뜻을 모두 버렸으며 유생(儒生)들은 과단성이 적고 기백이 없으며 게다가 문생(門生)이다, 좌주(座主)다, 동년(同年)이다 하면서 서로 당파가 되어 사사로운 정에 끌리니 이상의 세 부류는 모두 쓸 수 없다고 공민왕은 생각하였다. 그리하여 세상을 초월하여 홀로 설 수 있는 사람을 얻어서 크게 등용함으로써 과거의 폐단을 혁신하여 보려는 생각을 가지고 있었다. 그러던 차에 신돈을 보게 되자 그가 득도(得道)하여서 욕심이 없으며 미천하여서 친척도 없으니 대사(大事)를 위임하더라도 반드시 정실에 구애됨이 없이 마음먹은 뜻대로 할 수 있을 것이라고 생각하고 드디어 일개 무명 승려인 그를 발탁하여 국정을 위임하고 의심하지 않았다. 《고려사》 권132, 열전45 신돈)

생각해 보기

1. 신진사류는 왜 정방의 혁파를 주장했을까?
2. 공민왕이 신돈을 등용한 이유는 무엇일까?
3. 공민왕은 왜 살해당했을까?

참고문헌

1. 고병익,《동아교섭사의 연구》, 서울대출판부, 1970.
2. 고혜령,《고려후기 사대부의 성리학 수용》, 일조각, 2001.
3. 김난옥,《고려시대 천사·천역양인연구》, 신서원, 2000.
4. 김당택,《원간섭하의 고려정치사》, 일조각, 1998.
5. 김윤곤,《한국 중세의 역사상》, 영남대출판부, 2001.
6. 김인호,《고려후기 사대부의 경세론연구》, 혜안, 1999.
7. 김창현,《고려후기 정방연구》, 고려대 민족문화연구원, 1998.
8. 도현철,《고려말 사대부의 정치사상연구》, 일조각, 1999.
9. 민현구,《고려정치사론》, 고려대출판부, 2004.
10. 14세기 고려사회성격 연구반,《14세기 고려의 정치와 사회》, 민음사, 1994.
11. 이남복,《고려후기 신흥사족의 연구》, 경인문화사, 2004.
12. 이우성,《한국중세사회연구》, 일조각, 1991.
13. 홍영의,《고려말 정치사 연구》, 혜안, 2005.

위화도 회군과 고려의 멸망

위화도 회군

1387년 6월에 명은 요동지역의 나하추(納哈出)를 평정하였으며, 12월에는 철령(鐵嶺) 이북의 땅을 회수하고 철령위(鐵嶺衛)를 설치하겠다는 태도를 보였다. 명과의 관계가 심상치 않게 전개되자 고려에서는 어수선한 분위기가 연출되었다. 이 소식을 접한 고려는 박의중(朴宜中)을 사신으로 삼아 철령 이북으로부터 공험진까지는 원래 고려 땅이었음을 설명하고 철령위 설치의 중지를 요청하였다. 그러나 아무런 소식이 없자 고려는 1388년(우왕 14)에 요동정벌(遼東征伐)을 단행하게 되었다.

그러나 요동정벌의 명을 받은 이성계는 4불가론(四不可論)을 들어 반대하였다. ① 사대 정신에 어긋나고, ② 여름철에 거병하는 것은 좋지 않으며, ③ 왜구가 걱정이 되고, ④ 장마철의 습기로 활이 제구실을 못하고 전염병도 창궐할 것이라는 이유였다. 그러나 최영은 이를 일축하고 우왕을 움직여 정벌을 단행하였다. 그리하여 최영 자신은 8도도통사(八道都統使)가 되고 조민수(曹敏修)가 좌군도통사, 이성계가 우군도통사가 되어 5만여 대군을 거느리고 출정하였다. 그러나 최영은 늙었고, 우왕의 장인이었기 때문에 평양에 머물러 있었고 이성계와 조민수만이 출정하여 압록강의 위화도(威化島)에 이르렀다. 그러나 이성계는 조민수를 설득하여 회군을 단행하였다. 이에 출정군과 개경의 군대가 충돌하는 사태가 발생하였다. 정예부대로 구성된 출정군은 개경을 함락시켰고, 최영은 고봉현(高峰縣)에 유배되었다가 1388년 12월 참수되었다.

이렇게 하여 권력을 잡은 이성계는 우왕의 후계자를 두고 잠시 조민수와 대립하였다. 조민수는 우왕의 아들 창(昌)을 후계자로 세우고자 했던 데 반해 이성계는 종실 가운데 사람을 택하여 우왕의 뒤를 잇게 하려 했다. 그러나 당대의 명유였던 이색(李穡)이 조민수를 지지함으로써 9세의 창왕(昌王 : 1388~1389)이 즉위하였다.

그러나 당시 정도전(鄭道傳)·조준(趙浚) 등 신진사류들의 지지를 받고 있던 이성계는 사전개혁을 반대하던 조민수를 제거하고 얼마 안 있어 '김저(金佇) 사건'을 일으켜 반대파를 제거하였다. '김저 사건'은 최영의 생질이었던 김저와 역시 최영의 친척인 정득후(鄭得厚)가 강화로부터 황려(黃驪 : 경기도 여주)에 와 있던 우왕을 찾아가자 우왕이 자신의 처지를 호소하면서 곽충보(郭忠輔)란 사람과 협력하여 자신을 복위해 달라는 부탁을 하였다는 것이다. 이때 우왕은 그들에게 자신의 칼 한 자루를 주었다는 것인데 곽충보가이 사실을 이성계에게 밀고함으로써 밝혀진 사건이다. 이에 이성계는 여기에 연루된 변안렬·이림·우현보·왕안덕 등을 유배하고 우왕도 강릉으로 내쫓았다. 그리고 폐가입진(廢假立眞)을 명분으로 창왕도 폐하여 강화로 유배하고 정창군(定昌君) 요(瑤)를 받들어 즉위케 하였으니 이가 곧 공양왕(恭讓王 : 1389~1392)이었다. 공양왕의 옹립으로 이성계는 수문하시중(守門下侍中)의 자리에 올랐다.

고려의 멸망

1390년(공양왕 2)에 이른바 '윤이(尹彝)·이초(李初) 사건'이 일어나면서 다시 한 번 이성계의 잔여 반대세력이 제거되기에 이른다. 이것은 윤이·이초란 자가 중국에 가서, 이성계가 마음대로 왕을 폐하고 군대를 동원하여 명을 침략하려 한다고 밀고했다는 사건이다. 이 사실은 명에 사신으로 갔던 왕방·조반 등이 돌아와서 보고함으로써 알려진 것인데 이 사건으로 이색 이하의 구세력들은 대부분 옥에 갇히게 되었다. 같은 해 9월 이성계와 신진 사류 계열은 공·사 전적(田籍)을 개경 거리에서 불살라 사전을 혁파하였다. 이듬해 정월에는 군제를 개혁하여 새로이 삼군도총제부(三軍都摠制府)를 설치하고 이성계 자신이 삼군도총제사가 됨으로써 군권도 모두 장악하였다.

1392년(공양왕 4)에는 이성계의 마지막 걸림돌이었던 정몽주(鄭夢周)도 제거되었다. 창왕을 폐하고 공양왕을 옹립하는 데까지도 이성계와 뜻을 같이했던 정몽주는 이성계가 정도전·조준·남은(南誾)·윤소종(尹紹宗) 등과 더불어 역성혁명을 하려 한다는 사실을 알고 이들과 결별하였다.

이때 명에서 돌아오는 세자 석(奭)을 마중하러 갔던 이성계가 해주에서 사냥하다 낙마한 사건이 일어났다. 정몽주는 이틈에 간관 이진양(李震陽)으로 하여금 조준·정도전·남은·윤소종 등을 탄핵케 하여 유배 보냈다. 위협을 느낀 이성계의 아들 이방원(李芳遠)은 이성계에게 위급함을 알리고 급히 개경으로 돌아왔다. 이에 정몽주는 동태를 살피기 위해 병문안을 핑계로 이성계를 방문하였다. 공교롭게도 그를 노리던 이방원에게 기회가 찾아왔다. 이방원은 정몽주에게 〈하여가(何如歌)〉로써 자신들의 거사에 동참할 것을 권유하였다.

이런들 어떠하리 저런들 어떠하리
만수산 드렁 칡이 얽혀진들 어떠하리
우리도 이같이 얽혀 천년만년 누리리다.

정몽주는 〈단심가(丹心歌)〉로 답하여 이를 단호히 거절하였다.

이 몸이 죽고 죽어 일백 번 고쳐 죽어
백골이 진토(塵土)되어 넋이라도 있고 없고
님 향한 일편단심이야 가실 줄이 있으랴.

회유에 실패한 이방원은 부하로 하여금 정몽주가 돌아가는 길에 살해하게 하였다. 마지막 장애물을 제거한 이성계는 1392년 7월에 공양왕을 폐위하고 수창궁에서 새 왕조의 태조로 즉위하였다. 이때 그의 나이 58세였다. 이로써 고려왕조는 34대 475년 만에 종말을 고하고 새로운 왕조가 탄생되기에 이르렀다.

요컨대 고려 말에는 권문세족들의 횡포와 부패·토지탈점, 그리고 백성들에 대한 착취로 민중들의 생활은 말이 아니었다. 그들은 권문세족들의 강압으로 노비가 되기도 하였지만 농토의 상실과 생활상의 어려움으로 스스로 노비가 되는 경우까지 있었다. 또 타락한 불교도 백성들의 산업을 침탈하는 상황이었다. 이에 일부 뜻있는 왕과 신진사류들이 개혁을 시도하였지만 큰 성과는 거둘 수 없었다. 보다 근본적인 개혁이 있어야 했다. 이러한 시대적 상황 속에서 고려가 멸망하고 조선(朝鮮)이 건국되었던 것이다.

관련 사료

❶ 최원지가 또 보고하기를 "요동도사가 지휘(指揮) 2인을 파견해 병사 1천여 명을 데리고 몰려와 강계에 이르러 장차 철령위(鐵嶺衛)를 세우려 하고 있으며 황제가 이미 관원을 두고 병참을 설치하였습니다"라고 하였다. 우왕이 울며 말하기를, "여러 신하들이 나의 요동 공략 계획에 찬성하지 않더니 여기에 이르게 되었구나"라고 하고 드디어 8도의 병사를 징발해 최영(崔瑩)이 동교(東郊)에서 열병하였다. 잠시 후에 명의 후군도독부(後軍都督府)가 요동백호(遼東百戶) 왕득명(王得明)을 파견해 철령위(鐵嶺衛)를 세우겠다고 알려 왔다. 최영이 우왕에게 보고하고 방문(榜文)을 가지고 양계에 다다른 요동기군(遼東旗軍) 21인을 살해하게 하고 다만 이사경(李思敬) 등 5인은 그 곳에 잡아두고 단속하게 하였다. 우왕이 서쪽으로 사냥나간다고 의탁하고 드디어 영비, 최영과 함께 서해도(西海道)로 가서 봉주(鳳州)에 머물렀는데, 최영과 우리 태조[이성계]를 불러 말하기를, "요양을 공격하려 하니 경등은 마땅히 힘을 다하라."고 하였다. 태조가 반복하여 그 불가함을 극렬하게 아뢰자 우왕은 자못 그럴 듯이 여겼으나 야밤에 최영이 다시 들어가 말하기를, "다른 말은 허락[聽納]하지 말아 주십시오."라고 하였다. 우왕이 평양에 머물면서 여러 도의 병사들을 징집하고 독촉하여 압록강에 부교(浮橋)를 만들게 하고 대호군(大護軍) 배구(裴矩)로 하여금 감독하게 하였다. 배를 띄워 임견미, 염흥방 등의 집안 재물을 서경에 운반하여 군인포상의 비용으로 하고 또 전국의 승도(僧徒)를 징발해 병사로 삼았다. 이에 최영을 8도도통사(八道都統使)로, 조민수를 좌군 도통사로, 태조를 우군 도통사로 임명하였다. 모든 장수들이 평양을 출발하려고 할 때 최영이 말하기를, "지금 대군이 행군 도중에 있는데 만일 열흘에서 한 달가량 늦어진다면 대사를 성공하지 못할 것이니 청컨대 신이 가서 독려하겠습니다"라고 하니 우왕이 말하기를, "경이 가면 누구와 정치를 하겠는가"라고 하였다. 최영이 굳이 요청하니, 우왕이 말하기를, "경이 간다면 과인도 갈 것이다"라고 하였다. 어떤 사람이 이성(泥城)에서 와서 보고하기를, "요동군(遼東軍)은 모두 호인(胡人) 정벌에 나가고 성안에는 단지 일개의 지휘관만 있을 뿐이니 대군이 이른다면 싸우지 않고도 함락될 것입니다"라고 하였는데 최영이 대단히 기뻐하여 그 사람에게 후한 상을 내렸다. 어떤 승려가 도선(道詵)의 비결이라 칭하고 말하기를, "문수회(文殊會)를 설행하면, 적병이 저절로 굴복할 것이

다"라고 하니 최영이 믿고서 동굴 속에서 문수회를 차렸다. 최영이 재삼 청하여 말하기를, "전하께서는 개경으로 돌아가십시오. 늙은 제가 여기에 있으면서 모든 장수를 지휘하겠습니다"라고 하니 우왕이 말하기를, "선왕이 해를 당한 것은 경이 남방(제주도)을 정벌하러 갔기 때문이었다. 내 어찌 하루라도 경과 함께 거처하지 않을 수 있겠는가"라고 하였다. 군사가 위화도(威化島)에 머무르자 좌·우군 도통사가 상서(上書)하여 군사를 되돌릴 것을 청하였다. … 최영은 궁지에 빠져 화원(花園)으로 달아나 분노에 못 이겨 창대로 문지기를 찔러서 관통시키고 이에 들어갔다. 모든 군사가 화원을 수백 겹으로 둘러싸고 크게 외쳐 우왕에게 최영을 내보낼 것을 요청하였다. 최영이 팔각전(八角殿)에 있으면서 나오려 하지 않았으므로 모든 군사가 일시에 담을 무너뜨리고 정원에 난입하였으며, 곽충보(郭忠輔) 등 3~4인은 곧장 팔각전 안으로 들어가 최영을 색출하였다. 우왕이 최영의 손을 잡고 울며 작별하려 하니 최영은 재배하고 곽충보를 따라서 나왔다. 태조가 최영에게 일러 말하기를, "이와 같은 사변은 나의 본의가 아닙니다. 그러나 요동을 공격하는 거사는 비단 정의에 거스를 뿐만 아니라 국가를 위태롭게 하고 백성을 고달프게 하여 원성이 하늘에 잇대었으므로 그만둘 수 없었습니다. 부디 잘 가십시오"라고 하고, 서로 마주보며 울었다. 마침내 (최영을) 고봉(高峰)에 유배 보냈다. 《고려사》 권113, 열전26 최영전)

❷ (공양왕 4년) 정몽주는 우리 태조(이성계)의 위엄과 덕망이 나날이 높아 가고 조야(中外)의 인심이 귀결되는 것을 기피하였다. 또 조준, 남은, 정도전 등이 그를 왕으로 추대하려는 모략이 있는 것을 알고 항상 기회를 틈타 제거하려 하였다. 세자 석(奭)이 입조하고 돌아오자 태조가 황주에 나아가 그를 맞이하였는데 드디어 해주에서 사냥하다가 말에서 떨어져 몸이 매우 불편하였었다. 정몽주가 이 소식을 듣고 반기는 낯빛으로 사람을 보내 대간(臺諫)을 부추겨 말하기를, "이성계가 지금 말에서 떨어져 병이 위독하니 마땅히 먼저 그의 협력자인 조준 등부터 제거한 뒤에야 도모할 수 있을 것이다" 하였다. 마침내 조준, 정도전, 남은 및 평소에 그쪽으로 마음을 돌린 자 5~6명을 탄핵하여 장차 살해하고 태조까지 해하려 하였다. 태조는 벽란도(碧瀾渡)로 돌아와서 장차 유숙하려 하고 있었는데 태종(이방원)이 달려 와서 고하기를 "정몽주가 반드시 우리 집안을 모함할 것입니다"라고 하니 태조가 대답하지 않았다. 여기서 유숙할 수 없다고 다시 고하여도 태조는 허락하지 않았으나 굳이 청한 뒤

에야 병을 무릅쓰고 마침내 가마를 타고 밤에야 집으로 돌아왔다. 정몽주는 일을 이루지 못한 것을 근심하여 3일간이나 식사도 하지 않았다. 태종이 다시 아뢰기를 "정세가 이미 급박하오니. 장차 어떻게 하시렵니까?"라고 하니 태조가 말하기를, "죽고 사는 것은 천명이니 오직 마땅히 순순히 받아 들을 뿐이다"라고 하였다. 태종이 태조의 아우 이화(李和)의 사위인 이제(李濟) 등과 함께 휘하의 선비들과 의논하여 말하기를, "이씨가 왕실에게 충성하는 것은 나라 사람들이 다 아는 바이다. 그런데 지금 정몽주의 모함을 당해 오명[惡名]이 더해졌으니 후세에 가서 누가 이것을 분별할 수 있겠는가?"라고 하고 정몽주를 제거할 것을 모의하였다. 태조의 형 이원계(李元桂)의 사위 변중량(卞仲良)이 그 음모를 정몽주에게 누설하니 정몽주가 태조의 집에 가서 사변의 눈치를 살피려 하였으나 태조는 그를 대하기를 이전과 같이 하였다. 태종은 말하기를, "이때를 놓쳐서는 안 된다"라고 하였다. 정몽주가 돌아갈 즈음 바로 조영규(趙英珪) 등 4~5명을 보내 길에 잠복시키고 쳐 죽였으니, (정몽주의) 나이 56세였다. 《고려사》 권117, 열전30 정몽주)

생각해 보기

1. 정몽주는 왜 이성계의 적이 되었을까?
2. 위화도 회군은 우연일까. 사전에 계획된 일이었을까?
3. 고려 멸망의 원인은 무엇일까?

참고문헌

1. 고혜령, 《고려후기 사대부와 성리학 수용》, 일조각, 2001.
2. 김윤곤, 《한국 중세의 역사상》, 영남대출판부, 2001.
3. 도현철, 《고려말 사대부의 정치사상연구》, 일조각, 1999.
4. 백인호, 《고려후기 부원세력연구》, 세종출판사, 2003.
5. 민현구, 《한국중세사산책》, 일지사, 2005.
6. 연세대학교 국학연구원 엮음, 《중세 사회의 변화와 조선 건국》, 혜안, 2005.
7. 이남복, 《고려후기 신흥사족의 연구》, 경인문화사, 2004.
8. 이상백, 《이조건국의 연구》, 을유문화사, 1949.
9. 이익주, 《이색의 삶과 생각》, 일조각, 2013.
10. 홍영의, 《고려말 정치사연구》, 혜안, 2005.

高麗史

2 부

고려의 대외관계

1

5대와의 관계

후삼국기의 대중국 외교

신라가 쇠망의 징조를 보이면서 후삼국 시대가 연출되었다. 기존의 신라와 더불어 궁예의 태봉[후의 고려]과 견훤의 후백제가 그것이다. 천년 가까이 지속되어 온 신라는 재기를 위해 몸부림 쳤고, 태봉과 후백제는 새로운 사회와 국가의 건설을 꿈꾸었다.

이러한 분위기 속에서 후삼국은 한반도 내에서 영토를 확장하기 위해 내부적인 전쟁을 계속하였다. 그러나 한편으로는 자신들의 정통성을 국제적으로 인정받기 위해 활발한 외교 교섭을 시도하였다. 고려도 건국 초기부터 오대(五代)와의 외교에 전력을 기울였다. 당시 중국은 당(唐)이 멸망한 후, 북방에는 후량(後梁)·후당(後唐)·후진(後晉)·후한(後漢)·후주(後周) 등의 다섯 왕조가 성쇠를 반복하였고, 그 외 지역에 10개의 나라가 난립한 5대10국(五代十國)시대가 전개되었다. 고려는 이들 나라와 외교적 관계를 전개해 나갔다.

신라는 당과 전통적인 우호 관계를 맺고 있었고 후백제는 남방의 오월국과 외교관계를 유지하고 있었다. 그러다가 918년에 궁예의 뒤를 이어 왕건이 고려 태조로 즉위하자, 그는 이듬 해인 919년 7월에 김립기(金立奇)를 오월(吳越)에 파견하여 외교 교섭을 시도하였다. 그러나 그에 대한 답이 없었던 것으로 미루어 실패한 것으로 보인다. 오월은 이전부터 맺어온 견훤과의 외교관계를 청산하고 고려와 새롭게 외교를 맺을 명분이 없었기 때문이었다.

그러나 아주 성과가 없었던 것은 아니었다. 그해 9월, 오월의 문사였던 추언규(酋彦規)가 내투(來投)해 왔기 때문이다. 기록에는 그가 자발적으로 온 것처럼 되어 있으나, 김립기가 오월에 갔던 것이 두 달 전인 7월임을 고려하면 김립기가 귀국할 때 동행한 것이 아닌가 한다. 즉 공식적인 외교에는 실패했으나 대중국 관계의 필요성을 느껴 추언규를 회유하여 데려온 것이라 생각한다. 이후 그는 대중국 외교에 나름대로 기여하였을 것임에 틀림없다.

오월과의 외교관계 수립은 실패했으나 태조 왕건은 후량(後梁)과의 외교관계 수립을 원하였다. 923년(태조 6)에 고려는 복부경(福府卿) 윤질(尹質)을 후량에 파견하였는데 돌아오는 길에 5백 나한상(羅漢像)을 가지고왔다. 며칠 후에는 오월의 문사 박암(朴巖)이 다시 귀순하여 왔다. 박암의 귀순에는 이전에 내투한 바 있던 추언규의 공이 있었다고 생각된다. 추언규가 윤질을 따라갔다 고국인 오월에 들러 박암을 데려왔을 것이다. 이로써 중국의 문사 둘을 확보한 왕건은 대중국외교에 유리한 고지를 점령하는 계기가 되었다.

그러나 그해 후량은 멸망하고 후당(後唐)이 건국되었다. 후당을 건국한 인물은 이존욱(李存勖)으로 그는 당 황실의 인척이었다. 그는 후량의 말제(末帝)를 살해하고 당을 재건한다는 명분으로 국호를 후당이라 하고 수도를 낙양으로 옮겼다. 이 때문에 이존욱 본인은 물론 외부에서도 후당을 당의 뒤를 이은 정통왕조로 생각하였다. 고려에서도 광평시랑(廣評侍郎) 한신일(韓申一)·부사(副使) 춘부소경(春府少卿) 박암(朴巖) 등을 후당에 파견하였다. 오월 출신의 박암을 후당의 외교사절로 활용하였던 것이다. 그러자 장종은 한신일에게 조산대부(朝散大夫)·시전중감(試殿中監)을, 박암에게 조산랑(朝散郎)·시비서랑(試秘書郎)을 제수하였다.

925년 11월에 왕건은 다시 위신(韋伸) 등을 후당에 파견하여 공물을 바쳤다. 이 해 왕건과 견훤은 조물군에서 교전하였으나 세력이 대등하여 서로 인질을 교환하고 화의를 맺은 바 있었다. 이때 왕건은 중국과의 외교를 통해 후백제 견훤보다 자신의 우위를 인정받으려 한 것 같다.

이후 926년에는 장빈(張彬)을, 927년(태조 10)에는 임언(林彦) 등을 후당에 파견하였다. 그런데 이 해 견훤은 신라의 수도인 경주로 쳐들어가 경애왕을 죽이고 경순왕(敬順王 : 927~935)을 옹립하였다. 후백제군은 수도인 전주로 돌아오다 공산(대구 팔공산)에서 남하하던 고려군과 만나 전투를 벌였다. 이 전투에서 고려군은 대패하여 개국 1등공신 신숭겸(申崇謙)과 2등공신 김락(金樂) 등이 죽고 왕건은 겨우 몸을 보전하였다.

견훤이 왕건과의 대결에서 대승을 거두었다는 소식은 금방 외국에도 전달된 것 같다. 이에 오월은 전통적인 우호 관계에 있던 후백제에 조서를 내려 대승을 축하하면서 고려와 후백제의 화친을 권고하였다.

이후 재기를 다짐하던 왕건은 내부적인 준비와 함께 929년에 대중국 외교를 전개하였다. 그해 8월, 왕건은 광평시랑 장분(張芬) 등 52인을 후당에 보내 향로와 보검, 옷감, 인삼 등의 여러 가지 물건을 바쳤다. 930년(태조 13)에는 고창군(古昌郡 : 경상북도 안동) 병산(甁山)전투에서 왕건이 견훤을 물리치고 대승하였다. 이듬해에는 신라왕의 청으로 왕건은 경주에서 3개월간 머무르기도 했다.

경주에서 돌아온 후 932년 3월에 왕건은 대상(大相) 왕중유(王仲儒)를 후당에 보내 조공했다. 지금까지 전개된 후백제와의 전투 상황을 설명하고 최종적으로 자신이 패권을 잡았음을 설명한 것이라 생각된다. 후당은 한반도의 정세가 이미 고려에게 넘어갔음을 인식하고 왕건을 특진·검교태보·사지절현토주도독·충대의군사·겸 어사대부·상주국·고려국왕(特進檢校太保使持節玄菟州都督充大義軍使兼御史大夫上柱國高麗國王)으로 책봉하였다. 이는 고려의 입조사(入朝使) 왕중유의 요청에 의한 것이었는데 고려의 최종적인 승리를 후당으로부터 인정받았던 것이다.

고려는 고창군 전투 승리 후 933년에 후당으로부터 책봉을 받은 후 교류를 돈독히 하였다. 934년 8월에 고려의 입공사(入貢使) 김길(金吉)이 후당에 갔으며, 그를 따라온 고려 상인들이 교역을 하기도 하였다. 935년에는 고려에서 예빈경(禮賓卿) 형순(邢順) 등을 후당에 보냈다. 그러자 후당에서는 형순에게 시장작소감(試將作少監)을, 부사(副使) 최원시(崔遠試)에게 소부감주부(少府監主簿)를 제수하였다.

통일 이후의 대중국 관계

936년(태조 19)에 고려는 후백제의 항복을 받고 후삼국을 통일하였다. 같은 시기에 중국에서는 후진(後晉)이 건국되었다. 후당 명종의 사위였던 석경당(石敬瑭)은 명종(明宗)의 양자로 왕위에 오른 이종가(李從珂)가 자신을 토벌하려 하자 거란의 도움을 받아 후진을 세운 것이다. 물론 그는 거란의 도움에 대한 대가로 연운 16주(燕雲 十六州)를 할양하고 세폐(歲幣)를 주기로 하였다.

이에 고려에서는 937년에 왕규(王規)·형순(邢順) 등을 후진에 보내 석경당의 등극을 축하하였고, 이듬해부터 후진의 연호를 사용하게 되었다. 한편 왕건은 후당에서 후진으로 왕조가 바뀌자 예전에 보냈던 자신의 인질을 귀환시키고자 하였다. 938년 8월에 중국의 청주절도사(青州節度使) 왕건립(王建立)은 고려에서 보낸바 있던 숙위질자(宿衛質子) 왕인적(王仁翟)이 고국으로 돌아가기를 바란다고 중앙에 보고하자 이를 허락했던 것이다. 939년에는 다시 광평시랑 형순 등 72인을 후진에 파견하여 방물을 바쳤다. 왕인적의 귀국을 촉구하기 위한 사절이었을 것이다. 그리하여 왕인적은 940년에 고려로 귀국하게 되었다.

한편 왕건은 남중국과의 교류에도 힘썼다. 940년(태조 23)에 왕건은 10국의 하나인 남당에 광평시랑 유긍질(柳兢質)을 파견하여 방물을 바쳤다. 941년에는 다시 대상(大相) 왕신일(王申一)을 후진에 보내 방물을 바쳤다. 그러자 후진에서는 조서를 내려 왕건을 고려국왕(高麗國王)으로 책봉하였다. 이렇듯 그는 중국과의 관계를 돈독히 하면서 통일 왕조로서의 위상을 높여나 갔다.

태조의 뒤를 이은 혜종(惠宗)도 중국과의 외교를 돈독히 하였다. 944년에 즉위하여 광평시랑 한현규(韓玄珪)와 예빈경(禮賓卿) 김렴(金廉)을 후진에 보내 왕위 계승을 통보하고, 거란의 격파를 축하하였다. 그러자 이듬해에 후진도 혜종을 고려국왕에 책봉하여 왕위를 인정하였다.

정종(定宗)대에는 후진의 뒤를 이은 후한(後漢)과의 외교가 이루어졌을 것이다. 그러나 자세한 사절 교환 기록은 보이지 않으며, 948년에 후한의 연호를 사용했다는 기록만 남아있을 뿐이다.

고려 4대 임금 광종(光宗)이 즉위한 다음 해인 950년(광종 2)에 후주(後周)가 건국되었다. 광종은 그해 재빨리 후주의 연호를 사용하였고, 952년에 광평시랑 서봉(徐逢)을 후주에 보내어 토산물을 바쳤다. 이에 대한 답으로 후주에서는 이듬해에 사신을 파견하여 광종을 고려국왕으로 정식 인정하였다.

955년에는 대상 왕융(王融)과 광평시랑 순질(荀質)을 파견하여 조공하였다. 그러자 이듬해 후주는 장작감 설문우를 보내와 왕을 책봉하고 백관의 의복을 중국과 같게 하였다. 특기할 만한 것은 이때 설문우를 따라 고려에 왔던 쌍기(雙冀)가 병 때문에 돌아가지 못하고 고려에 남게 되었다는 것이다. 그러자 광종은 그를 우대하였고, 그는 이후 광종의 개혁 정책에 많은 역할을 하게 되었다. 과거제도가 그의 건의에 의해 실시되었던 것은 이를 잘 보여준다. 이후 광종은 중국에서 오는 문사(文士)들을 우대하여 폐단을 일으키기도 하였다. 쌍기의 아버지인 쌍철(雙哲)이 쌍기가 왕의 총애를 받고 있다는 소식을 듣고 959년에 고려에 와서 좋은 대우를 받은 것은 단적인 사례이다.

958년에도 좌승(佐丞) 왕긍(王兢)과 좌윤(佐尹) 황보위광(皇甫魏光)을 후주에 보내어 말과 의복 등을 바쳤고 그 이듬해 봄, 가을과 겨울에도 사절을 보내 우호 관계를 돈독히 하였다. 그러자 후주에서도 사절을 보내 화답하였다.

이처럼 고려와 5대 10국과의 외교관계는 평화적으로 전개되었다. 이는 중국이 5대 10국의 혼란기라는 측면에서 북방의 거란을 견제하기 위한 목적이었다고 볼 수 있으며, 고려에서는 후삼국 통일 과정에서의 협조와 통일 후 개혁 정치에 중국의 도움을 받고자 함이었다.

관련 사료

❶ (태조 16년) 봄 3월 신사일에 당(後唐)이 왕경(王瓊), 양소업(楊昭業) 등을 보내와서 왕을 책봉하였는데 조서에 이르기를, "… (고려 왕은) 자기가 소유한 지역을 평양이라 칭하였으며, 군사로 장악하였고 재능도 겸비하였다. 5족의 강종(强宗)들을 통합하고, 삼한의 중심지를 제어하여 (혼란을) 진압하고 안정시키는 데 힘쓰고 성명(聖明)을 받드는 데 뜻을 두었으니 이는 법전(彝章)에 부합하여 이 은총(總數)을 더해주노라. 아! 그대 권지고려국왕사(權和高麗國王事) 건(建)은 몸은 웅대하고 용맹스러운 자질이 있고, 지혜는 정치에 통달하였으며, 변방에서 으뜸가는 장한 포부를 품고 일어섰다. 하늘로부터 산하(山河)를 물려받았으며, 그 터전은 풍요로웠다. 주몽(朱蒙)이 건국한 상서로움을 이어서 그곳의 임금(君長)이 되었고 기자(箕子)를 번신(藩臣)으로 삼은 자취를 밟았으니 은혜를 베푸노라 …." 또 다른 조서에서 말하기를, "경은 장회(長淮)의 무족(茂族)이요 창해(漲海)의 웅번(雄藩)으로서 문무의 재주를 가지고 그 나라를 제어하였으며, 충효의 절개를 가지고 우리의 문물(風)에 화(化)하기를 와서 아뢰었다. 아름다운 법식(貞規)은 이미 깃발(旗常)에 적어(篆書) 두었으며, 은총은 서책(簡冊)에 밝혀져 있다. 조서에는 벌써 친선의 정이 표시되었고 가정이 화목하니 백성의 모범으로 될 만하다. 식읍을 봉해(湯沐) 반포하고 혼인을 경사롭게 하여 내조(內助)의 공은 영원히 빛날 것이니 내가 우대하고 존숭하는 뜻[命]에 부합하여 거행하라. 경(태조)의 진실한 뜻을 의심치 않으니 나의 특별한 은혜를 알지어다. 이제 (부인 유씨를) 하동군부인(河東郡夫人)으로 책봉한다." 《고려사》 권2, 세가2 태조 16년 춘3월)

❷ 쌍기(雙冀)는 후주(後周) 사람이니, 후주에서 벼슬하여 무승군절도순관(武勝軍節度巡官)·장사랑(將仕郎)·시대리평사(試大理評事)로 있었다. 광종 7년에 봉책사 설문우(薛文遇)를 따라 왔다가 병이 들어 체류하였다. 병이 낫자 (조정에) 불려가 응대하였는데 왕의 뜻에 부합하였다. 광종이 그의 재주를 아껴서 표문에 자신의 신하로 삼게 해줄 것을 요청하였는데 마침내 등용되었다. 그는 빠르게 승진하여 원보(元甫)·한림학사(翰林學士)가 되었고, 1년도 안 되어 문한에 대한 직권[文柄]을 맡기니 당시의 여론이 과중하게 여겼다. 광종 9년에 처음으로 건의하여 과거(科擧)를 개설(開設)하고 드디어 그가 지공거(知貢擧 : 과거를 주관하는 관직)가 되어 시(詩)·부(賦)·송(頌)·책(策)으로써 진사(進士) 갑과(甲科)에 최섬 등 2인, 명경과(明經)에 3인, 복업(卜業)에 2인을 선발하였다. 그 후부터 여러 차례 과거를 맡아 보며 후학들을 권장하였더니 문풍(文風)이 비로소 일어났다. 광종 10년에 그의 부친 시어(侍御) 쌍철(雙哲)은 당시 (후주) 청주(淸州)의 관리로 있었는데 쌍기가 왕의 총애를 받고 있다는 소식을 듣고 회사(回使) 왕긍(王兢)을 따라 고려로 와서 좌승(佐丞)에 임명되었다. 《고려사》 권93, 열전6 쌍기)

생각해 보기

1. 왕건이 중국 출신이라는 설은 사실일까?
2. 광종은 왜 쌍기를 비롯한 중국 문사들을 우대하였을까?
3. 후삼국시기의 외교관계는 어떠한 목적에서 이루어졌을까?

참고문헌

1. 김상기, 《동방문화교류사논고》, 을유문화사, 1948.
2. 박옥걸, 《고려시대의 귀화인 연구》, 국학자료원, 1996.
3. 심재석, 《고려국왕책봉연구》, 혜안, 2002.
4. 이기백 등, 《고려 광종 연구》, 일조각, 1981.
5. 장페이페이 외 지음, 김승일 옮김, 《한중관계사》, 범우, 2005.

2 송과의 관계

정치적 관계

후주의 세종이 39세의 젊은 나이로 병사하고, 그 아들 공제 (恭帝)가 7세의 어린 나이로 즉위하자 근위대장이었던 조광윤 (趙匡胤)이 부하들에 의해 옹립됨으로써 960년에 송(宋) 왕조가 출현하였다. 고려는 송과의 통교에도 적극적이어서 962년(광종 13)에 처음 사절을 파견함으로써 국교를 맺게 되었다. 이후 1174년(명종 3)까지 대체로 송과는 친선관계가 유지되었다. 그러나 송과의 정치적 관계는 북방의 거란[요], 여진[금]과의 관계 때문에 국교가 단절되는 등 여러 문제를 노출시키기도 하였다.

양국의 관계에 있어 송은 고려에 대해 정치적·군사적으로 이용하고자 한데 반해 고려는 경제적·문화적 관계에 치중하였다. 즉 송은 우선 건국 초기부터 후진이 거란에게 할양하였던 연운 16주를 회복하는 데 고려의 협조를 구하였다. 979년에 송 태종은 이 땅을 되찾기 위해 거란을 공격하였으나 대패한 바 있었다. 이후 송은 거란에서 나이 어린 성종(聖宗)이 즉위하자 다시 군사를 일으켜 실지(失地) 회복을 꾀하였다. 동시에 고려가 거란의 배후를 공격하길 바랬다. 이에 1년 전부터 끈질기게 사신을 보내 원병을 요청하였다. 고려는 이에 응하는 척 했으나 실제 원병을 파견하지는 않았다.

993년(성종 12)에는 거란이 고려를 침략하였다. 이에 고려는 송에 원병을 청하였으나 송도 이를 거절함으로써 양국의 공식적인 관계는 단절되었다. 고려도 거란의 눈치를 살펴야 했기 때문이다. 그러나 이후에도 목종 때에 몇 차례 사절이 교환된 바 있으며, 현종 때부터는 민간 차원에서 지속적인 교역이 이루어졌다. 문종은 송과의 공식적인 외교를 시도하였으나 좌절되었다. 송과의 통교는 거란을 자극하여 새로운 문제를 발생시킬 것이라고 신하들이 반대했기 때문이다. 그러다가 계속되는 송과의 통교 요구에 고려가 응함으로써 1071년(문종 35)에는 송과의 국교가 재개되었다. 예종 때에 이르러서는 송의 고려에 대한 친선도가 더욱 깊어졌다. 송 휘종(徽宗)은 고려 사신의 격을 국신사(國信使)로 높이고 요의 사신과 더불어 추밀원(樞密院)에서 맡아 접대하게 하였다.

그러나 북방의 정세 변화에 따라 금(金 : 여진)이 새로운 강자로 떠오르면서 송과의 관계가 불편하게 되었다. 송은 금과 연합하여 요를 공격하고자 하였는데 고려에게 금과의 중재를 요청해 왔던 것이다. 이에 고려는 금은 믿을 수 없는 존재로 만약 금을 이용해 요를 멸망시킨다면 이리를 쫓기 위하여 호랑이를 끌어들이는 격이 될 것이라 하면서 이를 완곡히 거절하였다. 한편으로는 요와 금이 병존하는 것이 고려에는 유리하다고 판단했기 때문이기도 하였다. 사태는 고려의 우려와 같이 요를 격파한 금은 송의 수도까지 내려왔다. 이에 송은 1126년(인종 4)에 사절을 보내와 고려의 원병을 간청하고, 금을 협공해 줄 것을 요청하였다. 고려는 또 이를 거절하였다.

1127년에 결국 금은 송의 수도 변경(汴京)을 점령하고, 송의 휘종과 흠종을 잡아갔으니 이를 '정강의 변[靖康之變]'이라 한다. 이로써 북송(北宋)은 멸망하고 남쪽으로 피난하여 휘종의 아홉째 아들 구(構)가 고종(高宗)에 즉위함으로써 남송(南宋) 시대가 전개되었다. 이런 상황에서 1128년(인종 6)에 남송의 상인이 고종의 국서를 가지고 오면서 교류의 물꼬가 트였는데 그 해 6월에 남송은 다시 사절을 보내와 고려에게 곤란한 제의를 하였다. 이른바 '가도(假道)'의 문제였다. 남송에서는 붙잡혀간 휘종과 흠종을 되찾아오기 위해 금

과 교섭할 수 있도록 고려가 송의 사절을 국경까지 안내해 달라는 부탁을 해
왔던 것이다. 그러나 이 역시 고려는 완곡히 거절하였다. 만약 그렇게 한다
면 여진과 고려와의 전쟁은 피할 수 없을 것이며, 또 이를 통해 바닷길이 편
한 줄을 여진이 알게 된다면 고려에게 길을 빌려 송의 연해 지방도 안전하지
못할 것이라는 이유에서였다. 이에 고려와 송과의 관계는 멀어지게 되었고,
1164년(의종 18)을 끝으로 고려는 송에 사절을 파견하지 않았다.

경제·문화적 관계

이렇듯 송은 북방민족과의 관계 때문에 고려를 계속 끌어들이려 하였지
만 고려는 이에 소극적인 태도를 보였다. 그러나 송의 다양한 문화를 수입
하고 통상을 하는 데 있어서는 매우 적극적이었다. 우선 들 수 있는 것은 고
려의 유학생 파견이다. 고려에서는 여러 차례 유학생을 파견하여 송의 국
자감(國子監)에서 공부하게 하였다. 그 중 몇 명은 송에서 실시하는 과거에
합격하여 관직을 제수받기도 하였다. 송에서도 고려와의 관계를 고려하여
이들을 잘 대우해 주었다.

송 출신으로 고려에 와서 과거에 합격하거나 관직에 오른 자들도 있었
다. 특히 문종이나 예종 때에 이런 사람들이 많았다. 예를 들면 1052년(문
종 6)에 송의 진사(進士) 장정(張廷)이 고려에 오자 문종은 그에게 비서성교
서랑(秘書省校書郎)의 관직을 주고 비단과 은 등의 물품을 하사하였는가 하
면 1061년에는 송의 진사 진위(陳渭)를 비서성교서랑으로, 소정(蕭鼎)·소천
(蕭遷)을 합문승지(閤門承旨)로, 엽성(葉盛)을 전전승지(殿前承旨)로 임명하기
도 하였다. 이렇듯 양국 간에 주고받은 문화적 교류는 정치적인 면과는 달
리 서로의 친선과 우의를 다지는 데 기여하였다.

다음으로 들 수 있는 것은 의술이나 약재의 교류이다. 특히 문종은 의학
에 대해 깊은 관심을 갖고 있었는데 이때부터 양국의 의술 교류가 활발히

이루어졌다. 송의 신종은 문종의 병 치료를 위해 의원과 약품을 보내주기도 하였다. 이후 고려에서는 송의 의학서적을 구해오고 의관을 송에 파견하여 연수시키기도 하였다.

　서적의 교류도 활발하였다. 송에서 출간된 방대한 저술을 포함하여 경서·사서·의서·역서 등에 대해 고려의 문인들은 많은 관심을 가지고 있었다. 이를 알고 있는 송에서는 많은 서적을 고려에 전해주기도 하였다. 예컨대 1027년(현종 18)에 송의 이문통(李文通) 등이 와서 597권의 서적을 고려에 전해주었던 것이다. 불경의 교류도 활발하였다. 1083년에는 송에서 보내온 대장경을 개국사에 보관토록 하기도 하였다. 송에서도 자신들이 필요한 서적 목록을 써주면서 꼭 보내줄 것을 부탁하기도 하였다.

　송과는 경제적인 교류도 활발하였다. 우선 공식적인 조공무역이 행해졌다. 이 시기 송과의 조공무역은 요·금과의 관계 때문에 그렇게 활발히 이루어지지는 않았다. 그러나 북송 후기부터 양국에서는 조공품과 사여품의 형식으로 무역이 이루어졌다. 그러나 상인들에 의한 민간무역이 조공무역보다 훨씬 활발하게 이루어졌다. 우선 공식적인 사절을 따라 간 상인들에 의해 무역이 이루어지는 경우가 많았다. 최승로도 이 점을 잘 지적하고 있다. 즉 그의 상서문에 보면 "지금은 교빙 사절뿐 아니라 그로 인하여 무역까지 하니 사신이 번거롭고 많아서 중국이 천하게 여기는 바가 되고 있습니다"라고 하여 당시의 상황을 잘 설명하고 있다. 1071년에 송과 고려의 외교가 재개된 이후에 송 황제의 사절단은 상인들이 제공한 배인 신주(神舟)와 객주(客舟)를 타고 고려에 왔다. 따라서 이들이 고려에 도착한 후 사적인 무역 행위를 하였을 것임은 자명하다.

　또 송나라 상인들이 고려에 와서 물건을 판매하거나 교류하는 사례는 빈번히 있었다. 송상(宋商)들은 고려와 무역을 하기 위해 권력의 도움을 받고자 하였다. 그리하여 그들은 우두머리인 도강(都綱)을 중심으로 선단을 이루어 고려에 와서 국왕에게 헌상품을 바쳤다. 고려 국왕에 대한 송상의 진헌(進獻)은 팔관회의 의례 중 하나로 발전하였다. 팔관회 때 백관들에게 연회를 베푸는 한편 송의 상인들이 방물을 바치면 자리에 앉게 하여 같이 음악을 관람하게 하였다. 고려와 송과의 외교가 단절된 상태에서도 송상의 왕래를 통해 선진 문물에 대한 고려인들의 욕구를 해소시킬 수 있었다. 동시에 고려 국왕은 이들의 보호자 내지 후원자의 역할을 하면서 대내외적 권위를 행사할 수 있었다. 이처럼 국왕의 비호를 받은 송상들은 빈번하게 고려를 왕래하면서 고려가 제공하는 객관에 머물고 필요한 물품을 공급하였다. 따라서 고려의 상인들은 예성항이나 개경의 객관에서 송상을 만날 수 있었고 그들에게 필요한 물품을 부탁하여 받을 수도 있었다. 송상들은 때로는 비공식 사절로서 외교 문서를 전달하기도 했으며 표류한 고려 사람을 귀환시키는 역할도 수행하였다.

그런데 송의 공식 사절이나 송상들이 주로 사용한 항로(航路)는 두 가지였다. 하나는 북선 항로이고 다른 하나는 남선 항로이다. 북선 항로는 아주 오래 전부터 이용해 오던 뱃길로 대략 1074년(문종 28)까지 이용되었다. 이는 대개 중국 산동의 등주(登州) 방면으로부터 직선으로 항해하여 대동강 어구의 초도(椒島)를 거쳐 옹진 입구를 지나 예성항에 이르는 항로였다. 935년(태조 17)에 고려의 배 1척이 등주에 이르렀다는 기록이 있으며, 1000년(목종 3)에는 고려의 사신 송인소(朱仁紹)가 이 항로를 이용해 등주에 도착하였다는 기록이 있다. 보다 더 자세한 기록은 《송사》 고려전에 실려 있다. 여기에는 중국의 등주를 출발하여 바다를 건너 황해도 옹진에 도착하기까지의 여정이 잘 나와 있다.

남선 항로는 1074년 이후부터 사용된 뱃길이다. 이는 거란이 강성해지면서 북선 항로를 이용하기가 어렵게 되었다는 점과 남중국 연안의 여러 항구가 국제 무역의 중심지로 발전한 데에 그 배경이 있었다. 1074년에 문종은 김양감(金良鑑)을 송에 보내어 고려 배의 정박지를 명주(明州 : 지금의 寧波)로 하자는 송의 제의를 수락하였다. 《고려도경(高麗圖經)》에는 서긍 자신이 이 항로를 따라 오면서 자세한 기록을 남겼다. 그 여정을 보면 명주를 출발하여 동북쪽으로 올라가다 전라남도의 흑산도를 거쳐 죽도[전라북도 흥덕 서쪽]―군산도[전북 군산 서쪽]―마도[충남 해미 서쪽]―자연도[인천]를 지나 예성 항으로 들어오는 일정이었다.

　이상에서 살핀 바와 같이 고려와 송의 관계는 정치적 관계보다 경제적·문화적 관계에 훨씬 치중되었다. 정치적 관계는 거란과 여진과의 관계 때문에 종종 중단되기도 하였지만 경제·문화 방면의 교류는 꾸준히 이루어졌던 것이다. 이를 통해 고려는 송의 문물을 도입하여 국가의 발전을 꾀했다고 하겠다.

관련 사료

❶ (문종 12년) 8월 을사일에 송(宋)의 상인 황문경(黃文景) 등이 와서 토산물을 바쳤다. 왕이 탐라와 영암(靈巖)에서 목재를 장만하여 큰 배를 건조함으로써 장차 송과 통교하려 하였다. 내사문하성에서 아뢰기를 "국가가 북조[거란]와 우호 관계를 맺어 변경에 위급한 일이 없었으므로 백성들이 자기 생업에 안착하고 있으니 이런 방법으로 나라를 보전하는 것이 상책입니다. 지난 경술년에 거란이 보내온 문죄서(問罪書)에 '동쪽으로는 여진과 결탁하고 서쪽으로는 송나라와 왕래하니, 이는 무엇을 도모하려는 것인가?'라고 하였습니다. 또 상서 유참(柳恭)이 거란에 사절로 갔던 날에도 동경유수가 남조[송]와 사절을 교환한 일을 물으면서 혐오하고 의심하는 듯하였다고 하니 만일 이 일이 누설된다면 반드시 틈이 생길 것입니다. 또한 탐라는 지질이 척박하고 백성들이 가난하여 단지 해산물 때문에 배를 타는 것이 생계에 대한 방법일 뿐입니다. 작년 가을에도 탐라로부터 목재를 장만하여 바다를 넘어와 불사(佛寺)를 창건하여 그들의 노고와 폐해가 이미 대단하였는데 이제 또 곤란이 가중된다면 다른 사변이 생길까 염려됩니다. 더구나 우리나라의 문물과 예악이 흥기하여 실행된 지가 이미 오래되었고 상선들의 왕래가 끊이질 않아 보배가 날마다 들어오고 있사오니 중국에 대해서는 실로 도움을 받을 것이 없습니다. 만일 영원히 거란과 단교하지 않을 거라면 의당 송조와 사절을 교환해서는 안 될 것입니다"라고 하니 왕이 이 말을 좋았다. 《고려사》 권8, 세가8 문종 12년 8월)

❷ (인종 6년 6월) 정묘일에 송(宋)의 국신사(國信使)들인 형부상서 양응성(楊應誠), 제주(齊州) 방어사 한연(韓衍) 등이 우리나라에 왔다. 처음에 양응성이 강정(江亭)에 도착하여 접반소(接伴所)에 문서[移牒]를 보내왔는데 (거기에 이르기를), "황제의 명령을 받들어 지금 장차 벽란정(碧瀾亭)으로 가고자 합니다. 귀국은 예의가 성실하고 두터우니 만일 미리 움직이고 설명하지 않는다면 반드시 공연한 수고를 할 것입니다. 그 이유는 우리나라[송]의 두 황제[휘종, 흠종]가 먼 곳에 계시니 신하로서 차마 음악을 듣거나 연회에 참석할 수 없습니다. 지금 장차 구례(舊禮)를 참작하여 조서를 받들고, 표문을 올리는 날에는 전례에 따라 음악을 사용하는 것 외에 연회가 있을 것 같으면 참석은 하되 음악을 중지[免]해 주시고 아울러 의대(衣帶)와 화주(花酒)도 보내지 마십시오"라고 하였다. 《고려사》 권15, 세가15 인종 6년 6월)

생각해 보기

1. 연운 16주가 송과 고려에 어떠한 영향을 주었을까?
2. 고려가 송과의 교류를 통해 얻은 것은 무엇일까?
3. 고려의 대송외교 전략은 어떻게 평가할 수 있을까?

참고문헌

1. 김상기, 《동방문화교류사논고》, 을유문화사, 1948.
2. 김상기, 《동방사논총》, 서울대출판부, 1974.
3. 박용운, 《고려 사회의 여러 역사상》, 신서원, 2002.
4. 심재석, 《고려국왕책봉연구》, 혜안, 2002.
5. 이진한, 《고려시대 송상왕래 연구》, 경인문화사, 2011.

3 요(거란)와의 관계

요의 무력 침략

거란은 원래 요하(遼河) 유역에 살던 유목민족으로 퉁구스와 몽고와의 혼혈 민족이었다. 이들은 여러 부족으로 흩어져 있었는데 야율아보기(耶律阿保機)가 부족을 통합하여 916년에 거란(契丹)을 세웠다. 강성해진 거란은 물산이 풍부한 중원 진출의 꿈을 안고 926년에 배후에 있던 발해를 멸망시켰다. 태조의 뒤를 이은 태종(太宗)은 후진의 건국을 도운 대가로 연운 16주를 할양받고, 947년에는 국호를 요(遼)로 바꾸었다. 960년에 후주에 이어 송(宋)이 통일 왕조를 세움으로써 동아시아는 송―거란―고려의 삼각 구도가 성립되었다.

거란과 고려의 외교 관계는 922년(태조 5)에 처음 성립되었다. 야율아보기가 고려에 낙타와 말을 보냈던 것이다. 아마도 고려에서는 이를 우호적으로 판단한 것 같다. 그러나 거란이 갑자기 발해를 멸망시키자 고려 태조 왕건은 거란을 적대시하였다. 942년에 거란이 다시 사절과 낙타를 보내오자 사신들은 섬으로 유배 보내고, 50필의 낙타는 만부교 아래에서 굶어죽게 방치하였다.

거란은 이에 대해 불쾌한 감정을 갖게 되었고 영토 확장 정책을 계속하였다. 우선 거란은 압록강여진과 정안국을 경략하여 여진과 송과의 통교를 끊어버림으로써 고려와 국경을 마주하는 상태가 되었다. 991년경에 거란은 송의 공격을 받았으나 오히려 송을 대파하였다.

자신감을 얻은 거란은 고려와 송과의 관계를 끊어 송을 고립시키고자 하였다. 이것이 993년(성종 12)에 일어난 거란의 1차 침입 배경이었다. 거란의 성종(聖宗)은 소손녕(蕭遜寧 : 이름은 恒德)을 장수로 삼아 고려 침략을 단행하였다. 이에 고려 성종(成宗)은 시중(侍中) 박양유(朴良柔)를 상군사(上軍使)로 삼아 북계로 나아가게 하였고, 성종 자신도 서경으로 행차하였다. 거란군은 안융진 전투에서 강력한 저항을 받게 되자 전략을 바꾸어 싸움을 보류하고 고려에 군신(君臣)의 항복을 요구해 왔다. 이에 조정에서는 항복론과 더불어 서경 이북을 떼어주자는 할지론까지 등장하였다. 그러자 서희(徐熙)가 이에 반대하면서 소손녕의 진영에 나아가 담판을 시도하였다. 협상의 결과 거란의 정삭(正朔)을 받드는 대신 압록강 동쪽의 강동 6주를 획득하였다. 이른바 '강동 6주'는 흥화진·용주·철주·통주·곽주·귀주 등이었다. 고려에서는 이들 지역에 성을 쌓고 압강도구당사(鴨江渡勾當使)를 두어 거란의 내원성(來遠城)과 마주하여 도강(渡江)업무를 담당하게 하였다. 이때 고려는 거란에 사절을 보내 성종과의 혼인을 요청했고, 이에 거란측에서는 소손녕의 딸과 결혼할 것을 약속했다 한다. 그러나 이 혼사가 이루어지지는 않았다.

이후 고려는 거란의 연호를 쓰고 사절을 교환하는 등 우호적인 관계를 지속했다. 그러나 한편으로는 송에 사신을 몰래 파견하여 원병을 요청하고, 거란을 협공하자는 제의를 하였다. 그러나 송이 이를 거절함으로써 더 이상의 진전은 보지 못하였다.

성종의 뒤를 이어 즉위한 목종 때에도 사절의 상호 교류를 통해 아무런 사단 없이 평화 관계가 계속되었다. 이 시기에 고려와 거란의 국경 지대인 보주(保州 : 지금의 義州)에는 각장(権場)도 설치되었다. 각장은 호시(互市)의 일종으로 양국 간의 특산물을 교환하고 구매하는 장소였다. 이 각장은 1005년(목종 8)에 설치되어 경제 교류의 활성화에 기여하였으나, 거란이 다시 침략해 오는 1010년에는 폐지되었다.

거란은 고려의 송에 대한 비밀 외교에 불만을 갖고 있었고 강동 6주에 대한 탈환을 계획하고 있었다. 그러던 중 거란 내부에서는 27년 간 섭정하였던 소태후(蕭太后)가 죽고 성종(聖宗)이 친정을 하게 되면서 강력한 대외팽창 정책을 실시하였다. 그런 상황에서 고려에서는 강조(康兆)의 정변이 일어났다. 목종의 어머니 천추태후가 김치양과 사통해서 낳은 아들을 왕위에 앉히려 하자 서북면도순검사 강조가 군사를 몰고 와 목종을 폐위했다가 시해하고 현종을 옹립하였던 것이다.

현종은 즉위 직후 사신을 파견하여 목종의 서거와 자신의 즉위 사실을 알리고 소태후의 생일을 축하하는 사절을 보내기도 하였다. 거란과의 평화를 지속하기 위함이었다. 그러나 거란 성종은 강조의 죄를 묻는다는 명분으로 다시 고려를 침략하였다. 1010년(현종 1)에 성종은 친히 40만 대군을 이끌고 쳐들어 왔다. 그러나 흥화진을 지키던 순검사 양규(楊規)의 강력한 저항을 받고 이를 방치한 채 통주로 남진하여 강조의 30만 군과 대적하였다. 여기에서 강조는 거란에게 패하여 포로가 되었다가 살해당하였다. 성종은 다시 남진하여 개경까지 함락하였다. 이에 고려 현종은 나주까지 피신하였는데 거란은 현종의 친조를 조건으로 고려측의 정전 제의를 받아들였다. 병참선이 차단되어 고립될 것이 두려웠기 때문이었다.

이후 고려는 사신을 거란에 파견하여 평화체제를 구축하려했지만 국왕의 친조에 대해서는 미온적이었다. 한편으로 거란의 재침에도 대비하였다. 개경의 송악성을 중수하고 서경의 황성(皇城)도 새로 쌓았다. 병부상서 유방(庾方)을 참지정사·서경유수·겸 서북면행영도병마사로 삼아 서북면 방어를 책임지게 하였다. 1012년에 고려가 국왕의 친조 거부를 공식 선언하자, 거란은 강동 6주의 탈환을 위해 1014년, 군사행동에 들어갔다. 소적렬(蕭敵烈)을 보내 통주와 흥화진을 공격하였다. 이것이 실패하자 1015년과 1017년에도 고려의 국경을 침략해 왔다. 그러나 번번이 별 소득 없이 돌아갔다.

그러자 거란은 1018년(현종 9)에 대규모의 침입을 시도하였다. 국왕의 친조뿐 아니라 강동 6주의 반환도 침략의 주요 목적이었다. 소배압(蕭排押)이 10만 군사를 이끌고 침략해오자 고려는 강감찬(姜邯贊)을 상원수로 삼아 맞서게 하였다. 소배압은 고려 군사의 공격을 받아 패배를 거듭하면서도 개경 가까이까지 진격해 왔다. 그러나 개경 일대의 경비가 철통같고 계속되는 패전에 사기를 잃은 거란군은 철수를 결정하였다. 퇴각하는 도중 귀주(龜州)에서 강감찬의 공격을 받아 대패하였다. 이를 '귀주대첩(龜州大捷)'이라 하는데 거란군은 겨우 수천 명이 살아 돌아갔을 뿐이었다.

요와의 갈등과 교류

이후 거란의 대규모 침략은 없었다. 그리고 평화적인 외교 관계가 지속되었다. 1020년부터 본격화된 양국의 사절왕래는 1125년(인종 3)에 거란이 멸망할 때까지 계속되었다. 그렇다고 일방적인 사대 외교는 아니었다. 책봉국이었던 거란에서 정기적으로 파견하는 사신이 있었다는 측면에서 당시 고려와 거란의 관계는 쌍무적인 관계였음을 알 수 있다.

그러나 여전히 압록강 유역을 둘러싼 고려와 거란의 신경전은 계속되었다. 거란은 압록강 이동에 점유한 지역인 보주(保州)를 적극 활용하여 고려를 압박하였다. 보주는 1015년에 거란이 압록강을 넘어 침략해 와 압록강 이동에 쌓은 성이었다. 전쟁은 끝났지만 압록강 이동을 거란에 내준 고려는 압록강이라는 자연방어시설을 활용할 수 없게 된 것이다. 거란이 이를 발판으로 언제 재침해 올지 모르는 상황이었다. 1031년에 덕종(德宗)이 즉위하자 고려는 김행공을 거란 성종의 장례식에 파견하여 압록강 동안 지역의 반환을 요구하였다. 거란이 이를 받아들이지 않자 고려는 하정사(賀正使) 파견을 정지하고 새로운 황제인 흥종(興宗)의 연호를 사용하지 않고 전 황제 성종의 연호를 사용하는 등 강경책을 썼다. 거란 사절의 입국을 거부하기도 하고, 북방 지역에 성을 신축하기도 하였다.

그러나 고려에서 덕종의 뒤를 이어 정종(靖宗)이 즉위하자 1037년(정종 3)에는 거란에 대한 외교정책이 온건책으로 전환되었다. 그럼에도 거란은 보주 지역에 성보(城堡)를 쌓아 고려를 압박하였다. 고려가 철거를 요구하자 거란은 침략 의도가 아니라 농경지 확보 차원이라고 해명하였다. 이 문제는 고려가 이의를 제기하지 않게 되자 거란도 더 이상의 군사 행동을 하지 않는 선에서 타협이 이루어졌다. 이러한 상황 속에서 고려는 1068년(문종 22)에 송과의 국교 재개를 통해 연합전선을 구축하였다. 이에 거란은 1072년부터 송과의 영토분쟁을 제기하였고, 1075년에는 고려에 영토 반환을 제안하며 양국의 교류를 막고자 하였지만 실패하였다.

각장(榷場) 재설치 문제도 주요 현안으로 등장하였다. 1086년(선종 3)에 요의 도종(道宗)은 1010년에 폐지되었던 각장을 다시 설치하자고 제안해 왔다. 그러나 고려는 이에 대한 반대의 뜻을 분명히 하였다. 고려 측에서는 각장 설치로 국경 부근에서 거란의 세력이 다시 커지는 것을 원치 않았기 때문이었다. 이후 거란은 각장 설치를 강력히 요구해 왔으나, 고려는 강온 양면책을 쓰면서 반대함으로써 각장은 설치되지 않았다.

그러나 양국 간의 교류 과정에서 인적·물적 교류가 수반되었다. 거란과의 전쟁 과정에서 획득한 거란 포로들이 있었으며, 내부 혼란기에 고려에 귀화한 자들도 많았다. 예종 때에는 이들 거란인의 수가 수만에 이르렀다고 한다. 이들은 집단거주지에 정착하면서 각자의 재주와 기술에 따라 기구나 복식의 제조에 참여하여 고려의 수공업 발전에 이바지하였다.

거란에 잡혀간 고려인 포로들이 거주하는 집단부락도 있었다. 거란 중경도(中京道)에 속한 고주(高州) 삼한현(三韓縣)은 거란 성종에게 끌려간 고려인들이 거주하였기에 붙여진 이름이었다. 동경도(東京道)의 귀주(歸州)도 고려인들이 주로 살았던 마을이었다. 거란의 대장경이 고려에 들어와 대장경 조판 사업에 영향을 준 것도 양국 교류의 결과였다.

경제적인 교류도 활발하였다. 우선 양국의 경제교류에 있어 각장을 통한 민간무역은 활발하지 않았다. 고려의 반대로 각장의 설치가 일시적이었기 때문이다. 대신 사절을 통한 공식적인 조공무역이 활발히 전개되었다. 거란의 사절이 묵을 수 있는 객관인 영은관(迎恩館)·인은관(仁恩館)·선은관(宣恩館) 등을 설치하여 숙소 겸 시장의 역할을 하게 하였다. 이를 통해 고려가 거란에 수출한 품목은 금·은·동과 포면류·화문석 등의 공예품, 문방용품 및 인삼, 차 등이었다. 거란에서 들어온 물품은 말이나 양, 능라 등이었다. 그러나 전반적인 면에서 볼 때 송과의 물자 교류보다는 소극적이었다 하겠다.

관련 사료

❶ 서희(徐熙)가 아뢰기를 "식량이 넉넉하면 성을 지킬 수 있고, 전쟁에서 승리할 수 있습니다. 전쟁의 승부는 강약에 있는 것이 아니라 빈틈을 노려서 행동하는 데 달려 있을 뿐입니다. 어찌 황급히 쌀을 버리려고 하십니까? 하물며 양식이란 백성들에게는 목숨입니다. 차라리 적에게 이용 되더라도 헛되이 강물에 버릴 수 있겠습니까? 더구나 하늘의 뜻에도 부합하지 못할까 염려됩니다"라고 하니 성종도 그렇게 여기고 그만두게 하였다. 서희가 또 아뢰기를 "거란의 동경(東京)으로부터 우리나라 안북부에 이르는 수백리 땅은 모두 생여진(生女眞)이 차지하고 있던 것을 광종(光宗)이 취하여 가주(嘉州), 송성(松城) 등의 성을 쌓았습니다. 이제 거란이 온 의도는 이 두 개의 성을 탈취하려는 데 불과한데 그들이 고구려의 옛 땅을 취하겠다고 공언[聲言]한 것은 사실 우리가 두려운 것입니다. 지금 그들의 병력 규모가 성대한 것을 보고 황급히 서경 이북을 떼어 준다면 이는 계책이 아닙니다. 더구나 삼각산(三角山) 이북도 역시 고구려의 옛 땅인데 저들이 끝없는 욕심으로 요구해오면 다 줄 수 있겠습니까? 하물며 땅을 떼어 적에게 준다는 것은 만세의 치욕입니다. 전하께서는 도성으로 돌아가시고 저희들로 하여금 적과 한 번 전투하게 한 후에 다시 의논하여도 늦지 않을 것입니다"라고 하였다. 《고려사》 권94, 열전7 서희)

❷ (현종 원년 11월) 거란의 군주가 친히 기병과 보병 40만을 거느리고 의군천병(義軍天兵)이라 부르면서 압록강을 건너 흥화진(興化鎭)을 포위하였다. 강조(康兆)가 병력을 이끌고 통주성(通州城) 남녘으로 나가서 전군을 나누어 세 부대로 삼아 (거란군과) 강을 사이에 두고 진을 쳤다. 하나는 통주 서방에 군영을 갖추게 하였는데 강조는 세 갈래의 물이 모여드는 곳에 의거하여 지키고 있었다. 또 하나는 통주와 가까운 산에 군영을 갖추었고, 다른 하나는 통주성에 부속시켜 군영을 갖추었다. 강조가 검차(劍車)를 진에 배치하여 거란병이 들어오면 검차들이 합공하니 초목이 쓰러지듯 엎어지지 않는 적병이 없었다. 거란병이 여러 번 퇴각하자 강조는 마침내 적을 경시하는 마음이 생겨 다른 사람과 바둑을 두었다. 거란의 선봉 야율분노(耶律盆奴)가 상온(詳穩) 야율적로(耶律敵魯)를 거느리고 삼수의 방어선[三水砦]을 격파하였다. 진주(鎭主)가 거란병이 이르렀음을 보고했으나 강조는 곧이듣지 않고 말하기를, "입안의 음식처럼 적으면 입맛에 맞지 않으니 많이 들어오게 하라"라고 하였다. 또 다시 보고하기를, "거란병이 이미 많이 들어왔습니다"라고 하였다. 강조가 놀라 일어나면서 "정말이냐?"라고 하는데 아찔하더니 그 뒤에 목종이 나타나서 꾸짖기를 "네 놈도 끝장이구나. 어찌 천벌을 피할 수 있겠느냐?"라고 하는 것 같았다. 강조는 즉시 투구를 벗고 무릎을 꿇고 말하기를, "사죄드립니다. 사죄드립니다"라고 하였는데 말이 채 끝나기도 전에 거란병이 들이닥쳐 강조를 결박하여 전(氈 : 모포)으로 싸서 메고 갔으며, 이현운(李鉉雲)도 포로가 되었다. 거란의 군주(君主)가 강조의 포박을 풀어 주고 묻기를 "너는 나의 신하가 되겠느냐?"라고 하니 대답하기를 "나는 고려 사람인데 어찌 다시 너의 신하가 되겠느냐"라고 하였다. 또다시 물어도 그 대답이 처음과 같았고, 또 칼로 살을 베어 내면서 물어도 대답은 역시 처음과 같았다. (거란주가) 이현운에게 물으니 답하기를 "두 눈으로 이미 새 일월을 우러러보았으니(兩眼已瞻新日月), 한 마음으로 어찌 옛 산천을 생각하겠습니까(一心何憶舊山川)"라고 하니 강조가 분노하여 이현운을 걷어차면서 "너는 고려 사람인데 어째서 이런 말을 하느냐?"라고 하였다. 거란이 드디어 강조를 죽였다. 《고려사》 권127, 열전40 강조)

생각해 보기

1. 서희가 강동 6주를 획득할 수 있었던 배경은 무엇일까?
2. 강조의 정변을 어떻게 평가할 수 있을까?
3. 고려의 대거란 외교 전략은 무엇이었을까?

참고문헌

1. 김위현, 《고려시대 대외관계사 연구》, 경인문화사, 2004.
2. 김재만, 《고려·거란 관계사 연구》, 국학자료원, 1999.
3. 박옥걸, 《고려시대 귀화인연구》, 국학자료원, 1996.
4. 방동인, 《한국의 국경획정연구》, 일조각, 1997.
5. 신복룡 외, 《고려실용외교의 중심 서희—최고의 협상 리더십을 만나다—》, 서해
   문집, 2010.
6. 윤영인, 《10~18세기 북방민족과 정복왕조 연구》, 동북아역사재단, 2009.
7. 이정신, 《고려시대의 정치변동과 대외정책》, 경인문화사, 2004.
8. 장페이페이 외 지음, 김승일 옮김, 《한중관계사》, 범우, 2005.
9. 정해은, 《고려시대 군사전략》, 군사편찬연구소, 2006.

4 금(여진)과의 관계

여진과의 관계

고려 중기에 들어오면서 북방에서는 여진(女眞)이 흥기하고 있었다. 여진은 시기에 따라 숙신(肅愼) 또는 말갈(靺鞨) 등으로도 불리었는데 현재의 중국 길림성 일대에 살던 북방 민족이었다. 길림성 동북 지역에 살던 여진을 생여진(生女眞)이라 하였고, 그 서남에 살던 여진을 숙여진(熟女眞)이라 하였다. 이들은 남북국시대를 거치면서 점차 남하하여 신라 말·고려 초에 이르러서는 함경도 일대와 평안북도 일대에까지 흩어져 살게 되었다. 고려에서는 동북 방면의 여진을 동여진 또는 동번(東藩)이라 하였고, 서북 방면의 여진을 서여진 또는 서번(西蕃)이라 하였다.

이들은 고려 태조 때부터 추진된 북진정책과 맞물려 가끔씩 고려와 충돌을 벌이곤 했다. 고려는 이들에 대해 이른바 '은위병용(恩威幷用)'의 정책을 시행하였다. 침략하는 여진에 대해서는 무력 토벌을 했지만, 우호적인 여진에 대해서는 식품이나 의류를 하사하고 귀순해 온 추장들에게는 무산계(武散階)나 향직(鄕職)을 수여했던 것이다. 그들은 대체적으로 고려를 부모의 나라로 생각하면서 협조적이었다. 그것은 금(金)의 시조가 고려인으로 알려져 있는 데서도 엿볼 수 있다.

그러나 송화강(松花江) 지류인 아르추카강 유역에서 완안부

(完顏部)가 일어나 세력을 키워 동남쪽으로 남하해 내려왔다. 특히 오아속(烏雅束)이 추장이 되면서 고려에 복속해 있던 여진 부락을 경략하고, 이를 피해 오던 여진인들을 추격하여 정주(定州)의 장성(長城)에까지 이르기도 하였다. 이때가 1104년(숙종 9) 무렵이었다. 이를 좌시할 수 없었던 고려는 임간(林幹)을 중심으로 정벌군을 편성하여 출동하였으나 패하였다. 뒤이어 윤관(尹瓘)이 출동하였으나 다시 대패하고 겨우 화약을 맺고 돌아왔다. 고려에서는 패전의 원인이 병력 편성에 있다고 분석하였다. 즉 적은 기병 중심인데 아군은 보병 중심이기 때문에 적을 당할 수가 없다는 것이었다. 이에 숙종은 별무반(別武班)을 편성케 하였다. 별무반은 기병으로 구성된 신기군(神騎軍)과 보병으로 구성된 신보군(神步軍), 그리고 승려들로 구성된 항마군(降魔軍)으로 편성되어 있었다.

그러나 숙종은 여진 정벌의 뜻을 이루지 못하고 죽었는데 그 뒤를 이은 예종이 부왕의 뜻을 이어 받아 여진 정벌에 착수하였다. 1107년(예종 2)에 여진이 침략하였다는 보고가 들어오자, 예종은 윤관을 원수로 하고 오연총(吳延寵)을 부원수로 하여 17만 대군을 이끌고 동여진을 치게 하였다. 고려군은 연전연승하여 135개의 여진 부락을 함락하였다. 그리고 점령 지역에 9개의 성을 쌓았다. 함주(咸州)·영주(英州)·웅주(雄州)·길주(吉州)·복주(福州)·공험진(公險鎭)·통태진(通泰鎭)·숭령진(崇寧鎭)·진양진(眞陽鎭)을 신축하고 남방의 민호를 옮겨와 살게 하였다. 그런데 이 9성의 위치에 대해서는 몇 가지 견해가 있다. 여말 선초의 사료에서는 두만강 북쪽 700여 리 지점까지 위치해 있었다고 본 반면, 조선 후기의 일부 실학자나 일인 학자들은 길주 이남 함흥평야 일대로 보고 있다. 한편 함흥평야 지역에서 더욱 북상하여 두만강 이북지역까지로 보는 견해도 제시되어 있다.

이에 여진은 빼앗긴 영토를 되찾기 위해 여러 방법을 동원하였다. 완안부는 조직적으로 반격전을 개시하였다. 윤관은 이들을 막기 위해 다시 출동했으나 일진일퇴를 거듭하였다. 1109년(예종 4)에는 길주와 공험진이 함락의 위기에 처하게 되었고 이를 구원하러 갔던 오연총의 군대가 대패하여 전세가 불리한 쪽으로 전개되었다. 한편으로 여진은 사절을 보내와 9성의 반환을 요구해 왔다. 그들은 "만약에 9성을 돌려주고 생업에 편안토록 해주신다면 우리는 하늘에 고하여 맹세하고 대대로 자손에 이르기까지 삼가 공물을 바칠 것이며, 또한 돌조각 하나라도 고려의 경계 너머에 던지지 않도록 할 것입니다"라고 하였다. 고려에서는 전쟁으로 인한 막대한 물자와 인명피해를 막기 위해 1109년 7월에 9성을 돌려주기로 결정하였다.

금국 성립 이후의 관계

여진의 완안부 세력은 더욱 강성해졌다. 1113년에는 오아속의 뒤를 이은 아골타(阿骨打)가 즉위하여 동북면의 여진을 통합한 후 거란의 요군(遼軍)도 격파하였다. 드디어 1115년에는 황제를 칭하고 금(金)을 건국하였다. 이가 바로 금 태조(太祖)였다.

금은 요에 대한 공격을 계속하면서 고려에 대해서는 고압적인 외교를 요구해 왔다. 1117년(예종 12)에 이르자 금은 고려에게 형제관계를 통보해 왔다. 금 태조는 사절을 보내와 "형인 대여진 금국 황제가 아우인 고려 국왕에게 조서를 보낸다"라는 말로 시작되는 문서를 보내와 지금까지는 부모의 나라로 섬겼지만 이제부터는 형제관계로 상호 우의를 다지기를 바란다고 알려왔다. 이에 고려 조정에서는 분기충천하여 금의 사절을 죽여야 한다는 논의까지 있었다. 그러나 이 문서는 예종에게 상주되지 않고 묵살하는 선에서 그쳤다. 이런 가운데 금은 더욱 성장하여 여진 부족을 통일하고 1125년(인종 3)에는 거란군을 대파하여 요를 멸망시켰다. 이러한 국제정세를 인식한 고려는 그해 5월 사절을 금에 파견하여 평화적 교섭을 시도하였다. 그러나 금 태종(太宗)은 고려 측의 문서가 국서(國書)로서의 형식을 갖추지 않았으며, 칭신(稱臣)하지도 않았음을 들어 입국을 거부하였다. 이른바 '군신

관계(君臣關係)'를 요구하였던 것이다.

이 소식을 접한 고려는 1126년에 백관 회의를 개최하여 대책을 논의하였다. 대부분의 신하들은 칭신은 불가한 일이라 하였으나, 당시 이자겸의 난을 통해 정권을 잡고 있던 이자겸·척준경 등이 사태의 불가피성을 내세워 금에 대한 사대를 결정하였다. 이에 따라 고려는 1126년 4월에 정응문(鄭應文)과 이후(李候) 등의 사절을 보내 '표를 올려 신하를 칭하는[上表稱臣]' 예를 올리게 되었다. 그러자 금도 같은 해 9월에 사절을 보내와 양국 외교의례의 기준을 정한 칙명을 보내왔다. 이로써 금과의 공식적인 외교가 시작되었다.

그런데 이후에도 금과 고려와의 관계가 순탄치만은 않았다. 때때로 여러 문제가 발생하기도 하였다. 그 중 먼저 들 수 있는 것이 보주의 영유권과 서서(誓書)의 문제였다. 보주는 지금의 의주(義州) 지역으로 압록강 동쪽에 위치한 대중국 군사·교통의 요지였다. 이 지역은 서희가 강동 6주를 획득할 때 고려의 소유가 된 지역이었다. 그러나 거란은 이를 반환하라는 명분으로 침략하여 이곳에 성을 쌓고 이름을 포주(抱州)라 하였다. 고려 측에서는 거란에 다시 이의 반환을 요구했으나 관철시키지 못하는 상황이었다. 그런데 여진족이 흥기하여 거란과 싸우는 과정에서 1117년(예종 12)에 거란군이 성을 비우고 도망하자 고려는 원수 김인존(金仁存) 휘하의 병력을 투입시켜 이곳을 취하고 의주방어사(義州防禦使)로 삼았다. 뒤이어 남방의 백성을 이주시켜 서북방 방어의 요충지로 삼았다.

그런데 인종 4년 공식적인 외교가 시작되자 금이 들고 나온 것이 바로 보주 문제였다. 금 태종은 사절을 통해 보주 내에 있는 고려인들을 다시 고향으로 돌려보내야 하며 보주 탈환 때 금의 도움이 있었음에 대해 감사하다는 공식적인 〈서서(誓書)〉를 올려야 보주를 고려의 영토로 인정해 주겠다는 내용을 통보해왔다. 그러나 고려에서는 보주가 원래 고려의 영토였음을 들어 완곡하게 금의 요청을 거부하였다. 이렇게 이 문제는 양측의 견해 차이로 통교 초기의 4년 동안 8차례의 사절이 오가기도 하였다. 그러나 송의 황제까지 금에 인질로 잡혀가 있던 상황을 인식한 고려에서는 결국 1129년(인종 7)에 사절을 파견하여 서서를 전달하였다. 거기에는 "충성스런 마음이 하늘의 태양같이 밝을 것이요, 만일 이 맹세를 어긴다면 하늘이 벌을 내릴 것입니다"라는 맹세의 문구가 적혀 있었다. 이로써 보주 문제는 일단락되었으나 고려의 자존심은 잠시 접어두어야 했다.

다음은 신왕(新王)의 책봉 문제였다. 책봉(冊封)은 사대 외교에 있어 조공(朝貢)에 짝하는 선행의례였다. 금은 통교 후에도 16년이 지난 1142년에 와서야 인종을 고려국왕으로 책봉한 것이다. 이에 따라 비로소 금의 황통(皇統) 연호를 사용하게 되었다. 신왕 책봉의 문제는 1170년(의종 24)에 무신들이 정변을 일으켜 의종을 폐하고 그의 아우 익양공(翼陽公) 호(晧)를 명종(明宗)으로 즉위케 하면서 발생하였다. 무인들은 집권하자마자 유응규(庾應圭) 등을 보내 왕이 불치병을 앓고 있어 할 수 없이 왕위를 교체하게 되었다는 내용의 표문을 올려 신왕의 책봉을 요구하였다. 표문을 읽은 금 세종(世宗)은 자세한 내용을 알아본 후에 책봉을 결정하기로 하고 일단 사절단은 돌아가게 하였다. 그러나 유응규는 책봉 조서를 받지 못하면 돌아가지 않겠다고 하면서 단식으로 일주일을 버티었다. 그의 충성심에 감동한 세종은 조서를 내려 간단한 조사 후 바로 책봉하겠다고 하였다. 이에 금은 사신 완안정(完顔靖) 등을 파견하여 왕위 교체 사실을 파악하려 하였으나 고려 신하들의 공작으로 의종을 만나보지도 못하고 환대만 받고 돌아갔다. 고려는 다시 책봉을 요구하는 사신을 보냈고 금도 고려와의 불편한 관계를 원치 않았던 입장에서 1172년(명종 2)에 사절을 보내 명종을 고려왕으로 책봉하였다.

이러한 문제에도 불구하고 고려와 금과의 사이에는 많은 사신이 오가면서 평화적인 외교가 전개되었다. 금과의 외교는 1126년(인종 4)에 보내온 금의 칙명에 따라 요(遼)와 동등하게 하였다. 이에 따라 고려에서 금에 파견하는 정기적인 사절로는 천수절(天壽節) 및 만수절(萬壽節)로 불리는 금 황제의 생일에 보내는 절일사(節日使), 신년 인사를 위해 동짓달에 파견하는 하정사(賀正使), 고려 왕의 생일에 금에서 보낸 생신사(生辰使)에 대한 감사의 표시로 보내는 사생일사(謝生日使), 3년에 한 번씩 금나라에서 보내는 횡선사(橫宣使)에 대한 감사로 보내는 사횡선사(謝橫宣使) 등이 있었다. 이 밖에 사안에 따라 비정기적으로 파견되는 사절도 있었다. 왕의 책봉에 감사하는 의미로 보내는 사책봉사(謝冊封使), 왕의 즉위를 알리기 위해 파견하는 고주사(告奏使), 특별한 문제가 있거나 특별한 정세를 알리기 위해 금에서 파견한 선유사(宣諭使)에 대한 답례로 파견하는 사선유사(謝宣諭使), 금 황제의 등극을 축하하는 하등극사(賀登極使) 및 국상(國喪) 때에 보내는 각종 칙제사(勅祭使) 등이 있었다. 흉례(凶禮)에도 사절 교환이 있었는데 고려에서 왕의 부음을 알리면 금에서는 제전사(祭奠使)·조위사(弔慰使)·기복사(起復使) 등을 파견하고 만 3년 후에는 낙기복사(落起復使)를 파견하여 상이 끝났음을 전하고 다음 왕에 대한 책봉을 거행하였다. 이에 대하여 고려는 감사의 표시로 '사(謝)'자를 앞에 붙여 사칙제사·사기복사·사낙기복사 등을 파견하는 것이 상례였다.

고려와 금과의 경제교류는 송과 요에 비해 활발치 못했던 것이 사실이다. 학술이나 사상의 교류도 별로 없었다. 그러나 교류가 전혀 없었던 것은 아니었다. 기록이 많지 않으나 사행 무역으로 고려에서 금으로 수출한 것은 금, 은, 동, 가는 모시, 굵은 베, 품질이 좋지 않은 비단인 견주(絹紬), 견사(絹絲), 차, 인삼, 종이 등이었다. 고려의 문방 용품도 금나라 사람들에게는 인기 있는 수입품의 하나였다. 한편 금으로부터 받은 물품으로는 금인(金印), 옥책(玉冊), 수레, 말 등과 금이나 견사 등의 예물을 받았다. 특수한 회사품으로는 주로 횡선사를 통해 전달되는 양(羊)이 있었다. 그것은 그들이 유목 민족이었기 때문이었다.

또 국경 지역에 설치한 각장(権場)을 통한 무역도 있었다. 압록강 방면으로는 의주와 정주에서, 요동쪽으로는 정평이나 청주에서 각장 무역이 이루어졌다. 그러나 12세기 초 요·금 교체기나 13세기 초 금·원 교체기와 같이 북쪽 변방에 변화가 생길 경우에는 국가의 안전을 위해 각장이 폐지되기도 하였다. 그러나 이는 밀무역으로 이어져 고려의 쌀과 저포가 금의 견사나 비단·은 등과 교환되었으며, 변방이 혼란스러울 때는 고려의 미곡이 높은 가격으로 거래되기도 하였다.

관련 사료

❶ 윤관(尹瓘)이 참지정사·판상서형부사·겸 태자빈객으로 승진하여 왕에게 아뢰기를 "신(臣)이 적의 세력을 관찰하니 매우 완강하여 예측하기 어렵습니다. 마땅히 군사를 쉬게 하고 전열을 가다듬어 후일에 대비해야 할 것입니다. 또한 신이 패하게 된 원인은 적들은 기마병인데 아군은 보병이어서 대적할 수가 없었습니다"라고 하였다. 이에 건의하여 비로소 별무반(別武班)이 성립되었으며, 문(文)·무(武)의 산관(散官), 서리(史胥)들로부터 상인, 복예(僕隸) 및 주(州), 부(府), 군(郡), 현(縣)에 이르기까지 모두 말을 소유한 자는 신기군(神騎軍)으로 삼고, 말이 없는 자는 신보(神步)·조탕(跳蕩)·경궁(梗弓)·정노(精弩)·발화(發火) 등의 군으로 삼았다. 20세 이상의 남자로서 과거응시자가 아닌 자는 모두 신보군에 배속시키고, 서반[武班]과 여러 진(鎭), 부(府)의 군인들은 사철[四時] 계속하여 군사 훈련을 시켰으며, 또 승려[僧徒]를 선발하여 항마군(降魔軍)으로 삼고, 드디어 병사를 훈련하고 군량을 축적하여 다시 거병을 도모하였다. 《고려사》 권96, 열전9 윤관)

❷ (인종 4년 3월) 신묘일에 백관을 불러서 금(金)을 섬기는 문제에 대한 가부(可否)를 의논하니 모두 옳지 않다[不可]고 말하였다. 유독 이자겸, 척준경이 말하기를, "금이 예전에는 작은 나라여서 요(遼)와 우리나라를 섬겼으나 지금은 갑자기 흥성하여 요와 송(宋)을 멸망시켰으며, 정치가 잘 되고 군사는 강하여 날로 강대해지고 있다. 또 우리의 경계에 서로 접하고 있으니, 형편상 섬기지 아니 할 수 없다. 더구나 작은 나라로서 큰 나라를 섬기는 것은 선왕(先王)의 도(道)이니, 마땅히 우선 사절을 보내 방문[聘問]해야 합니다"라고 하니 왕이 이 말을 따랐다. 《고려사》 권15, 세가15 인종 4년 3월)

생각해 보기

1. 고려가 여진에게 다시 9성을 돌려준 것은 잘한 것일까?
2. 이자겸 세력의 금에 대한 '상표칭신(上表稱臣)' 정책은 타당한가?
3. 동아시아 국제정세의 세력균형은 어떻게 유지되었을까?

참고문헌

1. 김상기, 《동방사논총》, 서울대출판부, 1974.
2. 박옥걸, 《고려시대의 귀화인연구》, 국학자료원, 1996.
3. 방동인, 《한국의 국경획정연구》, 일조각, 1997.
4. 심재석, 《고려국왕책봉연구》, 혜안, 2002.
5. 이정신, 《고려시대의 정치변동과 대외정책》, 경인문화사, 2004.
6. 장페이페이 외 지음, 김승일 옮김, 《한중관계사》, 범우, 2005.
7. 정해은 등, 《고려시대 군사전략》, 군사편찬연구소, 2006.
8. 정해은, 《고려, 북진을 꿈꾸다 – 고구려 영토 회복의 꿈과 500년 고려전쟁사》, 플래닛미디어, 2009.

5 원(몽고)과의 관계

몽고의 침략과 그 영향

금이 쇠퇴하면서 북방에서는 몽고(蒙古)가 새로운 강자로 떠오르고 있었다. 몽고족은 원래 현재의 몽고 평원 지역에 살고 있던 유목 민족인데 13세기 초 테무진[鐵木眞]이 여러 부족을 통일하면서 강대한 세력으로 성장하였다. 1206년(희종 2)에 그는 칭기즈칸[成吉思汗]의 지위에 올라 몽고의 태조(太祖)가 되었다. 그는 주변으로 영토 확장을 꾀하여 서쪽으로 탕구트[黨項]족이 세운 서하(西夏)를 정복하고, 1214년에는 금(金)의 수도를 함락하였다. 이에 금은 수도를 변경(汴京 : 지금의 開封)으로 옮겨 1234년까지 명맥을 유지하였다.

이런 가운데 금 내부에서는 거란족인 야율유가(耶律留可)의 반란이 일어나 요왕(遼王)을 자칭하였는데 부하와의 갈등으로 몽고에 투항한 후 오히려 거란족을 공격하였다. 그러자 몽고군에 쫓긴 거란족이 고려의 영내로 들어왔다. 고려에서는 이를 좌시할 수 없어 토벌군을 보내 이들을 공격하여 평양 동쪽에 있는 강동성(江東城)에 몰아넣었다. 한편 처음 야율유가의 진압 임무를 맡았던 금의 장수 포선만노(浦鮮萬奴)는 전쟁에서 패하자 처벌이 두려운 나머지 독립하여 지금의 간도 지방에 동진(東眞 : 東夏라고도 함)을 세웠다. 그러나 몽고에 정복당한 후 몽고군과 같이 거란족을 토벌하면서 강동성까지 몰려왔다. 이에 몽고군과 고려

군의 합동 작전으로 강동성은 함락되었다. 1218년(고종 5)의 일이었다. 이것이 고려와 몽고가 처음으로 접촉을 갖게 된 사건이었다. 이때 몽고는 강동성 함락이 자신들 덕분이라고 하면서 고려와 형제의 맹약을 강요하였고, 고려는 몽고에 세공(歲貢)을 바치기로 약조하였다.

그러나 몽고의 세공 요구가 나날이 횡포해졌고, 1225년(고종 12)에 몽고 사신 저고여(著古與)가 피살되는 사건이 일어났다. 저고여는 1221년부터 몽고의 사신으로서 고려에 드나들었는데 그 때마다 과도한 공물을 요구하고 돌아갔다. 마음에 들지 않는 공물은 고려 국왕 앞에서 집어던지는 무례한 행동까지 서슴지 않았다. 그러다가 돌아가던 중 압록강 너머에서 피살된 것이었다. 몽고 측에서는 이것이 고려의 소행이라 여겨 불편한 관계가 지속되었다.

1227년에 칭기즈칸이 죽고 그의 아들 오고타이가 태종(太宗) 황제가 되면서 1231년(고종 18), 몽고의 고려 침략이 개시되었다. 오고타이 자신이 친히 금을 정벌하는 군사를 일으키면서 살리타이[撒禮塔]에게 군사를 주어 고려를 침략케 하였던 것이다. 기병 중심의 몽고군은 의주(義州)를 거쳐 귀주성(龜州城)에 도달했으나, 박서(朴犀) 장군의 강력한 저항을 받자 귀주를 내버려두고 남하하여 개경을 압박하였다. 이에 고려가 강화를 청하자 살리타이는 서북면 지방의 40여 성에 민정감찰관인 다루가치[達魯花赤]를 남겨두고 철수하였다.

일단 위기는 면했으나 고려에서는 나름의 대책을 강구해야 했다. 이리하여 당시의 최우 정권은 끝까지 항전할 것을 결의하고, 1232년에 강화도로 천도하였다. 강화도는 수전에 약한 몽고의 예봉을 피할 수 있었고, 남부 지방의 조세도 해로를 통해 받아들일 수 있었기 때문이었다. 육지에 남아 있던 주민들은 산성이나 섬으로 피난하도록 권고하였다.

고려의 항몽 의지는 몽고를 자극하여 그 이후에도 여러 차례 고려를 침략하여 괴롭혔다. 몽고는 약 30년간 6차례나 군사를 보내 고려를 침략하였던 것이다. 비록 몽고가 강화도는 점령하지 못했지만 육지에 있는 주민들은 살육을 면치 못하였다. 많은 문화재의 피해도 속출하였다. 대구 부인사에 보관 중이던 초조대장경이 소실되었으며, 경주의 황룡사 9층탑도 불타 없어졌다. 그러나 고려가 가만히 앉아 당하고만 있지는 않았다. 용인 처인성(處仁城)에서는 승병장 김윤후(金允侯)가 부곡민들과 합세하여 적장 살리타이를 사살하는 전과를 올리기도 했으며, 충주성에서는 노비와 잡류들이 중심이 되어 몽고군을 격퇴하기도 하였다. 충남의 온수군(溫水郡 : 온양)과 예산의 대흥군에서는 향리 또는 수령의 지휘를 받은 주민들이 몽고군을 물리치기도 하였다.

그러나 시간이 지나면서 고려 측의 피해는 점점 더 커졌다. 이에 몽고와의 전쟁이 무모하다는 비판이 일게 되고 몽고와의 강화를 주장하는 사람들이 많아지게 되었다. 1258년(고종 45)에 무신 김준(金俊)과 문신 유경(柳璥)이 최의 정권을 타도하고 왕정복고가 이루어지자 고종은 이듬해에 태자(후의 원종)를 몽고에 보내 강화를 맺었다. 변량(汴梁)에 들어간 태자는 당시 유력한 황위계승자였던 아릭부케가 아니라 쿠빌라이(忽必烈)를 찾아가 협상의사를 밝혔다. 30여 년을 항전했던 고려의 입조는 쿠빌라이의 정치적 정통성에 일정한 기여를 했다. 귀국 후 왕위에 오른 원종(元宗)은 원과의 실질적인 강화를 이끌어냈다. 쿠빌라이도 황위에 올랐기 때문이었다. 강화의 내용 중에는 고려의 의관은 몽고식으로 고치지 않고 고려의 풍속에 따르도록 했으며, 전에 설치한 다루가치는 모두 서쪽으로 귀환한다는 내용도 들어 있었다.

그러나 몽고와의 강화를 반대하던 무신 임연(林衍)이 정권을 잡으면서 무리한 항몽이 다시 시작되었다. 김준을 제거한 임연은 멋대로 원종을 폐하기까지 하였으나 원의 개입으로 원종은 복위하였다. 이후 원종은 양국 간의 화의를 위해 몽고에 들어가 태자와 몽고 공주와의 혼인을 제의하였고 개경환도를 명령하였다. 이를 거부하던 임연의 아들 임유무는 피살되고 드디어 1270년(원종 11)에 개경 환도가 이루어졌다. 환도를 끝까지 반대하던 삼별초는 진도를 거쳐 제주도까지 옮겨다니면서 항전을 하기도 했다.

원 제국의 성립과 교류

고려의 항복을 받은 쿠빌라이[세조]는 1271년에 국호를 원(元)으로 바꾸었다. 이후 원종의 뒤를 이은 충렬왕은 원 세조의 딸 제국대장공주와 혼인을 함으로써 원의 부마국이 되었다. 이후 공민왕 때에 이르기까지 고려의 역대 왕들은 원 황실의 공주를 아내로 맞이해야 했다. 그에 따른 제도 개편도 뒤따랐다. 1275년(충렬왕 1), 원의 강요에 의해 관제 격하가 이루어져 중서문하성과 상서성을 합쳐 첨의부(僉議府)로 단일화하고 상서 6부도 개편하였다. 이부와 예부를 합쳐 전리사(典理司)로 하고, 병부는 군부사(軍簿司), 호부는 판도사(版圖司), 형부는 전법사(典法司)로 하고 공부는 폐지하였다. 추밀원은 밀직사(密直司), 어사대는 감찰사(監察司)로 개편되었다. 왕실 용어도 격하되었다. 왕의 묘호에 있어 '조(祖)'나 '종(宗)'을 쓰지 못하고 제후의 의미인 '왕(王)'을 써야 했으며 '폐하(陛下)'는 '전하(殿下)'로, '태자(太子)'는 '세자(世子)'로 격하되었다.

그뿐이 아니었다. 고려의 영토 일부가 원에게 넘어가기도 하였다. 쌍성총관부(雙城摠管府), 동녕부(東寧府), 탐라총관부(耽羅摠管府)가 그것이다. 쌍성총관부는 1258년(고종 45)에 동북면의 주민 조휘, 탁청 등이 병마사 신집평(愼執平)을 살해하고 원에 붙자, 원이 화주[영흥]에 설치한 것으로 철령 이북의 땅이 몽고에 귀속하게 되었다. 동녕부는 1269년에 임연이 원종을 폐하자 임연을 처단한다는 명분을 내세워 서북면의 최탄·한신 등이 반란을 일으켰다. 그러나 원종이 복위하자 이들은 몽고에 귀순하였고 이듬해인 1270년(원종 11)에 서경에 동녕부가 설치되어 몽고의 직할령이 되었다. 탐라총관부는 1273년(원종 14)에 여몽 연합군이 삼별초군을 토벌한 뒤에 탐라국초토사(耽羅國招討司)를 두면서 비롯되었다. 몽고는 이후 이를 군민도달로화적총관부(軍民都達魯花赤總管府)로 명칭을 바꾸고 다루가치를 파견하여 목마장으로 활용하였다.

원은 또 정동행성(征東行省)을 설치하여 고려의 내정을 간섭하였다. 정동행성은 원래 여·원연합군의 일본 정벌을 위해 설치한 관청이었으나 원정이 끝난 뒤에도 그대로 남아 고려 통치의 주요 관부로 삼았다. 원의 고려에 대한 간섭은 경제적 수탈과 더불어 인물의 요구에까지 이르렀다. 원은 여러 가지 명목으로 금·은·포 등의 공물을 요구하고 인삼·잣·약재 등의 특산물을 수탈하였다. 특히 매 사냥을 위해 매를 요구하기도 했는데 이를 충당키 위해 고려에서는 응방(鷹坊)이란 관청이 설치되기도 하였다. 왕족이나 귀족의 자제를 인질로 요구하는 사태도 있었다. 이들을 독로화(禿魯花)라 하였다. 공녀(貢女)와 환관(宦官)의 요구도 있었다. 고려의 젊은 처녀들을 징발하여 궁녀로 일하게 하였는데 그 중에는 기황후(奇皇后)처럼 황제의 아내가 된 이도 있었고, 귀족들의 부인이 되어 권력을 행사하는 이도 있었다. 또 원은 환관을 요구하기도 했는데 이것이 출세의 기회라 생각한 일부 고려인은 스스로 거세하는 일까지 있었다. 원에서 고려로 온 사람들도 있었다. 즉 원나라 공주의 심부름꾼으로 온 겁령구(怯怜口)들이 있었다. 이들 중에는 고려에 귀화한 인물도 있었는데 인후(印侯), 장순룡(張舜龍) 등이 그들이다.

이러한 인적·물적 교류 때문에 문화적 교류도 수반되었다. 체두변발(剃頭辮髮)이라 하여 앞머리는 깎고 뒷머리는 땋는 몽고식의 머리 모양과 몽고식 복장이 고려에서 유행하기도 하였다. 이를 '몽고풍(蒙古風)'이라 하였다. 몽고어도 들어왔다. 왕이 먹는 식사를 '수라'라 한다든다 '갓바치' '장사치' '가물치'와 같이 끝말에 '치[赤]'가 붙는 것도 몽고어의 영향이었다. 소주(燒酒) 제조법이 고려에 전래되어 고려인들의 술 문화에 큰 영향을 미치기도 하였다. 원나라에서도 고려 사람들이 많이 활동하게 됨에 따라 고려의 의복과 기물·음식 등이 유행하기도 하였는데 이를 '고려양(高麗樣)'이라 하였다.

고려 말기의 정치와 대원 관계

한편 고려의 왕들은 원의 영향력 하에서 많은 고초를 겪기도 했으며 왕위 계승쟁탈전에 휘말리기도 하였다. 원종의 뒤를 이어 충렬왕(忠烈王)이 왕위에 올랐으나 1295년(충렬왕 21)에 세자[후의 충선왕]가 원에서 귀국하여 국정에 참여하기도 했다. 그러나 권문세족들의 반대로 다시 원으로 돌아갔다. 1298년에 충렬왕은 왕위에서 물러나고 세자가 왕위에 올랐으니 이가 곧 충선왕(忠宣王)이었다. 그는 나름대로 개혁을 하였으나 실패하고 원으로 돌아갔다. 이후 충선왕은 10년 후인 1308년에 부왕의 죽음으로 다시 왕위에 올랐다. 원의 무종(武宗) 옹립에 공을 세우면서 왕위에 복위하였던 것이다. 그의 뒤를 이은 충숙왕도 잠시 개혁을 위해 노력한 일이 있으나 큰 진전을 보지 못하고 아들 충혜왕(忠惠王)과의 갈등으로 왕위를 충혜왕에게 잠시 물려준 적도 있다. 그러나 충숙왕은 다시 집권하였고 그 뒤를 이어 즉위한 충혜왕은 원래 통치자로서의 자질이 없어 재위 5년 만에 원으로 소환당하여 게양현(揭陽縣)으로 유배가던 도중 악양(岳陽)에서 죽었다. 이처럼 충렬왕과 충선왕, 충숙왕과 충혜왕은 왕위계승싸움을 벌여 두 번씩이나 왕위에 올랐다. 그것은 원을 둘러싼 세력 다툼에 원인이 있었던 것이었다.

1344년에 충혜왕의 뒤를 이어 충목왕(忠穆王)이 즉위하였다. 그 해에 원에서는 황하의 대범람이 있었다. 황하 하구가 바뀔 만큼 큰 대홍수로 100만호 이상이 굶주리고 인육까지 먹는 사태가 발생하였다. 이로써 원 제국의 쇠퇴는 더욱 가속화되고 있었다. 이를 틈타 고려에서는 다시 개혁의 바람이 불기 시작하였다. 당시 충목왕의 나이는 8세였으므로 그 개혁의 주요 담당자는 신하들이 맡을 수밖에 없었는데 그들이 바로 이제현(李齊賢)과 왕후(王煦)였다. 정치도감(整治都監)을 중심으로 개혁을 하였으나 기황후의 일족인 기삼만(奇三萬)이 옥사하는 사건으로 인하여 실패하고 말았다. 충목왕의 뒤를 이어 충정왕(忠定王)이 12세의 나이로 즉위하였으나 재위 3년 만에 폐위되어 강화도로 유배 갔다 살해되었다.

1352년에 충정왕의 뒤를 이어 그의 숙부인 공민왕(恭愍王)이 즉위하였다. 이즈음 원은 황제계승권과 귀족들의 권력쟁탈전으로 동요와 쇠퇴의 징조가 만연하였다. 원의 마지막 황제인 순제(順帝)는 사치와 방탕으로 재정을 낭비하고 백성들을 도탄에 빠뜨렸다. 이를 틈타 각지에서는 한족(漢族) 반란군이 봉기하였다. 방국진(方國珍)이 군대를 일으키고 한산동(韓山童)·유복통(劉福通) 등의 홍건적이 봉기하였다. 이어 곽자흥(郭子興)·장사성(張士誠)이 봉기하였다.

이러한 분위기에 편승하여 공민왕은 반원개혁 정책을 실시하는 한편 한족반란군 토벌에 참여했던 인당, 권겸 등으로부터 쇠약해가는 원의 상황을 보고받았다. 이런 상황을 감지한 원은 1356년(공민왕 5) 2월에 공민왕에게 '친인보의선력봉국창혜정원공신(親仁保義宣力奉國彰惠靖遠功臣)'이라는 12자로 이루어진 공신호를 내려 회유하였다. 그러나 그 해 다시 반원개혁정치를 하여 기철 일당을 제거하고, 쌍성총관부를 수복하였다. 원은 고려의 사신을 감금하고 80만 대군을 동원하여 정벌하겠다는 위협을 가해 왔다. 정면 대결을 꺼린 공민왕은 원의 연호를 다시 사용하고 서북면을 공격했던 인당을 사형시키면서 원에 사과하였다.

1359년과 1361년, 두 차례에 걸친 홍건적의 침입과 그 격퇴 과정에서 1363년에 평장사 김용(金鏞)이 총병관 정세운(鄭世雲)을 비롯하여 3원수[安祐·金得培·李芳實]를 살해하고 북상도중 흥왕사(興王寺)에서 임시거처를 마련하고 있던 공민왕을 습격하는 사건이 발생하기도 하였다. 또 그 몇 달 후에는 원이 일방적으로 공민왕을 폐위하고 충숙왕의 아우 덕흥군(德興君)을 왕으로 삼아 고려로 향하게 하였다. 그러나 최영·이성계에 의하여 덕흥군과 최유(崔濡) 세력은 격퇴당하고 원도 공민왕을 다시 복위시켰다.

그러던 중 1365년(공민왕 14)에 왕비인 노국대장공주가 죽게 되어 시름에 빠져 있던 공민왕은 신돈(辛旽 : 원래 승명은 遍照)이라는 승려를 등용하여 다시 한 번 대대적인 개혁을 단행하였다. 그 와중에 1368년, 공민왕은 명과 통교하는 문제를 논의하게 하였다. 이를 눈치 챈 북원에서는 공민왕에게 우승상(右丞相)을 제수하여 회유하였다. 일찍이 고려왕에게 준 바 없는 원나라 최고의 관직이었다. 그러나 신돈이 물러가고 공민왕의 친정이 시작되면서 1370년, 그는 드디어 명으로부터 '고려국왕(高麗國王)'에 책봉되었다.

이렇듯 원의 간섭하에 정치가 진행되면서 특기할 것은 일부 세력들이 고려를 원에 편입시키려 했다는 것이다. 이를 '입성(立省) 책동'이라 한다. 그 논의를 처음 제기한 자는 홍중희(洪重喜)였다. 그는 몽고 침입 초기부터 몽고에 붙어 반역 행위를 하던 홍복원의 손자로서 요양(遼陽) 지역의 지배권을 가진 심왕(瀋王)에 봉해지자 원의 무종(武宗) 옹립에 공을 세운 충선왕을 견제하기 위해 고려에 새로운 행성을 세워 원의 내지처럼 통치하도록 건의했던 것이다. 이 책동은 충선왕을 비롯하여 이제현과 방신우 등의 반대 운동으로 좌절되고 말았다.

이 논의는 1323년(충숙왕 10)에 다시 일어났다. 심왕이었던 왕고(王暠)의 일파인 유청신(柳淸臣)·오잠(吳潛) 등이 충숙왕을 해하고자 입성을 건의한 것이다. 그러나 이제현 등이 이를 막고자 노력하였고 원 내부에서도 반대자가 많아 좌절되었다. 이후에도 두 차례 더 '입성책동'이 있었으나 성공하지 못하고 다행히 고려국 체제는 유지되었다. 이는 고려가 원의 간섭을 받는 특수한 상황에서 연출된 것이고, 고려국왕과 심왕과의 갈등·대립은 원이 조장한 측면도 컸음을 부인할 수 없다.

관련 사료

❶ 최이(崔怡 : 崔瑀)가 수도를 강화로 옮기려고 자기 집에 재추(宰樞)들을 모아서 의논하였는데 모두 두렵고 위축되어 감히 말하지 못했다. 야별초지휘(夜別抄指揮) 김세충(金世沖)이 문을 떠밀고 들어와서 힐난하며 말하기를, "송도(松京)는 태조 이래로부터 역대로 지켜온 지 2백여 년입니다. 성이 견고하고 군량이 넉넉하니 진실로 있는 힘을 모아 사직(社稷)을 사수하는 것이 마땅한데 이곳을 버리고 장차 어디에 도읍을 정하겠습니까?"라고 하였다. 최이가 성을 지켜 낼 대책을 물으니 김세충이 대답하지 못하자 대집성(大集成)이 최이에게 일러 말하기를, "김세충은 아녀자처럼 함부로 발언해서 국가의 큰 의논을 저지하려 하니 청컨대 참수하여 전국(中外)에 보이십시오."라고 하였다. 김현보(金鉉甫)는 대집성의 비위를 맞추느라고 역시 그렇게 말하였으므로 드디어 김세충을 끌어내어 참수하였다. 최이는 드디어 왕에게 빨리 궁전을 떠나 강화도로 갈 것을 요청했으나 왕은 미루고 아직 결정하지 못했다. 최이가 녹전차(祿轉車) 1백여 대를 빼앗아 자기 집 재산을 강화도로 운반하고 해당 기관으로 하여금 기일을 한정하여 서울 5부(部)의 인호(人戶)를 출발시키게 하였다. 그 방(牓)에 이르기를 "제 기일 내에 강화도로 떠나가지 않는 자는 군법에 따라 논죄한다"라고 하였다. 또 여러 도(道)에 사람을 파견하여 백성들을 산성(山城)과 섬으로 이주하게 하고, 2령(領)의 군사들을 보내 강화도에 궁궐을 짓게[營建] 하여 드디어 천도하였다. 그때 장맛비가 10여 일이나 계속 내려서 진창이 무릎까지 빠지고 사람과 말이 쓰러지고 넘어졌다. 고관대작[達官] 및 양가(良家)의 부녀들도 맨발로 짐을 등에 지거나 머리에 이고 가는 지경이었으며, 홀아비, 과부, 고아, 늙어서 자식 없는 사람들은 몸 둘 곳이 없어서 부르짖고 통곡하는 자들이 이루 셀 수가 없었다. 《고려사》 권129, 열전42 최이)

❷ (이제현이) 뒤에 다시 원(元)에 갔을 때 유청신(柳淸臣)과 오잠(吳潛)이 도성(都省)에 상서(上書)하여 성(省)을 세워 우리나라를 원의 내지(內地)와 같게 할 것을 청하였다. 이제현이 글을 지어 도당에 올리기를, "… (귀국에서는) 공주를 출가시켜 대대로 외가와 친가의 우호[甥舅之好]가 독실하여 예전의 풍속을 고치지 않고 종묘사직(宗廟社稷)을 보전해 왔습니다. 이것들은 세조(世祖) 황제의 명령[詔旨]에 의거한 것입니다. 지금 들으니 조정[元]이 소방[小邦 : 고려]에 대해 행성(行省)을 세워 원의 행정구역[路]과 같게 하려 한다고 합니다. 만일 그러하다면 소방의 공로는 논하지 않더라도 세조의 명령[詔旨]은 어떻게 하겠습니까? … 엎드려 바라건대 집사(執事) 각하께서는 세

조께서 고려의 공로를 염두에 둔 뜻을 따르고 《중용(中庸)》이 세상에 훈계한 말씀을 기억하시어 나라는 그 나라대로, 사람은 그 사람대로 두어 그들이 정치와 부세를 처리[修]하게 하시고 울타리[藩籬]로 삼게 하시어 우리가 무궁한 아름다움을 받들게 하소서. 이 어찌 삼한의 백성들만이 집집마다 경사로 여겨 성덕(盛德)을 노래하고 읊조릴 뿐이겠습니까? 종묘사직의 혼령들도 그윽한 경계에서 눈물을 흘릴 것입니다"라고 하였다. 의논이 드디어 그치었다.
《고려사》 권110, 열전23 이제현)

생각해 보기

1. 최우의 강화천도를 어떻게 평가할 수 있을까?
2. 삼별초 항쟁의 성격을 어떻게 평가할 수 있을까?
3. 고려가 몽고의 압제하에서 국맥을 유지한 이유는 무엇일까?

참고문헌

1. 강재광, 《몽고침입에 대한 최씨정권의 외교적 대응》, 경인문화사, 2011.
2. 고병익, 《동아교섭사의 연구》, 서울대출판부, 1970.
3. 김당택, 《원간섭기의 고려정치사》, 일조각, 1998.
4. 김일우, 《고려시대 탐라사 연구》, 신서원, 2000.
5. 김호동, 《몽고제국과 고려》, 서울대출판부, 2007.
6. 노계현, 《려몽외교사》, 갑인출판사, 1993.
7. 동북아역사재단, 《13~14세기 고려-몽고관계 탐구》, 동북아역사재단, 2011.
8. 백인호, 《고려후기 부원세력 연구》, 세종출판사, 2003.
9. 보르지기다이 에르데니 바타르, 《팍스몽골리카와 고려》, 혜안, 2009.
10. 윤용혁, 《고려대몽항쟁사연구》, 일지사, 1991.
11. 윤용혁, 《고려 삼별초의 대몽항쟁》, 일지사, 2000.
12. 윤용혁, 《여몽전쟁과 강화도성 연구》, 혜안, 2011.
13. 이승한, 《쿠빌라이칸의 일본 원정과 충렬왕》, 푸른역사, 2009.
14. 장동익, 《고려후기 외교사연구》, 일지사, 1991.
15. 주채혁, 《몽·려 활겨레문화론》, 혜안, 2011.

6 명과의 관계

공민왕대의 대명관계

공민왕에 의한 일련의 개혁 속에서 신진사류가 크게 성장하였다. 약간의 성향 차이는 있지만 이색(李穡)을 중심으로 정몽주(鄭夢周)·이존오(李存吾)·임박(林樸)·박상충(朴尙衷)·이숭인(李崇仁)·정도전(鄭道傳)·박의중(朴宜中)·윤소종(尹紹宗)·권근(權近) 등은 모두 과거출신자들로 개혁의 의지를 갖고 있었던 인사들이었다. 신돈에 의한 개혁도 1369년(공민왕 18)부터 시작된 가뭄과 신돈 자신의 부정으로 퇴색하고 신돈은 이듬해인 1370년에 수원으로 유배되었다가 그 곳에서 처형당하였다.

이렇듯 점차 세력을 확장하게 된 신진사류들은 권문세족들과는 달리 새롭게 중국에서 대두하고 있던 명(明)과 관계를 맺는 경향이 있었다. 친원정책을 비판하던 정도전·정몽주·이숭인·임박 등이 1375년에 유배되고 있는 것에서 알 수 있다. 그것은 또한 공민왕의 외교정책과 관련이 있었다. 공민왕도 원의 영향력을 완전히 벗어날 수 없었지만 한편으로는 새롭게 등장한 남방의 한인 세력과 외교를 시도하고 있었다. 가장 먼저 교빙한 세력은 장사성이었다. 그는 1357년(공민왕 6) 7월에 처음 사신을 파견한 것을 시작으로 1365년까지 8년간 13회에 걸쳐 사절을 보내왔다. 고려에서도 두 번이나 사절을 보내 교빙하였다. 방국진도 1358년부터 1365년까지 5차례나 고려에 사절을 보냈다. 공민왕은 이를 통해 대륙의 정세를 파악할 수 있었고 명이 건국하자 곧바로 교류할 수 있었다.

명(明)은 곽자흥의 부하였던 주원장(朱元璋)이 오왕(吳王)에 즉위한 후 장사성과 방국진을 평정하고 1368년(공민왕 17)에 세운 국가였다. 명이 건국하자 고려에서는 재빨리 사신을 보내 통교하였다. 이미 그 이전에 공민왕은 원과 통교하면서도 새롭게 등장하는 명에 대해 많은 관심을 가지고 있었다. 즉 1368년 9월, 고려사람 김지수(金之秀)가 원나라로부터 돌아와서 말하기를, "명의 수군 1만여 척이 통주(通州)에 정박하고 서울로 들어가니 원나라 황제와 황후는 상도(上都)로 달아나고, 황태자도 전패하여 또 상도로 달아났다"라는 보고를 받고 백관에게 명령하여 명과의 통교 문제를 의논할 것을 지시하였다. 그리고는 그해 10월, 원에 황태자의 생일을 축하하기 위한 사신을 파견하면서도 곧 이어 예의판서 장자온(張子溫)을 파견하여 오왕(吳王)을 예방하였던 것이다. 그해 말에는 다시 이성서(李成瑞)를 원에 보내 신년을 축하케 하는 양단 외교를 펼쳤다.

이에 북원(北元)은 이듬해인 1369년 3월에 공민왕을 회유하기 위해 그에게 우승상(右丞相)이라는 파격적인 직책을 수여하였다. 고려는 왕중귀(王重貴)를 북원에 파견하여 사은표(謝恩表)를 보내는 한편 황제의 생신을 축하하였다. 그러나 4월에 명의 황제가 부보랑(符寶郎) 설사(偰斯)를 파견하여 황제의 친서와 선물을 보내오자 5월에는 원의 지정(至正) 연호 사용을 정지하였다.

이렇게 하여 명과의 교류가 시작되었으나 명은 점차 고려를 위협하기 시작하였다. 그것은 1373년에 명에서 귀국한 고려의 사신 일행이 가져온 홍무제(洪武帝)의 선유(宣諭)에 잘 나타나 있다. 거기에는 명의 사신 손내시(孫內侍)를 독살한 혐의가 있으며, 고려 측 사신이 정탐을 한 혐의가 있고, 요동의 오왕(吳王)과 통교한 것에 대한 힐책 등이 포함되어 있었다. 그리고 1년에 수차례 교빙하던 것을 3년에 한 번씩만 사절을 보내도록 하였다. 해로(海路)를 이용하여 오는 것도 금지하였다.

우왕 이후의 대명관계

그런 가운데 공민왕은 자제위 소속의 홍윤과 내시 최만생에 의해 살해당하고, 뒤를 이어 우왕(禑王)이 왕위에 올랐다. 공민왕의 시해에는 친명정책을 반대하던 권문세족의 사주가 있었으리라 추측된다. 이 무렵 고려는 새롭게 흥기한 명과의 관계 때문에 골치를 앓고 있었다. 명은 공민왕의 피살과 우왕의 즉위에 대해 의심을 가지고 우왕의 책봉을 미루고 있었다. 게다가 우왕이 즉위한 1374년, 고려에 사신으로 왔던 명의 사신 채빈(蔡斌)이 귀국하던 도중 김의(金義)에게 피살당하는 사건이 일어났다. 김의는 북원으로 도망하였다. 이 사건으로 고려와 명과의 관계는 악화되었고, 고려에서 보낸 사절을 억류하는 사태까지 발생하였다. 나아가 명은 고려의 집권 세력에게 책임을 추궁하면서 우왕의 책봉을 빌미로 하여 막대한 양의 공물을 요구하였다. 그러자 고려에서는 북원(北元)과의 관계를 재개하고 우왕에 대한 북원의 책봉을 받아들이면서 명을 견제하였다. 1377년(우왕 3)과 1380년에 북원으로부터 책봉을 받았던 것이다. 그러나 새롭게 부상하는 명의 요구를 받아들이지 않을 수 없었다. 우왕은 명의 요구를 수용하고 책봉을 받음으로써 정통성의 취약점을 극복하려 하였다. 당시 집권자였던 이인임은 원과 명을 동시에 통교하는 양단외교정책을 폈지만 종국에는 명과의 친교를 택할 수밖에 없었다. 그리하여 1385년에는 그 때까지 미루어오던 신왕의 책봉과 전왕의 시호를 얻게 되면서 명과의 관계는 잠시 원만해졌다.

그러나 철령위(鐵嶺衛) 문제로 명과의 관계가 다시 악화되면서 고려에서는 어수선한 분위기가 연출되었다. 1387년 6월에 요동지역의 나하추[納哈出]를 평정한 명은 그 해 12월에는 드디어 우리나라 철령(鐵嶺) 이북의 땅을 회수하고 철령위를 설치하겠다는 통보를 해왔다. 철령위는 명이 요동을 경략해 나가는 과정에서 설치한 위(衛) 가운데 하나였다. 1368년에 주원장은 남경에서 칭제건원(稱帝建元)하여 사실상 한족에 의한 중국 통치가 개막되었지만, 여전히 화림(和林)과 요동(遼東) 등지에는 원의 남은 세력들이 저항하고 있었다. 명은 원의 잔존세력을 효과적으로 무력화시키기 위한 명군의 거점지역으로서 위소(衛所)를 설치하고 점차 확대해 나갔다. 철령위도 그중의 하나였던 것이다.

이 소식을 접한 고려는 박의중(朴宜中)을 사신으로 삼아 철령 이북으로부터 공험진까지는 원래 고려의 영토였음을 설명하고 철령위 설치의 중지를 요청하였다. 그러나 아무런 소식이 없자, 1388년(우왕 14)에 요동정벌(遼東征伐)을 단행하게 되는 것이다.

알려진 것처럼 이성계(李成桂)는 4불가론(四不可論)을 들어 요동정벌에 반대하였다. 그 중에는 작은 나라가 큰 나라를 거슬러서는 안 된다는 항목도 포함되어 있었다. 그러나 최영(崔瑩)은 이를 일축하고 우왕을 움직여 정벌을 단행하였다. 그리하여 최영 자신은 8도도통사(八道都統使)가 되고 조민수가 좌군도통사, 이성계가 우군도통사가 되어 5만여 대군을 거느리고 출정하였다. 그러나 우왕의 만류로 최영은 평양에 머물러 있었고, 이성계와 조민수만이 출정하여 압록강의 위화도(威化島)에 이르렀다. 여기서 이성계는 조민수를 설득하여 회군함으로써 최영은 고봉현(高峰縣)에 유배되었다가 1388년 12월에 참수되었다. 이로써 후일 왕위에 오른 이성계는 명을 사대할 수밖에 없는 운명에 처하게 되었다.

회군 이후 권력을 잡은 이성계는 우왕의 후계자를 두고 잠시 조민수와 대립하였다. 조민수는 우왕의 아들 창(昌)을 후계자로 세우자 했던 데 반해 이성계는 종실 가운데 사람을 택하여 우왕의 뒤를 잇게 하려 했다. 그러나 당대의 명유였던 이색(李穡)이 조민수를 지지함으로써 9세의 창왕(昌王)이 즉위하였다.

당시 집권 세력은 우왕과 최영에게 요동 공격의 책임을 전가하고 자신들이 옹립한 창왕의 책봉을 명에 요구했으나 거절당하였다. 고려의 왕위 교체에 대한 불신감과 더불어 요동 공략에 대한 불쾌감 때문이었다.

'김저(金佇) 사건'으로 창왕이 물러나고 그 뒤를 이어 공양왕(恭讓王)이 즉위하였다. 그는 명에 사신을 보내 국왕의 친조를 요청했으나 역시 거절당하였다. 1390년(공양왕 2)에 '윤이(尹彝)·이초(李初) 사건'으로 명과의 관계는 더욱 불편해졌다. 윤이·이초란 자가 명에 가서 이성계가 마음대로 왕을 폐하고 군대를 동원하여 명을 침략하려 한다고 밀고하였던 것이다. 이 사실은 명에 사신으로 갔던 왕방(王昉)·조반(趙胖) 등이 돌아와서 보고함으로써 밝혀졌다. 그러나 명은 이성계 세력에 대한 불신을 가지게 되었고, 끝내 명으로부터 공식적인 책봉을 받지 못하였다. 이후 명과의 관계는 조선으로 넘어가게 되었다.

관련 사료

❶ (禑王 즉위년 11월) 밀직사(密直使) 장자온(張子溫), 전공판서(典工判書) 민백훤(閔伯萱) 등을 파견하여 명(明)의 남경[京師]에 가서 공민왕의 죽음[訃告]을 전하고 공민왕의 시호와 우왕의 왕위 계승을 요청하였다. … 대명(大明)의 사신 임밀(林密), 채빈(蔡斌) 등이 돌아가는 길에 개주참(開州站)에 이르자 호송관 김의(金義)가 채빈과 그 아들을 살해하고 임밀을 붙잡아 드디어 북원(北元)으로 도망갔다. 명에 갔던 장자온, 민백훤은 도망하여 돌아왔다. 12월에 판밀직사사(判密直司事) 김서(金湑)를 북원(北元)에 보내 공민왕의 상사(喪事)를 알리게 하였다. (《고려사》 권133, 열전46 신우)

❷ (恭讓王 2년) 5월 초하루 계사일에 왕방(王昉)과 조반(趙胖) 등이 명의 남경으로부터 돌아와서 아뢰기를 "예부(禮部)에서 신 등을 불러 말하기를, '너희 나라 사람 윤이(尹彝)와 이초(李初)라는 자가 와서 황제에게 호소하기를, 고려 이시중(李侍中 : 이성계)이 왕요(王瑤 : 공양왕)를 세워서 왕으로 삼았는데 요는 종실(宗室)이 아니라 바로 친척[姻親]입니다. 요와 이성계가 병마(兵馬)를 동원하여 장차 상국[明]을 침범할 것을 모의하고 있습니다. 재상 이색(李穡) 등이 옳지 않다고 하니 즉시 이색 등 10명을 살해하고, 우현보(禹玄寶) 등 9인은 먼 곳으로 유배를 보냈습니다. 유배된 재상들이 몰래 우리들을 보내서 황제[天子]에게 고합니다. 청컨대 친왕(親王)이 천하의 군사를 동원해 와서 토벌해 주십시오.'라고 하였다 하고, 윤이와 이초 등이 기록한 이색 등의 성명을 꺼내어 보이면서 말하기를, '너희가 속히 본국에 돌아가서 왕과 재상들에게 말씀드리고 윤이의 글 속에 있는 인물들을 힐문하여 다시 와서 보고하라'고 하였습니다."라고 하였다. (《고려사》 권45, 세가45 공양왕 2년 5월)

생각해 보기

1. 공민왕 때의 친명정책의 득실은 무엇일까?
2. 명이 철령위를 설치하려는 목적은 무엇이었을까?
3. 요동정벌은 최선의 방법이었을까?

참고문헌

1. 김돈,《한국 고대·중세의 지배체제와 농민》, 지식산업사, 1997.
2. 김순자,《한국중세 한중관계사》, 혜안, 2007.
3. 심재석,《고려국왕책봉연구》, 혜안, 2002.
4. 장동익,《고려후기외교사연구》, 일지사, 1991.
5. 장페이페이 외 지음, 김승일 옮김,《한중관계사》, 범우, 2005.
6. 홍영의,《고려말 정치사 연구》, 혜안, 2005.

7

고려 말의 왜구

왜구의 시작

1270년(원종 11), 강화도에서 개경으로 환도한 고려 정부는 이후부터 원(元)의 간섭을 받아야 했다. 그러나 전성기를 구가하던 원도 서서히 쇠퇴를 보이기 시작하였고, 한족으로 구성된 반원세력은 명(明)을 세웠다. 이런 국외적 상황과 더불어 고려국내에서는 권문세족과 신진사류들 사이의 정치적 반목이 심화되었다. 국가의 근간이던 전시과 체제도 무너져 권문세족들에 의한 막대한 농장이 형성되었다. 반면 일반 백성들은 권세가들의 수취와 횡포에 시달리게 되었다. 뿐만 아니라 북방에서 침입한 홍건적과 남방에서 침입한 왜구로 인하여 많은 어려움을 겪게 되었다.

왜구(倭寇)란 말은 원래 '왜(倭)가 노략질하다[寇]'라는 말에서 온 것이다. 그러나 이것이 후대에는 명사로 굳어져 고려 말기에 노략질하던 왜의 집단을 가리키는 말이 되었다. 실제《고려사》에는 왜구와 함께 '왜적(倭賊)'·'왜노(倭奴)'·'해적(海賊)'·'해도(海盜)' 등의 표현으로 되어 있다.

이들의 침입은 이미 고려 중기부터 있었다. 1223년(고종 10) 5월에 '왜가 금주(金州 : 김해)를 노략질하였다'는 기사가 보이고 있는 것이다. 이후 1226년과 1227년에도 왜가 고려를 침략하였다. 그러자 고려에서는 왜국에 엄중한 항의를 하였다. 그들은 고려에 서신을 보내와 사과를 함과 동시에 우호관계를 맺고 통상할 것을 요구해 왔다. 고려도 이에 응하여 이후 몇 십 년 동안 왜의 침입은 없었다.

그러다가 원종 때에 와서 왜의 침입이 재발하였다. 1263년(원종 4)에 왜구가 금주(金州) 관내 웅신현(熊神縣 : 경남 진해)의 물도(勿島)에 침입하여 조공선을 약탈하였다. 1265년 7월에도 왜구가 남도의 연해 주군을 침략하자 삼별초의 군대가 이를 방어하기도 하였다. 그러나 1280년(충렬왕 6) 전까지 왜구의 침입은 확인되지 않는다.

1280년에 왜구가 고성(固城)과 합포(合浦)에 침입한 이래 1290년과 1323년(충숙왕 10)에 왜구의 침입이 있었다. 1323년에는 왜구들이 회원(會原 : 창원)의 조운선(漕運船)을 군산도(群山島)에서 약탈하였고, 또 추자도(楸子島) 등에 침구(侵寇)하여 남녀노약자들을 노략해 갔던 것이다. 그러나 그것은 간헐적인 것이었다. 그 규모도 크지 않아 피해도 적었다.

그러다가 1350년(충정왕 2)부터는 왜구의 침입이 본격화되었다. 즉《고려사》의 기록에 의하면 그해에 "왜구가 고성(固城)·죽림(竹林)·거제(巨濟)·합포(合浦)에 들어오자 천호(千戶) 최선(崔禪)·도령(都領) 양관(梁琯) 등이 싸워 이를 쳐부수고 삼백여 명을 죽였다. 왜구(倭寇)의 침입(侵入)이 이때부터 시작되었다"라고 되어 있는 것이다.

1350년 2월의 침입을 시작으로 4월과 5·6·11월 등 계속적인 침략이 있었다. 그 피해는 전라도의 순천·남원·구례·장흥 등지와 경상도의 동래군 등에 막대하였다. 이 때문에 전라도 진도에서는 백성들이 두려워 살지 못하게 됨으로써 현을 내륙으로 옮기는 사태까지 벌어졌다.

왜구의 침입은 1351년에도 계속되었다. 즉 그해 8월 왜선(倭船) 130척이 자연(紫燕)·삼목(三木) 2도(島)에 침구(侵寇)하여 민가를 불살라 거의 다 태웠다. 또한 남양부(南陽府)와 쌍부현(雙阜縣 : 경기 화성)에 침입해서는 식량을 약탈하기도 하였다. 조정에서는 인당(印璫)과 이권(李權) 등에게 명하여 이들을 치도록 했다. 그러나 이권은 장수가 아니라는 이유로 왕명에 따르지 않는 사태가 발생하기도 하였다. 그만큼 왜구에 대한 두려움이 컸기 때문이었다.

공민왕대의 왜구

왜구는 공민왕대에 들어오면서 더욱 기승을 부렸다. 1353년(공민왕 1)에 왜선 50여 척이 합포(合浦 : 경남 마산)를 침략한 것을 필두로 하여 1356년에는 왜구가 전라도의 조운선 200여 척을 노략질하기도 하였다. 1357년에는 왜(倭)가 강화도의 교동(喬桐)에까지 침구(侵寇)하였다. 그러나 방어 임무를 맡았던 이운목(李云牧)·이몽고대(李蒙古大)가 겁내어 맞서지 않자 왕은 명을 내려 순군(巡軍)에 가두었다. 그리고 경성(京城 : 개성) 일대에 계엄령을 내리기까지 했다. 이제 왜구는 고려의 서울인 개성 근처까지 횡행하게 되었던 것이다.

이러한 왜구의 창궐에 대해 고려조정에서는 왜구를 격퇴하는 데 공을 세운 자들에게 포상을 내리는 조치를 취하였다. 1358년 7월에 도평의사(都評議使)가 왕에게 포상을 신청하자 왕은 이를 허락하였던 것이다. 즉 전라도 도진무(全羅道都鎭撫) 유익환(兪益桓)이 왜(倭)와 싸워 수십 명을 살획(殺獲)하였고, 경상도진무(慶尙道鎭撫) 우승길(牛承吉)·고성 현령(固城縣令) 위양용(魏良用)이 왜와 싸워 7명을 살획하여 관직을 제수받았던 것이다.

그러나 왜구의 침입은 멈추지 않았다. 이 포상조치가 있은 직후 왜가 검모포(黔毛浦 : 전북 부안)에 침구(侵寇)하여 전라도의 조운선[漕船]을 불태웠다. 이때에 왜구에 막혀 조운(漕運)이 통하지 못하는지라 한인(漢人) 장인보(張仁甫) 등 6인으로 도강(都綱)을 삼아 각각 당선(唐船) 1척과 전졸(戰卒) 150인을 주어 전라의 조세를 운반케 하였다. 그러나 왜적이 바람을 타서 불을 놓아 태우니 고려군이 패배하여 사상자가 매우 많았다. 1360년에도 왜구가 강화도에 침입하여 300여 명을 죽이고 쌀 4만여 석을 약탈해갔다.

왜구의 침탈이 심각해지자 조정에서는 수도를 옮기려는 계획까지 세우게 되었다. 천도지로는 수원이 거론되기도 했다. 당시 일부 감찰사(監察司)의 관원들은 천도에 반대하였다. 즉 "그윽히 들건대 어가(御駕)가 수원(水原)에 행차하여 궁궐을 경영코자 한다하오니 수원은 좁고 바다에 가까이 있어 왜구가 염려되오며 맨처음 홍건적에게 항복하였으니 인심을 보장하기 어렵습니다. 그런데 청주(淸州)는 이미 순행을 준비하였고 또 3도의 요충에 당하여 양곡 운반에 편리하고 적이 능히 가까이 하지 못할 것입니다. 원컨대 아직 청주에 어가를 멈추었다가 서서히 농사의 틈을 기다려 경성(京城)의 근지(近地)를 가려 이어(移御)할 곳을 삼으소서. 이제 농사일이 바야흐로 바쁜데 어찌 가히 난리를 치른 백성을 사용하여 공역(工役)을 일으키겠습니까"하면서 반대하였다. 이에 따라 공민왕은 개경에서 멀지 않은 장단(長湍)을 새로운 천도지로 하여 궁궐을 짓고 공민왕 10년 천도하기도 했다.

1366년(공민왕 15)에 왜적이 또 조운선 3척을 탈취하였고 교동현을 다시 침략하니 경성이 매우 놀랐다. 1369년에도 왜구가 영주(寧州 : 천안)·온수(溫水 : 충남 온양)·예산·면주(沔州 : 충남 당진군 면천면)의 조운선을 약탈하였다. 1372년에는 동해의 안변(安邊)까지 출몰하여 서울로 보내기 위해 쌓아놓은 창고미 만여 석을 약탈하고 부녀자를 잡아갔다.

이처럼 왜구들이 주로 노린 것은 조운선과 창고에 쌓아놓은 쌀이었다. 그것은 그들의 침략 목적이 굶주림을 해결하기 위한 것이었다는 것을 알게 해준다. 당시 일본의 국내 사정이 대단히 어려웠다는 것을 반증해주는 것이기도 하다. 당시 일본은 1333년(충숙왕 2)부터 황실이 남북으로 갈라진 혼란기였다. 이를 남북조(南北朝) 시대라 하는데 이러한 혼란은 60여 년이나 지속되었다. 이러한 혼란과 전쟁 때문에 일본 내의 경제사정이 매우 어렵게 되었던 것이다.

그러나 1372년부터는 식량뿐 아니라 사람들까지 잡아가는 지경이었다. 그 이듬해에도 왜구는 양천(陽川 : 서울시 양천구)을 침략하고 한양부(漢陽府)

에 이르러서는 집을 불태웠을 뿐 아니라 많은 백성들을 사로잡아갔다. 이처럼 사람을 잡아간 목적은 이들을 노예로 삼아 값싼 노동력을 확보하기 위함이었다. 또 이들을 인질로 삼아 고려정부에서 식량을 받을 수 있었기 때문이다.

그러자 고려조정은 왜구를 물리치기 위해 명(明)에 화약을 보내줄 것을 청하기도 하였다. 1373년에 밀직부사(密直副使) 장자온(張子溫)이 주영찬(周英贊)을 대신하여 경사(京師 : 명의 서울)에 가서 기계·화약·유황·염초(焰硝) 등의 물건을 보내달라고 요청하였다. 물론 명은 이를 거절하였다. 다만 화약 제조에 필요한 염초(焰硝)와 유황을 고려에서 가져오면 이를 배합해 줄 것이라 하였다.

우왕대의 왜구와 홍산·황산 대첩

왜구의 창궐은 우왕(禑王 : 1374~1388)대에 와서 더욱 극심하였다. 1374년부터 1388년까지의 재위기간 동안에 왜구의 침입이 370여 회나 되었던 것이다. 우선 중요한 왜구침입 사례만 들어보자. 1376년 7월, 왜선 20여 척이 전라도원수영(全羅道元帥營)을 침입하여 노략질하고 또 영산(榮山 : 羅州)에 침입하여 노략질하여 전함을 불살랐다. 이에 전라도 원수(全羅道元帥) 유영(柳濚)이 왜를 영암에서 쳤다. 또 왜가 부여에 침입하여 노략질하다가 공주에까지 이르렀다. 목사(牧使) 김사혁(金斯革)이 정현(鼎峴)에서 싸우다가 패전하자 적이 드디어 공주를 함락하였다. 양광도 원수(楊廣道元帥) 박인계(朴仁桂)는 속현인 회덕 감무(懷德監務) 서천부(徐天富)가 구원하러 나가지 않았기에 이를 목베었다. 적이 또 석성(石城)에 침입하여 노략질하고 연산현(連山縣 : 충남 논산군 연산면) 개태사(開泰寺)로 나오자 박인계가 맞아 싸우다가 말에서 떨어져 죽었다. 왜구가 개태사를 도륙하였다.

개태사는 현재의 충남 논산군 연산면에 있는 절로 당시는 고려 태조의 영정이 봉안되어 있는 진전(眞殿) 사찰이었다. 이에 조정에서는 이들을 토벌할 대책을 논의하였다. 그러나 장수들이 두려워 서로 피하고 나서는 자가 없었다. 이때 노장 최영이 토벌을 자청하고 나섰다. 그는 왜구에 맞서 사졸들보다도 먼저 적진으로 돌진하였다. 더욱 사기가 오른 고려군은 왜구를 부여 홍산에서 크게 대파하였다. 이것이 유명한 '홍산대첩(鴻山大捷)'이었다.

당시 한 무리의 왜구는 도성 근처에까지 침입하였다. 이에 조정은 강화도 교동현(喬桐縣)의 백성을 근처로 옮겨 왜구를 피하게 하였다. 떠도는 소문에 왜가 장차 도성을 침입할 것이라 하여 밤중에 방리군(坊里軍)을 풀어 성을 지키게 하였다. 또 적이 먼저 송악으로 올라가고자 한다는 말이 나돌자 승려를 징발하여 군사를 삼아 중요한 곳을 나누어 지키게 하였다. 왜구를 막기 위하여 이제는 승려들까지 동원하게 되었던 것이다. 당시의 상황이 얼마나 다급했는지를 알려준다.

1377년(우왕 3) 5월에 왜가 밀성(密城 : 밀양)에 침입하여 촌락을 노략질하고 보리를 배에 실었는데 무인지경(無人之境)을 밟는 것과 같았다. 그러나 안동조전원수(安東助戰元帥) 왕빈이 쳐서 물리쳤다.

이러한 상황에 이르자 고려조정에서는 다시 서울을 옮기자는 천도 논의가 일어났다. 즉 경성이 바닷가에 있어 왜구를 예측할 수 없다하여 내지(內地)로 천도하고자 하였다. 원로대신 윤환(尹桓) 등을 모아 동(動)과 지(止), 두 자(字)를 써서 가부(可否)를 논의하였다. 천도는 아무도 원치 않는 일이었으나, 왜구가 침범하여 그 화가 자기에게 미칠 것을 두려워했기 때문에 모두 동자(動字)를 점[卜]하여 이름을 썼다. 그러나 오직 최영은 옳지 않다 하였다. 경복흥(慶復興)과 최영 등이 태조진전(太祖眞殿)에 나아가 점을 쳐서 지자(止字)를 얻었다. 그러나 우왕은 천도를 고집하면서 정당문학 권중화(權仲和)를 보내어 철원(鐵原)에서 택지(宅地)를 살펴보게 했다. 최영이 다시 극구 반대하여 천도는 이행되지 않았다.

1378년 7월에는 왜가 아주(牙州 : 충남 아산)에 침입하여 동림사(東林寺)에 들어왔다. 이에 최공철(崔公哲)·왕빈(王賓)·박수경(朴修敬) 등이 나아가 무찔러 3명을 목베고, 말 20여 필을 노획하였다. 일본에서 파송된 승려 신홍(信弘)은 조양포(兆陽浦)에서 왜구와 싸워 적선 1척을 사로잡아 모두 죽이고 잡혀 있던 고려의 부녀 20여 명을 돌려보내기도 하였다.

1379년 9월에는 왜가 단계(丹溪 : 丹城)·거창(居昌)·야로(冶爐 : 陜川) 등의 현에 침입하여 노략질하면서 가수현(嘉樹縣) 삼가(三嘉 : 경남 합천군 삼가면)에 이르렀다. 이에 도순문사(都巡問使) 김광부(金光富)가 맞섰으나 패하여 죽었다. 그러자 조정에서는 해인사(海印寺)에 소장한 역대실록(歷代實錄) 및 경사(經史)와 제서(諸書)를 선산(善山) 득익사(得益寺)로 옮겼다.

1382년에는 전라도원수(全羅道元帥) 지용기(池湧奇)가 명량향(鳴良鄉 : 전북 김제)에서 왜에 맞서 싸워 붙잡혀 있던 고려인 100여 명을 되찾아왔다. 그러나 충청도·전라도 일대에서 왜구의 노략질은 그치지 않았다. 왜가 서주(西州)에 침입했는가 하면 부여(扶餘)·정산(定山)·운제(雲梯 : 남원 지방)·고산(高山)·유성(儒城) 등의 현(縣)에 침입하고 드디어 계룡산(鷄龍山)에 들어갔다. 부녀와 어린이들은 왜구를 피해 산으로 도피했기 때문에 많은 사람들이 죽거나 약탈을 당했다. 양광도원수(楊廣道元帥) 김사혁(金斯革)이 왜구를 쳐서 패주(敗走)시켰으나 이들은 다시 청양(靑陽)·신풍(新豊)·홍산(鴻山)을 노략질하고 달아났다. 또 왜가 금주(錦州 : 금산)와 옥주(沃州)·함열(咸悅)·풍제(豊堤 : 용안 지방) 등의 현에까지 침입하였다. 이렇게 왜구가 창궐하자 가은현(加恩縣 : 문경 지방) 양산사(陽山寺)의 태조진영(太祖眞影)을 받들어 순흥(順興)에 옮겨 모셨다. 왜구를 피하기 위해서였다.

1382년 4월에는 왜를 사칭하는 무리들이 민가를 노략질하는 가왜(假倭) 행위까지 발생하였다. 화척(禾尺)이 무리를 이루어 거짓으로 왜구가 되어서 영해군(寧海郡)에 침입하여 관청과 민호를 불살랐던 것이다. 이에 판밀직(判密直) 임성미(林成味)와 동지밀직(同知密直) 안소(安沼)·밀직 부사(密直副使) 황보림(皇甫琳)·전 밀직 부사(前密直副使) 강서(姜筮) 등을 보내어 이를 추격하여 소탕하였고, 임성미(林成味) 등은 잡혀갔던 남녀 50여 명과 말 200여 필을 조정에 바쳤다.

이듬해인 1383년 6월에도 문주(文州)·강릉도(江陵道)의 화척(禾尺)과 재인(才人 : 광대)들이 거짓으로 왜적(倭賊)이 되어서 평창(平昌)·원주(原州)·영주(榮州)·순흥(順興)·횡천(橫川) 등의 지역을 노략질하였다. 화척은 양수척(楊水尺)이라고도 하였는데 여기저기 떠돌아다니면서 천민과 다름없는 생활을 하였다. 왜구의 침입으로 혼란한 틈을 타 노략질을 하여 사욕을 채우고자 한 것이었다.

이때에 이르러 왜구는 이제 해안뿐만 아니라 내륙 깊숙하게 들어와 횡행하였다. 즉 경상도(慶尙道)의 길안(吉安 : 안동 지방)·안강(安康)·기계(杞溪)·영주(永州)·신녕(新寧 : 영천 지방)·장수(長守 : 영천 지방)·의흥(義興)·의성(義城)·선주(善州) 등지는 물론 충청도의 단양(丹陽)·제주(堤州 : 제천)와 강원도 주천(酒泉 : 원주 지방)·평창(平昌)·횡천(橫川)까지 침략하였다. 이처럼 왜구가 내지에까지 함부로 들어오자, 충주(忠州) 개천사(開川寺)에 소장한 사적(史籍)을 죽주(竹州) 칠장사(七藏寺)로 옮기기도 하였다.

처음에 고려는 왜구를 회유하려고 하였다. 그러나 왜구가 근절되지 않자 강경책으로 이들을 토벌하였던 것이다. 최영의 홍산대첩과 나세(羅世)의 진포(鎭浦 : 금강 입구) 전투, 이성계의 황산대첩 등이 그것이다.

1380년에는 왜구가 500여 척의 선박으로 진포에 정박하고 해안을 노략질하였다. 그러나 나세와 최무선 등이 출동하여 적선을 불사르고 많은 왜구를 섬멸하였다. 이 전투에서는 최무선이 만든 화포(火砲)가 처음 사용되었다. 이를 '진포(鎭浦) 전투'라 한다.

그러나 이미 상륙한 왜구는 배로 돌아가지 못하고 전북 옥구에서 영동·상주를 거치면서 닥치는 대로 민가를 불사르고 노략질을 하였다. 이들은 남원 운봉(雲峰)에 이르러 더욱 횡포하였고 장차 개경을 향해 북상하겠다고 호언하였다. 놀란 조정에서는 이성계(李成桂)·변안렬(邊安烈) 등을 출전시켜 이들을 토벌케 하였다. 왜구는 아지발도(阿只拔都) 등이 중심이 되어 강력하게 저항했다. 그러나 이성계는 이들을 크게 격파하였으니, 이것이 이른바 '황산대첩(荒山大捷)'이었다.

수전(水戰)에서는 정지(鄭地) 장군이 남해의 관음포(觀音浦)에서 왜구를 격파하기도 하였다. 1389년에는 박위(朴葳)가 왜구의 근거지인 대마도(對馬島)를 정벌함으로써 왜구는 소멸되어 갔다.

관련 사료

❶ 왜구가 연산(連山) 개태사(開泰寺)를 도륙하였는데 원수(元帥) 박인계(朴仁桂)는 패배해 전사하였다. 최영(崔瑩)이 이것을 듣고 왜구를 칠 것을 자청하니 우왕은 최영이 늙었으므로 그만두게 하였다. 최영이 말하기를, "보잘 것 없는 왜구가 이와 같이 방자하고 난폭하니 지금 제압하지 않으면 후에는 도모하기 어려울 것입니다. 만일 다른 장수를 보내신다면 반드시 승리하여 복종시키지 못할 것이며, 병사들도 평소에 훈련이 부족하여 역시 보낼 수 없습니다. 신(臣)이 비록 늙었으나 뜻만은 쇠하지 않았으니 다만 종묘사직을 안정시키고 왕실을 보위하고자 할 뿐입니다. 서둘러 휘하를 인솔하고 가서 치게 해 주시길 바랍니다"라고 두 번 세 번 요청하였다. 이에 우왕이 허락하자 최영은 잠도 안자면서 행군하였다. 당시 적은 노약자들을 배에 태우고 장차 돌아가는 듯이 하다가 몰래 용맹한 정예 부대 수백을 보내 내지로 깊이 들어가 약탈(寇掠)하니 가는 곳마다 수수방관하여 감히 대적하는 자가 없었다. 왜구가 홍산(鴻山)에 이르자 함부로 살육과 약탈을 감행해 기세가 매우 강성하였다. 최영은 양광도 도순문사 최공철(崔公哲), 조전원수(助戰元帥) 강영(康永), 병마사 박수년(朴壽年) 등과 함께 급히 홍산(鴻山)으로 달려가 싸우고자 하였다. 최영은 우선 험준한 지형에 의거하였는데 3면이 다 절벽이고 오직 하나의 길만 통과할 수 있어서 모든 장수들이 겁을 먹고 두려워하여 나아가지 못하였다. 최영이 몸소 사졸(士卒)의 선두에서 힘을 다해 날카롭게 돌진하니 적은 초목이 쓰러지듯 엎어졌다. 어떤 적 하나가 숲속에 숨어 화살을 쏘았는데 최영의 입술에 맞으니 피가 흥건하게 흘렀으나 안색은 태연자약하였다. (최영이) 적에게 활을 쏘니 시위 소리와 함께 적이 쓰러졌고, 이에 맞은 화살을 뽑았다. 최영은 더욱 역전하여 마침내 적을 크게 무찔렀고, 태반을 사로잡거나 참하였다.
《고려사》 권113, 열전26 최영)

❷ 나세(羅世)를 연안군(延安君)으로 봉하고 해도원수(海道元帥)로 삼았다. 왜가 연안부(延安府)를 침략하자, 나세와 김해군(金海君) 김유(金庾)가 전함(戰艦) 50여 척을 거느리고 가서 공격하였다. 또 김유와 왜를 용강현(龍岡縣) 목곶포(木串浦)에서 공격해 2척을 노획하여 모조리 죽였다. 또 심덕부, 최무선(崔茂宣) 등과 전함 1백 척을 거느리고 왜적을 추포(追捕)하였다. 당시 적선 5백 척이 진포(鎭浦) 어구에 들어와 배를 매어 두고 병사를 나누어 지키게 하고는 언덕을 기어올라 흩어져 각 주, 군으로 들어가 방화와 약탈을 자행하니 시체가 산과 들을 덮었고, 곡식을 그 배로 운반하면서 땅에 버려진 쌀이 심한 곳은 한 자[尺] 두께나 되었다. 나세 등이 진포에 이르러 최무선이 제조한 화포(火砲)를 사용해 정박해 있던 배들을 불태우자 연기와 화염이 하늘을 덮었고, 배를 지키던 적병은 거의 다 타죽었으며 바다에 뛰어들어 죽은 자들도 역시 많았다. 《고려사》 권114, 열전 27 나세)

생각해 보기

1. 고려 말에 왜구가 창궐하게 된 배경과 고려에 끼친 영향은 무엇일까?
2. 최영이 늙은 몸으로 왜구토벌에 앞장선 것은 전공 때문이었을까?
3. 고려가 왜구대응책으로 채택한 천도의 타당성과 수도의 입지조건은 무엇일까?

참고문헌

1. 나종우, 《한국중세 대일교섭사연구》, 원광대출판국, 1996.
2. 이영, 《잊혀진 전쟁, 왜구》, 에피스테메, 2007.
3. 이영, 《왜구와 고려·일본 관계사》, 혜안, 2011.
4. 이현종, 《조선전기 대일교섭사 연구》, 한국연구원, 1964.

高麗史

1 중앙통치제도

3성 6부제의 성립

고려의 중앙정치제도는 그 초기에는 태봉의 것을 이어받았다. 최고통치기관인 광평성(廣評省)을 비롯하여 왕명을 받들어 시행하는 기구로 내봉성(內奉省)이 있었다. 이외에 군사 관련 기구로 순군부(徇軍部)와 병부(兵部)도 있었다. 930년경에는 내의성(內議省)이 신설되어 정사를 협의하고 간쟁하는 업무를 담당케 되었다.

그러나 고려의 정치체제는 성종 때 대체적인 골격이 형성되어 문종 때에 완성되었다. 즉 고려의 3성 6부(三省六部) 체제는 983년(성종 2)에 그 골격이 마련되었다. 성종은 당(唐)의 3성 6부제를 도입하여 관제를 정비하였다. 그리하여 당에서처럼 중서성(中書省), 문하성(門下省), 상서성(尙書省)의 3성이 병존하였다는 주장도 있다. 그러나 외형상으로는 분리되어 있어도 실제적으로는 중서문하성(中書門下省)과 상서성의 2성 체제로 운영된 것이 아닌가 한다.

우선 중서문하성의 기능과 구조를 보자. 중서문하성은 982년에 내사문하성(內史門下省)이 개편된 것이었다. 내부 구조는 크게 두 부분으로 갈라져 있었다. 백규서무(百揆庶務)를 관장하는 재부(宰府)와 간쟁(諫諍)과 봉박(封駁)을 맡은 낭사(郎舍)로 구분되었다. 재부에는 종1품인 중서령(中書令)·문하시중(門下侍中)

으로부터 종2품 지문하성사(知門下省事)까지가 그 관원이었다. 이 가운데 중서령은 실직이 아니고 명예직이나 증직(贈職)으로 이용되었다. 따라서 중서문하성의 장관은 문하시중이었다고 하겠다. 이들은 왕과 더불어 국사를 논의·결정하는 역할을 하였다. 이에 비해 낭사는 정3품인 좌우산기상시(左右散騎常侍) 이하의 관원들이 속해 있었다. 이들은 뒤에서 살피겠지만 어사대(御史臺)와 더불어 대성(臺省)이라 하여 왕의 행동이나 정사에 대한 간쟁, 잘못된 왕명에 대한 봉박을 담당하였다.

상서성 역시 상하의 2중구조로 되어 있었다. 즉 종1품의 상서령(尙書令)을 비롯하여 좌·우복야(左右僕射, 정2품)·지상서성사(知尙書省事, 종2품) 등이 속해 있는 상서도성(尙書都省)과 정3품의 상서(尙書)가 장관으로 있는 상서 6부(尙書六部)가 있었던 것이다. 그러나 상서령은 실직이 아니었고, 좌우복야도 허직(虛職) 또는 한직(閑職)으로 많이 이용되어 상서도성은 유명무실하였다. 반면 상서 6부에는 중서문하성의 재신(宰臣)이 겸하도록 되어 있는 판사제(判事制)가 있었다. 그리하여 실제적으로는 중서문하성의 재신이 상서 6부를 관할하는 형태였다. 한편 상서 6부는 이(吏)·병(兵)·호(戶)·형(刑)·예(禮)·공부(工部)의 서열로 되어 있었다. 각 부의 기능을 보면 상서이부는 문선(文選)·훈봉(勳封)의 일을 맡았으며, 상서병부는 무선(武選)·군무(軍務)·의위(儀衛)·우역(郵驛)의 일을 맡았다. 상서호부는 호구(戶口)와 공부(貢賦)·전량(錢糧)의 일을, 상서형부는 법률과 사송(詞訟)·상언(祥讞)의 일을, 그리고 상서예부는 예의(禮儀)·제향(祭享)·조회(朝會)·교빙(交聘)·학교·과거의 일을 맡았다. 상서공부는 산택(山澤)·공장(工匠)·영조(營造)의 일을 관장하였다.

중추원과 삼사, 그리고 대간

다음으로 중추원(中樞院)과 삼사(三司)는 송(宋)의 제도를 도입해 설치한 관부였다. 중추원은 송에 사절로 간 바 있던 한언공(韓彦恭)의 건의에 의해

991년(성종 10)에 설치되었다. 중추원은 왕명출납과 숙위(宿衛)·군기(軍機)의 일을 관장하였으며, 직무에 따라 상하 두 부서로 나뉘어 있었다. 상층부는 추부(樞府)라 하였는데, 여기에는 종2품의 판원사(判院事)·원사(院使)·지원사(知院事)·동지원사(同知院事)와 정3품의 부사(副使)·첨서원사(簽書院使)·직학사(直學士) 등의 관원이 속해 있었다. 이들 관원들은 추밀(樞密, 樞臣)이라 칭해지기도 했는데 중서문하성의 재신과 함께 재추(宰樞)로서 중요한 일을 처리하였다. 한편 정3품의 지주사(知奏事)·좌우승선(左右承宣)·좌우부승선(左右副承宣) 등은 승선방(承宣房)에 집무하면서 왕명의 출납을 관장하였다. 그리하여 이들은 왕과 직접 대화할 수 있는 권한도 가지고 있었다. 따라서 내상(內相)으로 불리기도 하였으며, 이들 직책을 후설직(喉舌職)이라 칭하기도 했다.

삼사(三司)는 중외 전곡의 출납과 회계 사무를 관장하였다. 여기에는 재신이 겸하는 판삼사사(判三司事) 1인과 사(使, 정3품)·지사사(知司事)·부사(副使)·판관(判官) 등의 관원이 속해 있었다. 원래 송의 삼사는 염철(鹽鐵)·탁지(度支)·호부(戶部)의 3부가 있어 국가재정 전반을 관장하였다. 그러나 고려에서는 호부가 상서성에 속해 있어 삼사는 다만 세공(稅貢)과 녹봉 등에 대한 회계·출납사무만을 관장했던 것이다.

시정(時政)을 논집(論執)하고 풍속을 교정하며 백관을 규찰·탄핵하는 임무를 맡았던 어사대(御史臺)도 있었다. 어사대 역시 당의 제도를 도입한 것으로 995년(성종 14)에 종래의 사헌대(司憲臺)를 고쳐 설치한 것이었다. 여기에는 정3품의 판사(判事)·대부(大夫), 종4품의 지사(知事)·중승(中丞) 및 종5품의 잡단(雜端)·시어사(侍御史) 등의 관원이 있었다. 이들 어사대의 관원은 중서문하성의 하부조직인 간관(諫官)들과 더불어 대간(臺諫)으로 합칭되기도 했다. 엄격히 말하면 양자의 기능에는 차이가 있었으나 직무수행 과정에서 중첩되는 부분이 있었던 것이다.

이들 대간들은 간쟁(諫諍)이나 봉박(封駁), 그리고 서경(署經) 등의 권한을 가지고 있었다. 따라서 재상들도 이들을 함부로 대할 수 없었고, 결과적으로는 왕권을 규제하는 측면도 내포하고 있었다. 그러기에 여기에는 신분과 언행에 흠이 없는 자만이 임명되었으며, 그 반대급부로 여러 가지 특권도 부여되어 있었다. 이들은 재직 시에 함부로 체포되지 않았으며, 왕과 직접 대면할 수 있는 권한도 부여되었던 것이다.

합좌 기구와 관직

고려의 독자적인 합좌기구로서 도병마사(都兵馬使)와 식목도감(式目都監)도 있었다. 도병마사는 주로 대외적인 국방·군사관계의 일을, 그리고 식목도감에서는 대내적인 격식·제도를 관장하였다. 그러나 도병마사가 과연 관부의 명칭이냐 하는 데에는 의문의 여지가 있다. 그것은 도병마사라는 관직에 임명된 인물들이 여럿 보이고 있기 때문이다. 예컨대 박성걸(朴成傑)·최충(崔沖)·왕총지(王寵之) 등이 도병마사의 직책을 가지고 있었던 것이다. 또한《고려사》권77, 백관지2에는 충렬왕 5년에 도병마사가 도평의사사(都評議使司)로 바뀌었다고 되어 있으나,《고려사절요》나《역옹패설》에는 도평의사(都評議使)라는 관직명으로 바뀌었다고 기술하고 있는 것이다. 따라서 도병마사는 관직이고 관청은 도병마(都兵馬)일 가능성도 있다.

도병마(사)에는 시중(侍中)·평장사(平章事)·참지정사(參知政事)·정당문학(政堂文學)·지문하성사(知門下省事)가 겸할 수 있는 판사(判事)가 있었으며, 6추밀(樞密) 및 직사 3품 이상이 임명된 사(使), 그리고 정4품 이상의 경(卿)·감(監)·시랑(侍郎)이 겸했던 부사(副使) 등이 있었다. 식목도감에는 성재(省宰)로서 임명된 사(使)와 부사(副使)·판관(判官) 등의 관원이 있었다. 그러나 이들 관부는 상설기관이 아니고 임시적인 회의기관에 불과하였다.

이 밖에도 고려에는 책문(冊文)이나 조서(詔書)[교서], 제고(制誥) 등의 왕명과 표(表)·전(箋) 등의 외교문서를 작성하였던 한림원(翰林院), 시정(時政)을 기록하여 역사를 편찬하는 임무를 맡았던 춘추관(春秋館, 史館), 예종 때 경서를 강론하고 서적의 보관을 맡았던 청연각(淸燕閣) 등의 문한기관(文翰機關)이 있었다. 또 하부 관청으로써 시(寺)·서(署)·도감(都監)·색(色)의 명칭을 가진 관부들도 있었다.

이들 관부에 속한 관원들은 몇 개의 등급으로 나뉘어져 있었다. 2품 이상의 재추와 3품 이하 6품 이상의 참상직(叅上職), 7품 이하부터 9품까지의 참외직(叅外職)으로 구분되어 있었다. 참상직과 참외직의 구분은 조회에 참여하느냐, 그렇지 못하느냐의 차이였다. 일상의 조회에 항상 참여한다는 뜻으로 5품 이상의 관원을 상참직(常叅職)이라 하기도 하였다. 또 관직 중에는 실제 업무를 보지 않는 산직(散職)도 있었다. 여기에는 문반 5품·무반 4품 이상의 검교직(檢校職)과 문반 6품·무반 5품 이하의 동정직(同正職)이 있었다.

고려의 중앙정체제도는 몇 가지 특징을 가지고 있다. 우선 고려 고유의 독자성이 강했다는 점이다. 당송의 제도를 도입했지만, 실제적 운영상에 있어서 동일할 수는 없었다. 당제와는 달리 고려는 2성 체제였다든가 문산계에 무신이 포함되었던 것 등이 대표적인 예이다. 또한 도병마(사)나 식목도감은 고려의 전통적인 합의제 기구였다.

둘째, 적어도 고려 전기에는 모든 권력이 중서문하성의 재신에게 집중되어 있었다는 점이다. 그것은 재신들이 상서 6부를 비롯한 여러 관부의 판사직을 겸했던 제도적 장치에서도 알 수 있다. 따라서 이들은 고려의 인사행정이나 군사업무·재정업무 전반에 걸쳐 간섭할 수 있었다. 이 같은 사정은 중추원의 추신들에게도 적용되나 재신보다는 하위였다. 그것은 추신이 재신보다는 한 단계 아래인 6부의 상서(尙書)나 도병마(사)·식목도감의 사(使)를 주로 겸임하였던 데에서 짐작할 수 있다. 이렇듯 권력이 몇몇 사람에게 집중됨으로써 매관매직이 성행할 수 있는 소지도 있었다. 그 당연한 결과로서 부패한 관리들에 의한 수탈이 강화될 수 있는 바탕이 마련되어 있었다고도 하겠다.

관련 사료

❶ 고려 태조가 나라를 건립한 초기에는 신라와 태봉의 제도를 참고[參用]하여 관청을 설치하고 직무를 분담하여 각종 정무[庶務]를 알맞게 처리하였다. 그러나 관직의 호칭에 혹 방언(方言)이 섞여 있는 것은 대개 초창기에 미처 개혁할 겨를이 없었기 때문이다. 2년에 3성(三省), 6상서(六尙書), 9시(九寺), 6위(六衛)를 세웠는데 대략 당(唐)의 제도를 모방한 것이다. 성종이 크게 새로 개혁[制作]하여 내외(內外)의 관(官)을 정하였으니 중앙[內]에는 성(省), 부(部), 대(臺), 원(院), 시(寺), 사(司), 관(館), 국(局)이 있었고, 지방[外]에는 목(牧), 부(府), 주(州), 현(縣)이 있었다. 관(官)은 일정한 직분이 있었고 위(位)에는 정원이 있었으니 이에 일대의 제도가 비로소 크게 갖추어졌다. 문종(文宗), 예종(睿宗)이 비록 조금씩 줄이기도 하고 늘리기도 하였지만 대체로 모두 성종의 옛 제도를 계승[承襲]하여 자손들도 준수한 바가 있었다. 《고려사》 권76, 지30 백관1 서문)

❷ 국가가 도병마사(都兵馬使)를 설치하고 시중, 평장사, 참지정사, 정당문학, 지문하성사로 판사(判事)를 삼고 판추밀 이하로 사(使)를 삼아서 (나라에) 큰 일이 있으면 회의를 하였다. 그러므로 합좌(合坐)의 이름이 있게 되었는데 한 해에 혹 한번 모이기도 하고 여러 해 동안 혹 모이지 않기도 하였다. 그 후에 고쳐 도평의사(都評議使)로 하였는데 혹은 식목도감사(式目都監使)라 칭하기도 하였다. 사대(事大)한 이래로 일이 많이 창졸간에 일어나 첨의(僉議), 밀직(密直)이 매번 합좌하였다. 《역옹패설》 전집1)

생각해 보기

1. 고려와 당·송의 중앙정치체제는 어떠한 차이가 있을까?
2. 대간은 왕권에 어떠한 영향을 끼쳤을까?
3. 도병마사는 관부일까, 관직이었을까?

참고문헌

1. 강은경, 《고려시대 기록과 국가운영》, 혜안, 2007.
2. 김대식, 《고려전기 중앙관제의 성립》, 경인문화사, 2010.
3. 변태섭, 《고려정치제도사연구》, 일조각, 1971.
4. 박용운, 《고려시대 대간제도연구》, 일지사, 1980.
5. 박용운, 《고려시대 관계·관직 연구》, 고려대출판부, 1997.
6. 박용운, 《고려시대 중서문하성 재신 연구》, 일지사, 2000.
7. 박용운, 《고려시대 상서성 연구》, 경인문화사, 2000.
8. 박용운, 《고려시대 중추원 연구》, 고려대 민족문화연구원, 2001.
9. 박용운, 《고려시대사》, 일지사, 2008.
10. 박용운, 《고려시기 역사의 몇 가지 문제》, 일지사, 2010.
11. 박재우, 《고려 국정운영의 체계와 왕권》, 신구문화사, 2005.
12. 이정훈, 《고려 전기 정치제도연구》, 혜안, 2007.
13. 周藤吉之, 《高麗朝官僚制의 硏究》, 法政大學出版局, 1980.
14. 周藤吉之, 《宋·高麗制度史 硏究》, 汲古書院, 1980.
15. 최정환, 《새로 본 고려정치제도 연구》, 경북대출판부, 2009.
16. 황선영, 《나말려초 정치제도사연구》, 국학자료원, 2002.

2 지방통치제도

지방통치제도의 성립 과정

고려의 지방통치체제는 태조 때 일단의 정비를 맞았다가 성종 때에 대폭적인 개편을 거쳐 현종대에 대체적인 완성을 보았다고 할 수 있다.

왕건은 즉위한 후에도 계속적인 정복활동을 펼쳤다. 그러한 정복 과정에서 지방제도가 변경·개편되기도 했다. 즉 그는 자신에게 귀부·협조했거나 딸을 준 지방세력의 출신지를 주(州)·부(府)로 승격시켜 주었다. 이에 따라 도호부(都護府)나 도독부(都督府)가 설치되기도 하였다. 반면 자신에게 불복한 지역의 중심지에는 직속군이나 외관을 주둔시키면서 주변지역을 통제하게 하였다. 이렇게 하여 고려 초에는 많은 주가 생겨났으며, 군·현의 '내속(來屬)' 관계가 발생하였던 것이다. 한편 금유(今有)·조장(租藏)이란 직책을 가진 지방의 토착세력이 지방의 행정과 조세업무를 관장하기도 했다.

이러한 군현제는 태조가 후삼국을 통일한 후인 940년(태조 23)에 일단의 정비가 이루어졌다. 고려 초에 개명된 군·현 단위의 소주(小州)는 어쩔 수 없었지만, 이때 새로이 대주(大州)가 정해졌다. 광주(廣州)·충주(忠州)·원주(原州)·청주(淸州)·공주(公州)·상주(尙州)·양주(梁州)·전주(全州)·광주(光州)·춘주(春州)·명주(溟州) 등이 그것이다. 이들 주는 모두 신라시대 9주 5소경 지역으로 명실상부한 대읍(大邑)이었다. 이 밖에 군·현의 내속관계 역시 재조정되었다.

이와 같은 군현제의 개편은 삼한공신의 책정, 역분전(役分田)의 제정 등과 밀접한 관련이 있는 일련의 조처였다. 이렇듯 태조 말년 경에는 군·현 단위의 소주와 명실상부한 대주가 섞여 있는 상태였다. 이들 지역에는 외관이 파견되지 않았고, 대체로 지방 세력의 자치에 맡겨져 있었다. 다만 도호부(都護府)·도독부(都督府) 등의 일부 지역에만 외관이 존재하였다. 이러한 군현제의 혼란상은 왕권의 강화와 더불어 개편될 필요성을 내재하고 있어 성종 때에 이르면 대대적인 개혁이 이루어졌다.

983년(성종 2)에 최승로(崔承老)의 건의를 받아들인 성종은 전국의 12개 주(州)에 주목(州牧)이란 외관을 파견하였다. 이때 설치된 12주목은 양주목(楊州牧)·광주목(廣州牧)·충주목(忠州牧)·청주목(淸州牧)·공주목(公州牧)·해주목(海州牧)·진주목(晉州牧)·상주목(尙州牧)·전주목(全州牧)·나주목(羅州牧)·승주목(昇州牧)·황주목(黃州牧) 등이었다. 또 주목이 파견된 지 4개월 만에 각 주·부·군·현·관·역 등에 공수전(公須田)·지전(紙田)·장전(長田)이 지급되었다. 그러는 한편 지방의 이직명(吏職名)을 개정하기도 하였다.

그러다가 995년에 다시 한 번 대대적인 개편이 이루어졌다. 먼저 성종은 전국을 10도(道)로 나누었다. 10도의 명칭은 산형과 지세에 따랐는데, 관내도(關內道)·중원도(中原道)·하남도(河南道)·강남도(江南道)·영남도(嶺南道)·영동도(嶺東道)·산남도(山南道)·해양도(海陽道)·삭방도(朔方道)·패서도(浿西道) 등이었다. 이때의 도는 행정구획으로 정착하지 못했고, 단지 순찰구획에 불과하였다. 이 10도의 장관 격으로는 이미 국초부터 존재하였던 전운사(轉運使)가 있었다.

두 번째로 들 수 있는 것은 주현제(州縣制)의 실시였다. 군 단위의 행정구역을 없애고 전국을 주(州)─현(縣)─진(鎭) 체제로 바꾼 것이었다. 이와 같은 조치는 이미 고려 초에 승격된 군·현 단위의 소주(小州)를 다시 강등시킬 수 없었기 때문이었다. 다시 말해 군·현 단위의 읍 중 필요한 곳을 주(州)로 승격시켜줌으로써 군 단위를 없애버렸던 것이다.

세 번째의 개혁은 많은 외관의 파견이었다. 982년에 설치했던 12주목을 12군절도사(軍節度使)로 바꾸는 한편, 유수(留守)·도호부사(都護府使)·도단련사(都團練使)·단련사(團練使)·방어사(防禦使)·자사(刺史) 등의 외관을 파견하였던 것이다. 이때 파견된 외관수는 66인으로 이미 파견된 외관과 합하면 총 74인의 외관이 있었던 셈이다.

이러한 일련의 군현제 개편은 당제(唐制)를 도입한 결과였다. 10도제는 이미 당 태종이 실시한 바 있었다. 주현제의 실시도 고려의 특수한 상황 때문이기는 했지만, 당 고조(高祖) 원년의 정책을 도입한 것이었다. 뿐만 아니라 절도사·단련사·방어사·자사 등도 당에서 사용된 관직명이었다.

그런데 이때의 군현제 개편은 군사적인 방어체제였다는 특징이 있다. 그것은 물론 993년에 있었던 거란의 침입이 큰 영향을 주었다. 거란의 재침에 대비해야 했던 성종은 전국을 군사방어체제로 조직했던 것이다. 그것은 절도사라는 군사적 성격이 강한 외관을 파견한 것에서 짐작된다. 또한 전국의 외관파견 상황을 볼 때 북방지역에는 도단련사·단련사가, 그리고 남부지역에는 행정적 성격이 강한 자사가 파견된 점에서도 미루어 알 수 있다. 이러한 일련의 지방제도 개혁은 얼마 가지 않아서 실패했다. 곧바로 부(府)·군(郡)의 읍호가 부활되었으며, 1005년(목종 8)에는 관찰사·도단련사·단련사 등의 외관이 폐지된 점에서 알 수 있다. 또 1012년(현종 3)에는 12절도사마저 폐지되고, 대신 5도호(都護)·75도안무사(道安撫使)가 설치되었다.

그런데 안무사도 1018년(현종 9)에 폐지되고, 4도호·8목·56지주군사(知州郡事)·28진장(鎭將)·20현령(縣令)이 설치되는 개혁이 이루어졌다. 이와 더불어 이 해에 군·현의 내속관계가 대폭 개정되기도 했다. 그리하여 고려 군현제의 대체적인 골격이 마련되었다.

군현제의 실상

고려의 군현제는 왕경개성부(王京開城府)를 비롯하여 5도(道) 양계(兩界)로 구분되어 있었다. 다음으로 경(京)·도호부(都護府)·목(牧)의 행정구역이 있고, 그 아래에 주(州)·군(郡)·현(縣)·진(鎭)이 영속(領屬)되어 있음을 알 수 있다. 물론 이들 지역의 영속관계는 외관과 외관과의 관계였다. 그러나 이들 행정구역 예하에는 외관이 파견되지 않은 군·현이 주속(主屬)관계로 연결되어 있었는데, 이들의 관계는 외관과 지방토착세력인 향리와의 관계였다. 이렇듯 고려의 지방통치체계는 크게 보아 영속관계(領屬關係)와 주속관계(主屬關係)로 구분된다.

5도는 앞에서 본 바와 같이 양광도(楊廣道)·경상도(慶尙道)·전라도(全羅道)·교주도(交州道)·서해도(西海道)를 말한다. 앞에서 언급했듯이 이 5도가 고려 전기에 형성된 행정구역이라고 보기에는 문제점이 없지 않다. 고려 전기에는 5도뿐 아니라 6도·7도·8도·9도·10도 등의 용례가 보이기 때문이다. 5도가 어느 정도 자리를 잡는 것은 고종(高宗) 무렵부터이며, 위의 5도명이 확정된 것은 《고려사》가 편찬된 조선 초기가 아니었나 생각된다.

도의 장관 격으로는 안찰사(按察使)가 있었는데, 그 기능은 ① 수령을 출척(黜陟)하고, ② 민간의 질고(疾苦)를 살피고, ③ 형옥(刑獄)을 다스리며, ④ 조부(租賦)의 수납, ⑤ 군사적 기능 등이었다. 이 중에서 가장 중요한 임무는 지방관을 감찰하여 출척하는 일이었다. 따라서 이 5도도 행정구역이 아니라 감찰구획으로서의 기능이 컸다고 하겠다. 그러나 1276년(충렬왕 2)에는 도의 장관이 안찰사에서 안렴사(按廉使)로 바뀌었다. 고려 말에 이르면 5도의 장관이 다시 도관찰출척사(都觀察黜陟使)로 바뀌고, 임기도 6개월에서 1년으로 연장되었다. 이로써 도는 행정구역명으로 정착하게 되었다.

양계는 동계(東界)와 북계(北界)를 말하는데 이들 지역에는 성종 때부터 병마사(兵馬使)가 파견되었다. 병마사는 주로 군사적인 업무를 수행하였다.

그것은 이들 지역이 북방민족과 국경을 접하고 있었기 때문이다. 한편 양계내의 분도(分道)지역에는 주로 조세업무와 창름(倉廩)의 관리를 맡은 감창사(監倉使)도 파견되었다. 병마사와 감창사는 서로 업무를 보완해주는 한편 서로 견제하기도 했던 것이다. 그러나 원간섭기에 이르러 양계 지역은 동녕부와 쌍성총관부가 설치되어 원의 직할령으로 넘어갔다. 수복 후에는 이 지역도 점차 남도와 동일시되어 1390년(공양왕 2)에는 5도와 동일하게 도관찰출척사가 파견되었다.

경(京)·도호부(都護府)·목(牧)에는 유수(留守)·도호부사(都護府使)·목사(牧使) 등의 외관이 파견되었는데 이들을 특별히 계수관(界首官)이라 칭하였다. 이들은 표(表)를 올려 축하를 하는 일이나 향공진사(鄕貢進士)들을 뽑아 올리고 외방의 죄수들을 재심사하는 중요한 업무만 관장하였을 뿐, 지방의 영군(領郡)·현(縣)은 중앙과 직접 연결되어 있었다. 고려 전기에는 서경(西京 : 평양)·동경(東京 : 경주)·남경(南京 : 양주) 등 3경이 있었다. 도호부는 4개로, 《고려사》 지리지에 의하면 안남도호부(安南都護府) 수주(樹州)·안서도호부(安西都護府) 해주(海州)·안변도호부(安邊都護府) 등주(登州)·안북도호부(安北都護府) 영주(寧州) 등이었다. 8목은 광주목·충주목·청주목·진주목·상주목·전주목·나주목·황주목 등이었다.

이 밖에도 고려의 행정구획으로는 《고려사》 지리지에는 나와 있지 만 향(鄕)·소(所)·부곡(部曲)·장(莊)·처(處) 등이 있었다. 이들을 부곡제 영역(部曲制 領域)이라 부를 수 있다면 행정단위를 기준으로 하여 고려의 지방통치체제는 군현제 영역과 부곡제 영역으로 구성되었다고도 볼 수 있다.

향·부곡은 대체로 현이 될 수 없는 작은 규모의 읍이었다. 그러나 983년 (성종 2)의 지방에 대한 공수전(公須田) 지급규정을 보면 향·부곡 중에도 주·군·현보다 큰 것이 있었음을 알 수 있다. 이 향·부곡의 주민은 신분적으로 천민집단이었다는 견해가 있었으나, 근래에는 양인이었다는 주장이 유력시되고 있다.

소(所)는 고려 초에 발생한 것으로 주로 공납품을 제조하여 국가에 바치는 곳이었다. 즉 금소(金所)·은소(銀所)·동소(銅所)·철소(鐵所)·사소(絲所)·주소(紬所)·지소(紙所)·와소(瓦所)·탄소(炭所)·염소(鹽所)·묵소(墨所)·곽소(藿所)·자기소(瓷器所)·어량소(魚梁所)·강소(薑所) 등이 있었다. 여기에는 금[금소]·은[은소]·구리[동소]·철[철소] 등의 금속제품 제조지역과 실[사소]·주단[주소]·종이[지소]·먹[묵소]·도자기[자기소] 등의 생활필수품 제조지역이 있었다. 이 밖에도 기와[와소]·생강[강소]·콩[곽소]·소금[염소]·숯[탄소]·물고기[어량소] 등을 도맡아 생산해내는 지역도 있었다. 이 소의 주민 역시 천민이었다고 이해해왔으나, 양인이었다는 주장이 나오고 있다. 장·처는 왕실이나 궁원(宮院)·사원(寺院)에 속한 마을이었다. 따라서 여기에 나오는 수확물은 위의 기관에 소속되었음은 물론이다. 이들 부곡제 영역에도 향리들이 존재하고 있어 나름대로의 통치권을 행사했다.

지방통치체제의 마지막 단위는 촌(村)이었다. 촌은 촌성(村姓)을 배출했던 행정촌과 자연촌으로 구분되어 있었다. 행정촌은 대감(大監, 후의 村長)·제감(弟監, 후의 村正) 층이 거주하는 촌을 중심으로 정치적 지배범위 내의 주변촌락을 포함한 일정단위 영역의 촌이었다. 촌성이 있는 촌락은 대개 1성(姓) 1촌(村)이 많았다. 그것은 한 촌이 동일한 성씨 집단으로 구성되었음을 뜻한다. 그러나 고려 후기에 가면 이성잡거(異姓雜居) 현상이 나타나기도 하였다.

관련 사료

❶ 고려 태조가 고구려 지역[地]에서 흥기[興]하여 신라를 항복시키고 백제를 멸하여 개경(開京)에 도읍을 정하니 삼한(三韓)의 지역이 하나로 통일되었다. 그러나 우리나라[東方]가 처음으로 평정되어 경영하고 관리[經理]할 겨를이 없었는데 (태조) 23년에 이르러 비로소 주(州)·부(府)·군(郡)·현(縣)의 이름을 고쳤다. 성종이 또 주·부·군·현 및 관(關)·역(驛)·강(江)·포(浦)의 이름을 고치고 드디어 경내(境內)를 나누어 10도(道)로 삼고 12주에 각각 절도사(節度使)를 두었다. … 현종 초에 절도사를 폐지하고 5도호(都護)·75도안무사(道安撫使)를 두었다. 얼마 후에 안무사를 혁파하고 4도호·8목(牧)을 두었다. 이후로부터 5도(道) 양계(兩界)가 정해졌다. 《고려사》 권56, 지10 지리1 서문)

❷ 지금 살펴보건대 신라가 주군(州郡)을 건치(建置)할 때에 그 전정(田丁)이나 호구(戶口)가 현이 되지 못할 만한 것은 혹 향(鄕)을 두고 혹 부곡(部曲)을 설치하여 소재의 읍에 속하게 하였다. 고려 때에는 또 소(所)라 칭해진 것이 있었는데, 금소(金所)·은소(銀所)·동소(銅所)·철소(鐵所)·사소(絲所)·주소(紬所)·지소(紙所)·와소(瓦所)·탄소(炭所)·염소(鹽所)·묵소(墨所)·곽소(藿所)·자기소(瓷器所)·어량소(魚梁所)·강소(薑所) 등의 구별이 있어 각기 그 물건을 바쳤다. 또 처(處)라 칭해지고 장(莊)이라 칭해진 것이 있어 각각 궁전(宮殿)·사원(寺院) 및 내장택(內莊宅)에 나누어 속하여 그 세(稅)를 실어 바쳤다. 위의 여러 곳[所]에는 모두 토성리민(土姓吏民)이 있었다. 《신증동국여지승람》 권7, 경기 여주목 고적 登神莊)

생각해 보기

1. 983년에 설치한 12목 가운데 9주 5소경 지역이 아닌 해주목·나주목·승주목·황주목이 포함된 것은 어떠한 이유일까?
2. 양계 지역에 병마사와 감창사를 같이 파견한 목적은 무엇일까?
3. 고려 전기 지방제도의 개편 과정에서 읍호의 승격과 강등은 어떠한 의미일까?

참고문헌

1. 구산우,《고려 전기 향촌지배체제 연구》, 혜안, 2003.
2. 김기덕 등,《고려의 황도 개경》, 창작과 비평사, 2002.
3. 김난옥,《고려시대 천사·천역양인 연구》, 신서원, 2000.
4. 김남규,《고려 양계지방사연구》, 새문사, 1989.
5. 김일우,《고려초기 국가의 지방지배체계 연구》, 일지사, 1998.
6. 김창현,《고려 개경의 구조와 그 이념》, 신서원, 2002.
7. 旗田巍,《朝鮮中世社會史の硏究》, 法政大學出版局, 1972.
8. 노명호 등,《한국고대중세 지방제도의 제문제》, 집문당, 2004.
9. 박용운,《고려시대 개경연구》, 일지사, 1996.
10. 박종기,《고려시대 부곡제연구》, 서울대 출판부, 1990.
11. 박종기,《지배와 자율의 공간, 고려의 지방사회》, 푸른역사, 2002.
12. 박종기,《고려의 부곡인,〈경계인〉으로 살다─부곡인과 부곡 집단의 기원과 전개》, 푸른역사, 2012.
13. 변태섭,《고려정치제도사연구》, 일조각, 1971.
14. 윤경진,《고려사 지리지의 분석과 보정》, 여유당, 2012.
15. 이정신,《고려시대의 특수행정구역 所연구》, 혜안, 2013.
16. 최혜숙,《고려시대 남경연구》, 경인문화사, 2004.
17. 하현강,《고려지방제도의 연구》, 한국연구원, 1977.
18. 하현강,《한국중세사연구》, 일조각, 1988.

3 향리제도

향리제의 성립과 변천

향리는 원래 그 지역의 토착세력으로서 수령을 보좌하는 존재였다. 그러나 고려가 성립될 당시에는 각 지방에 수령이 파견되지 못한 상황이었다. 889년(진성여왕 3)부터 시작된 전란이 아직도 가라앉지 않고 있었기 때문이다. 고려가 후삼국을 통일한 936년 이후에도 사정은 마찬가지였다. 각 지방에서는 중앙정부의 용인을 받아 호족들이 독자적인 통치기구를 설립하여 운영하고 있었다.

때문에 각 지역의 통치기구와 직책은 서로 조금씩 달랐다. 예컨대 강원도 명주의 경우 태조 23년(940)경 도령(都令)−낭중(郎中)−원외랑(員外郎)−집사(執事) 등의 관직체계가 마련되어 있었다. 그러나 시간이 지나면서 이들 직제는 점차 정비되고 통일되어갔다. 당대등−대등 체제로 굳어졌던 것이다. 962년(광종 13)의 금석문을 보면 충청도 청주의 경우 당대등−대등을 수반으로 하여 그 휘하에 병부·창부·학원 등의 관부가 설치되어 있었다. 그리고 병부·창부에는 그 장관 격으로 병부령·창부령 등이 있었고 학원에는 학원경과 학원낭중이 있었다.

이러한 지방의 통치기구는 점차 중앙의 간섭과 통제가 가해졌다. 그 통제는 큰 읍에서부터 행해졌다. 《경주호장선생안(慶州戶長先生案)》에는 광종 때에 당제(堂祭 : 堂大等의 또 다른 명칭)를 호장으로 개명하는 조치가 있었다고 밝히고 있다. 경주는 바로 신라의 수도였기에 이를 통제하기 위한 목적에서였다.

성종 때에는 이들 지방의 통치기구가 대폭 개편되면서 지방에 대한 통제가 가해졌다. 983년(성종 2)에 성종은 최승로의 건의를 받아들여 12개 주(州)에 주목(州牧)이란 외관을 파견하였다. 그리고 종래 지방의 관부와 관직체계를 모두 바꾸었다. 본격적인 향리직제가 마련된 것이었다. 그 내용을 보면 당대등·대등을 호장·부호장으로, 낭중을 호정(戶正)으로, 원외랑을 부호정(副戶正)으로, 집사를 사(史)로 바꾸었다. 병부는 사병(司兵)으로 바꾸고, 그 밑의 관직인 병부경·연상(筵上)·유내(維乃)는 각각 병정(兵正)·부병정(副兵正)·병사(兵史)로 고쳤다. 또 창부는 사창(司倉)으로 하고 창부경은 창정(倉正)으로 하였다.

〈표〉 성종 2년의 향리직 개명 현황

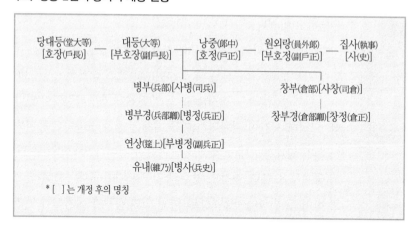

이 개편은 신라식 유제를 청산하였다는 데 의미가 있다. 대등은 신라 때부터 있었던 명칭이며, 당대등은 귀족회의의 의장인 상대등에 비견되는 존재였다. 그런데 이를 모두 바꾼 것이다. 고려는 향리직제의 개혁을 통해 중앙과 지방을 구별하는 동시에 향리직은 격하시켰다. 병부와 창부, 그리고 병부경·창부경 등은 중앙에도 있었던 관부·관직명이었다. 따라서 이를 개정함으로써 중앙과의 차별성을 뚜렷이 하였던 것이다.

향리직제와 그에 대한 정비는 현종 때에 다시 한 번 이루어졌다. 1018년 (현종 9)에 지방관이 대거 파견되었고, 각 주현(州縣)의 대·소 규모에 따라 향리의 정원도 정해졌다. 이에 따르면 많은 곳은 호장 이하 향리들의 정원이 84명에 달하였고, 적은 곳에도 29명의 향리가 정원으로 되어 있었다. 향리들이 입는 공복(公服)도 정해졌다. 호장은 자삼(紫衫)에 가죽신인 화(靴)와 홀(笏)을 착용하였으며, 부호장 이하 병정·창정 이상은 비삼(緋衫)에 화·홀을 착용하였다. 호정 이하 사옥부정(司獄副正) 이상은 녹삼(綠衫)에 화·홀을 착용하였고, 사와 병사·창사·제단사는 각각 심청삼(深靑衫)·천벽삼(天碧衫)을 입었고 화(靴)·홀은 없었다.

문종 때에는 향리에 대한 9단계 승진 규정이 정해지기도 하였다. 제단사(諸壇史)·공수사(公須史)·식록사(食祿史)·객사사(客舍史)·약점사(藥店史)·사옥사(司獄史)를 시작으로 병사·창사 → 주부군현사(州府郡縣史)·부객사정(副客舍正)·부약점정(副藥店正)·부사옥정(副司獄正) → 부병정(副兵正)·부창정(副倉正)·부공수정(副公須正)·부식록정(副食祿正) → 부호정(副戶正)·객사정(客舍正)·약점정(藥店正)·사옥정(司獄正) → 호정(戶正)·공수정(公須正)·식록정(食祿正) → 병정(兵正)·창정(倉正) → 부호장(副戶長) → 호장(戶長)의 순으로 승진할 수 있었던 것이다. 여기서 식록정은 외관들의 녹봉을 주기 위한 업무를 맡았으며, 공수정은 지방관청의 경비를 조달하기 위해 설정된 공수전(公須田)이란 토지를 관리하였다. 사옥정은 감옥에 대한 업무를 관장하였고, 약점정은 약의 투여와 분배 등의 업무를 맡았다.

이후 향리직제는 대체로 그 골격을 유지하였다. 그런데 예종 때부터 호장들을 대표하는 상호장(上戶長)제가 신설되었다. 아마도 감무가 파견되면서 호장들을 통제하기 쉽도록 한 조치로 생각된다. 또 무신정권기에는 지방에 조문기관(詔文記官)이 설치되었다. 중앙에서 지방으로 하달한 여러 공문을 기록하는 직책이었던 것 같다. 이와 같이 고려 말기에는 호장·기관·도령(都領)의 삼반(三班)체제가 성립되었다. 이 삼반체제는 조선 초기까지 지속되었다.

군현제와 향리

고려시대 군현제의 큰 특징은 외관이 파견된 군현보다 외관이 없는 군현이 더 많았다는 것이다. 전자를 주군·현(主郡縣)이라 하고, 후자를 속군·현(屬郡縣)이라 하였다. 주군·현의 향리는 외관을 보좌하는 존재였다. 따라서 중앙집권체제의 강화와 함께 중앙정부의 통제를 받아야 했다. 외관들에게 향리를 통제할 수 있는 권한을 부여하였던 것이다. 1018년(현종 9)에 지방관이 장리(長吏)들의 능력을 심사하고 전곡(錢穀)이 함부로 쓰이는 것을 감찰할 수 있도록 하였다. 또 외관으로 하여금 직접 호장을 추천하도록 하는 조치도 취해졌다.

이렇듯 외관이 파견된 주읍의 향리들은 중앙의 통제와 간섭을 받았지만, 속군·현의 향리는 주읍의 통제를 받아야 했다. 주읍의 수령은 매년 봄 속현 지역을 다니면서 농사를 권장하는 한편 조세납부를 감독하였다. 이를 '행춘(行春)'이라 하였다.

한편 속현의 향리들은 자기 관할 구역 내의 조세를 징발하여 주읍의 경비에 충당하였다. 주읍에서도 경비를 많이 낼수록 '능력있는 향리[能吏]'라 총애하는 사태까지 벌어지게 되었다. 또 이들은 정기적으로 주읍에 나아가 자기군, 현의 실정을 보고하고 명령을 받아와야 하기도 했다. 예를 들면 경상도의 비옥현(比屋縣)은 주읍인 상주와의 거리가 60여 리였지만, 그곳의 현리(縣吏)가 5일에 한 번씩 상주에 나아가 명령을 들어야 했다. 그러나 때때로 늦기라도 하면 주의 향리가 현에 와서 현의 향리를 욕하기도 했던 것이다.

그러나 이들 속군·현에도 감무(監務)라는 외관이 파견되면서 중앙의 통제를 받게 되었다. 감무는 1106년부터 파견되기 시작했는데, 그들의 주요 임무는 권농·유민안집(流民安集)·조세수취 등이었다. 그렇다고 모든 속군·현에 외관이 파견된 것은 아니었다. 다음으로 향리들은 그 지역 출신으로 중앙에 진출하여 고위관직에 오른 사심관(事審官)들의 통제를 받아야 했다. 사심관 제도는 일찍이 신라의 경순왕이 고려 태조에게 귀순하자 그를 경주의 사심으로 삼아 부호장 이하 관직 등의 일을 관장하게 한 데서 비롯되었다.

사심관의 주요 임무는 지방 세력들의 가세(家勢)와 조상 등을 조사하고 부역을 균등히 하며 풍속을 교정하는 것이었다. 이러한 임무를 맡은 사심관들은 향리들을 통제하기도 했으나 한편으로는 결탁할 가능성도 있었다. 그리하여 현종 초기에는 아버지나 친형제가 호장으로 있는 자는 본관지역의 사심관에 임명될 수 없는 조치가 취해졌다. 1124년(인종 2)에는 향리의 자손으로 자신은 향역을 면제받았으나, 처의 친척이 향역을 하는 자는 사심관에 임명되지 못한다는 규정이 제정되기도 하였다.

향리들은 또한 기인제를 통해 중앙의 통제를 받기도 하였다. 《고려사》 권75, 선거지3 전주(銓注) 기인(其人)조에 의하면 기인제는 "향리의 자제를 뽑아 경성(京城)에 인질로 삼고 또 출신지의 일에 대하여 고문(顧問)에 대비케한" 제도라고 되어 있다. 아마도 이 제도는 고려 태조 때에 각 지역의 호족들이 왕건에게 귀순하면서 그 충성의 표시로 자신의 아들을 개경으로 보낸데서 비롯된 것이 아닌가 한다. 그러기에 인질이 된 자들은 대우가 좋았고 호족들 자신도 관할 지역에 대한 독자성을 인정받았다. 다시 말해 당시의 인질 파견은 호혜적(互惠的)인 입장에서 이루어졌다.

그러나 성종·현종 때에 중앙집권체제의 강화와 지방제도의 정비로 향리들의 세력은 약화되고 기인의 지위나 성격도 변모하였다. 1067년(문종 21)에는 기인의 선상(選上) 규정이 마련되어 중앙의 강력한 통제를 받게 되었다. 이에 따라 기인들에 대한 대우도 소홀해졌다. 고려 후기에 들어서면 이같은 상황은 더욱 심해졌다. 이들은 황무지를 경작하고 궁실의 수리, 관부의 심부름꾼 역할을 하는 존재로 전락하였다. 그리하여 그 고통이 노예보다 심하게 되어 도망하는 자가 속출하기까지 하였다.

각 지역의 향리들, 특히 호장층은 매년 정기 또는 부정기적으로 서울에 올라와 왕을 알현해야 했는데 이때 올라온 향리들을 '진봉장리(進奉長吏)'라 하였다. 즉 호장들은 매년 정월 초하룻날에 서울에 올라와 '원단숙배(元旦肅拜)'를 하였고, 국가 또는 왕실에 경조사가 있을 때에는 수시로 '예궐숙배(詣闕肅拜)' 하였다. 주·군·현에서는 호장이 외관을 대신하여 올라왔으나 속군·현에서는 그 읍의 대표자로서 올라온 것이었다. 이러한 호장들의 진봉의무 역시 중앙정부에 의한 향리통제책이었음은 물론이다.

향리의 업무

향리들, 특히 그 중에서도 호장(호장이 여럿일 경우는 首戶長)은 인신(印信)을 가지고 공무를 집행하였다. 읍내의 잡다한 일을 처리하였고, 촌락에 보내는 공문에도 인신을 날인하였다. 그러나 983년(성종 2)부터 시작된 외관의 파견으로 그들의 소관업무가 간섭을 받게 되자 관할 사항을 중앙에 있는 관리에게 미루는 사례도 있었다. 그러자 그에 대한 처벌규정이 마련되기도 하였다.

이들의 또 다른 업무 중에 중요한 것은 관할구역내의 수취(收取) 의무였다. 우선 그들은 조세를 수취하여 중앙에 보낼 임무가 있었다. 이러한 임무를 맡은 것은 창부 소속의 향리들이었다고 생각한다. 창정·부창정·창사 등이 그들이다. 당시의 조세수취는 군현단위로 부과되어 그 책임은 지방수령에게 있었으나, 실질적인 업무는 향리가 담당하였던 것이다. 이 때문에 고려 후기에 가면 외관이나 권세가는 물론 향리들의 작폐도 심하여 그에 대한 시정책이 건의되기도 하였다.

향리들은 또한 그 지역의 백성들로부터 공부(貢賦 : 지방의 특산물)를 수취할 의무가 있었다. 이는 향리들의 특권이었다고 할 수 있으나, 고려 후기에는 수취체제의 문란과 더불어 향리들의 과중한 부담이 되기도 했다. 그리하여 공부의 납입기일을 지키지 못할 것을 고민하던 고구현(高丘縣)·여미현(餘美縣)의 향리가 자살을 한 예도 있었다.

향리들은 지역민들로부터 역역(力役)을 징발하기도 하였다. 이것은 고려의 군제와도 관련 있는 것으로 향리들은 광군(光軍)이나 일품군(一品軍)의 지휘관 자격으로 백성들을 동원하였다. 광군은 거란의 침입에 대비하여 947년(정종 2)에 조직된 농민예비군 성격의 군대였다. 그것은 경북 예천의 개심사 석탑의 축조에 광군이 동원되고 있는 사실에서 알 수 있다. 여기에 호장이었던 임장부(林長富)가 참여하였는데 그가 광군을 지휘하였다고 생각되는 것이다.

이 광군은 1012년(현종 3)에서 1018년 사이에 일품군으로 개편된 것 같다. 광군이나 일품군이 똑같이 공역(工役)부대로서의 성격을 갖고 있기 때문이다. 그런데 이 일품군의 장교에 향리들이 임명되고 있는 것이다. 일품군의 별장(別將)에는 부호장 이상이, 교위(校尉)는 병정·창정·호정·식록정·공수정이, 대정(隊正)은 부병정·부창정·부호정·제단정이 임명되도록 되어 있었다. 이들은 일품군의 지휘관으로서 지역민들을 역역에 동원하였다. 전주에서 관선(官船)을 제조하는 데 사록(司錄) 진대유(陳大有)와 상호장 이택민(李澤民) 등이 감독을 심하게 하자 기두(旗頭)였던 죽동(竹同) 등이 난을 일으킨 예에서 알 수 있다.

향리들은 군, 현 단위로 행해지는 제사나 불사를 주관하여 지역민들과 상호 결속을 다졌으며, 공동체 의식을 형성하기도 하였다. 나주의 혜종사당(惠宗祠堂), 경주의 경순왕영당(敬順王影堂), 안동의 태사묘(太師廟) 등의 제사는 주로 호장층이 그 주재자였다. 각 군, 현의 산신사(山神祠)나 성황사(城隍祠)도 물론 향리들이 주관하였다. 백성들이 가난에 시달리는 데에도 불구하고 전주의 성황제에는 향리들이 고기를 제수로 쓰고 있는 예에서도 알 수 있다. 이밖에도 사찰의 석탑이나 당간·종 등의 조성에 관한 일도 그 주관자는 대개 그 지역의 호장층이었다.

이들은 각 지방의 군, 현에 지급된 공수전(公須田)을 관리하는 업무를 맡기도 하였다. 공수정·부공수정·공수사 등의 향리들이 그 담당이었다. 녹봉을 관리하고 담당하는 향리들도 있었다. 식록정·부식록정·식록사 등의 향리들이었다. 객사정·부객사정·객사사 등의 향리들은 손님을 맞이하는 객사 관리를 담당하였고, 약점정·부약점정·약점사는 약의 관리와 시여를 담당하였다. 이외에 감옥의 관리와 감독을 맡은 사옥정·부사옥정·사옥사 등의 향리들도 있었다.

향리의 분화와 중앙진출

고려시대의 향리들은 그 지위나 계층 면에서 볼 때 중간 계층적인 성격을 가지고 있었다. 중앙정부의 입장에서 그들은 통제의 대상이었지만, 지방에서는 해당 지역민들을 통제하고 수취하는 지배자집단이었다. 그리하여 같은 향리라 하더라도 지역민들과 밀착하여 그들의 입장을 대변해주려는 부류가 있었는가 하면 중앙에 진출하여 지위상승을 꾀하려는 부류도 있었다. 이에 따라 향역을 세습하여 지방의 실력자로 남아있는 경우도 있었지만, 여러 가지 방법을 통하여 중앙관직으로 진출하기도 하였다.

우선 그들은 과거를 통해 중앙에 진출할 수 있었다. 1048년(문종 2) 10월의 판문(判文 : 판결하여 내린 문서)에 의하면 각 주현의 부호장 이상의 손(孫)과 부호정 이상의 자(子) 가운데 제술·명경업에 응시하려는 자는 소재관(所在官)의 시험을 거쳐 서울에 올라가 과거를 볼 수 있었다. 물론 의업(醫業)에는 자격 제한이 없이 모든 향리에게 개방되어 있었다. 이에 따라 많은 향리들의 자손이 과거를 통하여 지위상승을 이룩하였다. 이러한 예로 최충(崔沖)·한충(韓冲)·박의신(朴義臣)·최유(崔濡)·최우청(崔遇淸)·최척경(崔陟卿) 등을 들 수 있다.

최충의 본관은 해주로 주리(州吏) 최온의 아들이었다. 그런데 1005년(목종 8)에 갑과에 급제하고 고위관직을 두루 역임함으로써 해주 최씨 일가를 문벌귀족으로 성장시킨 장본인이었다. 한충은 장단현의 향리로서 과거에 급제하여 상주사록을 거쳐 추밀원부사(정3품)에까지 이르고 있는 것이다. 박의신은 경남 밀양의 향리로서 인종조에 급제하여 공부상서(정3품)에까지 이른 인물이다. 이밖에 최유·최우청·최척경 등도 각각 명주리·충주리·완산리로서 과거에 급제하여 중앙으로 진출한 인물이다.

고려 말기에는 이들 향리출신의 관료들이 신진사류의 주류를 형성하여 사회개혁의 일익을 담당하였다. 예컨대 충선왕 때 사림원의 학사로서 개혁에 참여한 이진(李瑱)이나 충목왕의 개혁정치기에 정치도감(整治都監)의 관원으로 활약한 전녹생(田祿生)·안축(安軸) 등도 향리에서 중앙으로 진출한 가문출신이었다. 이진의 고조·증조는 군윤(軍尹)·보윤(甫尹) 등의 향직을 가지고 있었으며 전녹생·안축도 각각 담양과 흥주의 향리 가계에서 급제하여 중앙관직을 받은 인물들이었다. 이 밖에도 신진사류 가운데 향리 가계 출신으로는 안향(安珦)·이조년(李兆年)·이곡(李穀)·이숭인(李崇仁)·정도전(鄭道傳)·윤소종(尹紹宗)·정몽주(鄭夢周) 등을 들 수 있다. 안향은 조부대까지 흥주의 향리였다가 아버지 안부(安孚)가 의업에 오르면서 중앙에 진출하였다. 물론 그도 1260년(원종 1)에 급제하였으며, 1289년에는 원에 가서 주자(朱子)의 책을 필사하고 귀국하여 성리학을 전파한 인물로 알려져 있다. 이조년은 성주호장 장경(長庚)의 아들로 1294년(충렬왕 20)에 급제한 뒤, 여러 관직을 거쳐 정당문학(종2품)에 올랐다. 이곡은 한산군의 향리였다가 정읍감무를 지낸 자성(自成)의 아들로 1321년(충숙왕 7)에 등제하였고, 나중에는 도첨의찬성사(都僉議贊成事 : 정2품)에 임명되었다. 그의 아들은 바로 고려 말의 거유(巨儒)인 이색이었다. 이숭인은 앞서 본 이조년의 큰 형 백년(百年)의 증손이었다. 윤소종도 고조 윤해(尹諧)가 무송현의 향리로 있다가 급제하면

서 사족화된 집안 출신이었다. 정몽주 역시 향공진사(鄕貢進士)로 등제하여
의종 때 추밀원지주사(종2품)를 지낸 정습명(鄭襲明)의 후손이었다.

　이처럼 고려시대의 향리는 과거를 통해 중앙으로 진출하였으나, 기인역
(其人役)에 종사하여 관직을 받기도 하였다. 문종 때의 기인선상 규정에 의
하면 기인으로서 일정 기간 동안 복역하면 동정직(同正職 : 실제 업무를 보지
않는 관직으로 문반 6품, 무반 5품 이하에 설치되어 있었음)을 가하고 역을 마치면
가직(加職)하도록 되어 있었다. 또한 향리들은 군직(軍職)을 지니거나 군공
을 세워 중앙에 진출하는 경우도 있었다. 예컨대 태산군인(泰山郡人) 전총문
(田寵文)·천안부인(天安府人) 신보순(申甫純)·함양인(咸陽人) 박강수(朴康壽) 등
이 향리가계에서 일어나 무관으로서 중앙에 진출한 자들이었다. 이외에도
진봉향리들이 무산계(武散階 : 향리나 여진 추장·탐라 왕족·老兵·工匠·樂人들에
게 수여했던 품계)나 동정직을 받기도 하였다.

관련 사료

❶ 충숙왕 5년(1318) 4월에 주, 군의 사심관(事審官)을 폐지하니 백성들이 매우 기뻐하였다. 그러나 얼마 안 되어 권귀·호강[權豪]들이 다시 스스로 사심관이 되어서 폐해가 이전보다 더 심해졌다. (충숙왕이) 5월에 교(敎)를 내려 이르기를, "사심관의 설치는 본래 그것이 인민의 종주(宗主 : 거주지에서 덕망받는 자)로서 사람의 등급[流品]을 구분하고 부역을 균등·공평[均平]하게 하며 풍속을 솔선하여 바르게[表正] 하는 데 있다. 지금은 그러하지 않고 공전(公田)을 광대하게 차지하고 민호(民戶)를 많이 숨기고 있다. 많고 적건 간에 임의로 부역을 시키거나 예(例)에 따른다며 녹전미(祿轉米)를 거두고 있는데, 개경에 올라간 향리(鄕吏)를 잡아다가 감히 개인 집[私門 : 權勢之家를 말함]에서 장형(杖刑)을 처결하거나 벌금으로 동전(銅)을 징수하기도 하고 녹전미를 환취(還取)하여 위복[威服 : 국왕의 특권인 상벌의 집행을 말함]을 함부로 집행하고 있다. 이는 향읍(鄕邑)에 해를 입히고 나라에는 보탬이 안 되어 이미 다 폐지하였으니 그들이 은닉한 전토와 민호를 모두 찾아내어 예전으로 복구하도록 하라."고 하였다. 《《고려사》 권75, 지29 선거3 전주 사심관 충숙왕 5년 4월)

❷ 안향(安珦)의 처음 이름은 안유(安裕)이며, 흥주(興州) 사람이다. 그의 아버지 안부(安孚)는 흥주의 향리(鄕吏)였는데 의업(醫業) 출신(出身)으로 관직이 밀직부사에까지 이르렀다가 퇴임[致仕]하였다. 안향은 어릴 때부터 학문을 좋아하였고, 원종 초년에 급제하여 교서랑(校書郎)에 임명[補任]되었으며, 직한림원(直翰林院)직으로 승진하여 내시(內侍)에 소속되었다. 《《고려사》 권105, 열전18 안향)

생각해 보기

1. 중앙관리와 향리의 복색에 있어 공통점과 차이점은 무엇일까?
2. 사심관의 기원과 역할은 무엇일까?
3. 고려의 향리는 조선의 향리와 어떠한 차이가 있을까?

참고문헌

1. 강은경, 《고려시대 호장층 연구》, 혜안, 2002.
2. 박경자, 《고려시대 향리연구》, 국학자료원, 2001.
3. 박은경, 《고려시대 향촌사회연구》, 일조각, 1996.
4. 박종기, 《지배와 자율의 공간, 고려의 지방사회》, 푸른역사, 2002.
5. 박종진, 《고려시대 재정운영과 조세제도》, 서울대출판부, 2000.
6. 오일순, 《고려시대의 역제와 신분제 변동》, 혜안, 2000.
7. 천관우, 《근세조선사연구》, 일조각, 1979.
8. 한우근, 《기인제 연구》, 일지사, 1992.

4 군사제도

중앙군

고려의 군사제도는 크게 중앙군과 주현군, 그리고 주진군으로 나누어 살펴볼 수 있다. 우선 중앙군인 경군(京軍)의 규모와 병종을 살펴보면 다음과 같다.

〈표〉 2군 6위 현황

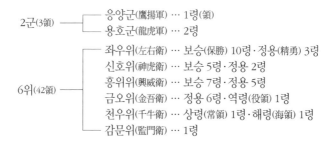

```
2군(3領) ┬── 응양군(鷹揚軍) … 1령(領)
         └── 용호군(龍虎軍) … 2령

6위(42領) ┬── 좌우위(左右衛) … 보승(保勝) 10령·정용(精勇) 3령
          ├── 신호위(神虎衛) … 보승 5령·정용 2령
          ├── 흥위위(興威衛) … 보승 7령·정용 5령
          ├── 금오위(金吾衛) … 정용 6령·역령(役領) 1령
          ├── 천우위(千牛衛) … 상령(常領) 1령·해령(海領) 1령
          └── 감문위(監門衛) … 1령
```

2군(軍)은 중앙군의 핵심부대로 국왕의 친위대였다. 그것은 2군을 근장(近仗), 그 장군을 친종장군(親從將軍)이라 칭했던 점에서도 알 수 있다. 이러한 성격 때문에 같은 경군이지만 2군은 6위보다 상위에 있었다.

반면 6위는 주로 전투부대였다. 그 중에서도 좌우위·신호위·흥위위 등 3위가 핵심이었다. 그것은 보병이라 추측되는 보승(保勝)과 기병이라 여겨지는 정용(精勇)이 3위에 공통적으로 존재하고 있는 점에서 알 수 있다. 한편 금오위는 주로 경찰임무를 맡았던 것 같고, 천우위는 왕을 시종하는 의장(儀仗) 임무를 맡았다고 생각된다. 또 감문위는 문자 그대로 궁성 내외의 문을 수비하는 임무를 맡았다.

1령(領)은 1천 명이었으므로 중앙군은 총 45령으로 4만 5천 명이었음을 알 수 있다. 이와 같은 병력규모나 편제상으로 볼 때 중앙군의 기원이 936년(태조 19), 일리천(一利川) 전투에 동원되었던 군대에 있지 않나 생각된다. 이때의 군대 편성을 보면 총 8만 7천 5백 명이 좌강(左綱)·우강(右綱)·중군(中軍) 및 3군의 원병(援兵)으로 나뉘어 있었다. 이 중 태조의 직속군이라 생각되는 군대가 좌강 2만, 우강 2만, 중군 3천이었다. 따라서 좌·우강 4만여 명이 6위의 모태가 되고 중군 3천여 명이 후일 2군이 된 것으로 생각된다.

이 2군 6위에는 상장군(上將軍 : 정3품)·대장군(大將軍 : 종3품) 등의 지휘관이 있었는데 이들은 중방(重房)이라는 합좌(合坐)기구를 가지고 있었다. 2군 6위의 휘하에는 영(領)이 있었다. 영의 지휘관을 장군(將軍 : 정4품)이라 했다. 그 이하에는 중랑장(中郞將)·낭장(郞將)·별장(別將)·산원(散員)·교위(校尉) 등이 있었다. 편성의 최하단위는 25명으로 구성된 대(隊)였고, 책임자는 품외(品外)의 대정(隊正)이었다.

한편, 2군 6위의 중앙군이 부병제(府兵制)에 입각한 병농일치의 군대였느냐, 아니면 전문적인 직업군인이었던 군반씨족(軍班氏族)으로 구성되었느냐 하는 점에 대해서는 논란이 거듭되어왔다. 《고려사》 권81, 병지 서문에 보면 고려의 중앙군이 당(唐)의 부위제(府衛制)와 비슷하다고 기술되어 있다. 또 《송사(宋史)》에서도 6군 3위(경군)가 농민층에서 3년마다 선발·교대된 듯이 설명하고 있다. 그러나 《고려도경(高麗圖經)》에는 농사도 짓고 군역에 복무한 군인이 6군 상위(六軍上衛) 즉 경군이 아닌 여군(餘軍 : 아마도 주현군이라 생각됨)이었다고 기술되어 있다. 더욱이 《고려사》에는 일반백성들과 구별되는 군반씨족(軍班氏族)의 존재가 언급되어 있다. 이 군반씨족이 군인직을 세습했다고 볼 수 있다. 그들은 나말여초의 오랜 전란을 거치면서 형성된 지배계층의 일단이었다. 직역의 대가로 지급된 전시과 속에 군인들이 포함되어 있는 것이 이를 말해준다. 이 전문적인 군인직을 자손·친척이 계승하지 못할 때는 이를 보충하기 위하여 선군(選軍)을 하였다.

따라서 일면 군반씨족제가 타당한 것같이 생각된다. 그러나 이 견해의 가장 큰 약점은 경군 4만 5천 명 모두에게 전시과에 규정된 토지를 지급하는 것이 불가능했다는 점이다. 따라서 경군에는 군반씨족뿐 아니라 일반 농민 출신으로 구성된 주현군의 번상시위병(番上侍衛兵)도 포함되었다고 볼 수 있다. 그렇다면 2군은 군반씨족의 적을 가진 전문군인으로 구성되어 있었고, 6위는 호족들의 사병이 중앙군화하면서 당의 부병제처럼 운영되었다고 보는 것이 옳을 듯하다.

지방군

주현군(州縣軍)은 주로 종래 호족들의 지휘 하에 있던 광군(光軍)과 태조 때부터 도호부·도독부 등에 파견된 진수군(鎭守軍)을 모태로 하여 형성되었다. 주현군은 교주도·양광도·경상도·전라도·서해도 등 5도와 경기지역에 배치되어 있었다. 그 규모를 보면 보승이 8,601명, 정용이 19,754명, 일품군(一品軍)이 19,882명으로 총 48,237명이었다. 이 중 핵심부대는 보승·정용이었다. 이들은 6위의 부대와 교대로 번상하지 않았나 생각된다.

이들은 주로 전투·방수(防守)·공역(工役) 등에 동원되었던 것으로 추측된다. 반면 1품군은 2·3품군과 더불어 주로 공역에 종사한 노동부대였다. 1품군의 지휘관에는 지방의 향리들이 임명되었다. 즉 별장에는 부호장 이상이, 교위에는 병정(兵正)·창정(倉正)·호정(戶正)·식록정(食祿正)·공수정(公須正) 등이, 대정에는 부병정(副兵正)·부창정(副倉正)·부호정(副戶正)·제단정(諸壇正)이 궁과(弓科)를 시험받고 임명되었던 것이다. 2·3품군의 책임자는 촌장(村長)·촌정(村正)이었다.

동계·북계 등 양계지역에는 주진군(州鎭軍)이 배치되어 있었다. 이 주진군의 핵심부대는 초군(抄軍)과 정용(精勇)·좌군(左軍)·우군(右軍)과 더불어 북계에서는 보창(保昌), 동계에서는 영새군(寧塞軍)이었다. 초군·좌군·우군에는 마대(馬隊)·노대(弩隊)가 속해 있어 정예부대 역할을 하였다. 반면 보창·영새군은 보병부대가 아닌가 추측된다. 또한 신기(神騎)·보반(步班)·백정(白丁) 등의 군대도 있었다. 이들은 상비군이 아니라 예비군이었다.

이 밖에도 약간의 특수군인들이 있었다. 서경에는 해군 1대(隊)가 있었고 동계에는 공장(工匠)·전장(田匠)·투화(投化) 등으로 구성된 부대도 있었다. 이들 주진군은 도령(都領)을 위시하여 낭장·별장·교위·대정 등의 휘하에서 지휘를 받았다. 그러나 이들 지휘관도 평상시에는 주·진의 장관인 방어사(防禦使)·진장(鎭將)의 통할을 받아야 했다. 이들 주진군의 가장 큰 임무가 외적의 침입에 대한 방어였음은 물론이다. 이리하여 고려의 경군·주현군·주진군 등을 합한 총 병력수는 《고려도경》에 의하면 60만이었다. 그러나 실제로 이러한 병력이 유지되었는가에 대해서는 의문의 여지가 있다.

이상에서 살펴본 바와 같이 고려의 군사제도는 다음과 같은 특징을 갖고 있다. 첫째, 중앙의 2군에 한정되는 것이지만 전문적인 직업군인인 군반씨족이 존재했다는 점이다. 이들은 일반백성들보다는 상위계층으로 지배세력의 말단에 위치하여 군인전을 받았다. 그들은 신라 말, 고려 초기 오랜 전란 과정을 거치면서 형성된 군인층이었다. 둘째, 남방의 주현군과 북방의 주진군은 그 병종이나 군사 조직 면에서 상당한 차이를 보인다는 점이다. 주진군에 있는 도령이나 신기·보반·공장·전장·사공 등의 특수군인들은 주현군에는 없는 존재였다. 이와 같은 차이는 북방민족의 침입에 항상 대비해야 했던 지리적 요인과도 관련이 깊었다. 셋째, 군인들의 지휘관격인 무신이 제도 면에서나 출신성분 면에서나 문신보다 하위였다는 점이다. 그것은 무신의 최고위인 상장군이 정3품에 불과하다는 점에서 단적으로 입증된다. 또 무신들 중에는 노비나 농민 출신들도 있었던 것이다. 이러한 특성이 후일 무신란의 한 원인으로 작용하기도 했다.

군사제도의 변화

고려 전기의 군사조직은 점차 변모되어 갔다. 군인영업전의 부족이 그것을 부채질하기도 했다. 2군 6위 체제가 존속되었지만 견룡군(牽龍軍)이나 공학군(控鶴軍) 같은 새로운 부대가 생겨났고, 별무반(別武班)이나 별초(別抄)와 같은 새로운 군사조직도 탄생하였다. 마별초(馬別抄)·삼별초(三別抄)를 비롯해 양반별초(兩班別抄)·잡류별초(雜類別抄)·노군별초(奴軍別抄) 등이 그것이다. 도방(都房)과 같은 사병 조직도 생겨났다. 원간섭기에 와서는 왕의 시위군인 우달적(于達赤)이 있었고 홀적(忽赤)을 비롯하여 성중애마(成衆愛馬)가 조직되어 그 일부는 중앙군의 새로운 구성원이 되기도 하였다. 홀적은 주로 귀족들의 자제로 구성되었으며 성중애마는 내시·다방 등 근시기구의 구성원들이었다. 여원(麗元)의 일본 정벌 이후에는 원 군제의 영향을 받아 도원수(都元帥)와 삼군만호(三軍萬戶)가 신설되어, 그 밑의 2군 6위를 통할하는 지휘 체계가 마련되었다. 공민왕 때에는 왕실의 호위를 위해 충용위(忠勇衛)를 설치한 적도 있었다.

원간섭기에는 지방군에도 변화가 일어났다. 주로 해안 지역에 만호부(萬戶府)가 설치되어 새로운 국방의 거점 역할을 하였다. 만호부의 지휘관은 만호로서 그 밑의 천호소(千戶所)의 천호, 백호소(百戶所)의 백호를 통할하였다. 한인들로 구성된 한산군(閑散軍)이 수시로 동원되기도 하였다.

한편, 왜구의 창궐을 진압하는 과정에서 원수제(元帥制)가 시행되기도 하였다. 원수는 비상시에 출전하는 임시 장수직이었으나, 1374년(공민왕 23)에 탐라정벌군 편제에서부터 상설직으로 변화되었으며, 그 후 왜구의 창궐을 방비하기 위해 전국적으로 확대되었다. 개경에는 도성원수(都城元帥 : 5部元帥)가 설치되어 5부방리군(五部坊里軍)을 통솔하였고, 각도에도 2~3인의 원수가 파견되어 각도의 군사를 관할하게 하였다. 당시 출정군의 지휘체계는 도통사(都統使)를 최고사령관으로 하여 상원수(上元帥)·부원수(副元帥)·조전

원수(助戰元帥)로 구성되었으며, 대개 도통사·도원수는 중앙의 시위군을 관할하였고, 실질적인 외적의 방어는 부원수(副元帥)가 담당한 것으로 보인다.

또한 우왕 때에는 전국에 걸쳐 군민일치(君民一致)의 익군(翼軍)체제가 형성되었다. 양반과 백성은 물론 노비까지 포함된 익군이 조직되었고 1,000명·100명·10명을 통할하는 천호·백호·통주(統主) 등의 지휘관을 두었다. 이 익군은 1391년(공양왕 3)에 군사최고통수기관으로 삼군도총제부(三軍都摠制府)가 설치되면서 그 휘하 조직으로 들어가게 되었다.

관련 사료

❶ 6군(軍) 3위(衛)는 항상 관부에 머물렀는데 3년마다 선발되었으며, 서북계[西北]를 지키는데 반년마다 교대하였다. 경고가 있으면 병사로 징집되고 일이 맡겨지면 노역(勞役)에 복무하였으며 일이 끝나면 농사일에 복귀하였다. 《송사》 권487, 열전246 외국3 고려)

❷ (문종 18년 윤5월) 신미일에 병부가 아뢰기를 "군반씨족(軍班氏族)은 군적을 만든 지가 이미 오래되어 좀먹고 손상되거나 부패하였습니다. 이로 말미암아 군액(軍額)이 명확하지 않으니 청컨대 옛날의 법식(法式)에 의하여 장적(帳籍)을 고쳐서 작성하십시오" 하니 이에 따랐다. 《고려사》 권8, 세가8 문종 18년 윤5월)

❸ 백임지(白任至)는 남포현(藍浦縣) 사람으로서 농사를 생업으로 하였다. 처음 날래고 용감한 자질로 군사로 선발되어 개경에 가서 더부살이를 하면서 땔나무를 팔아 스스로 생활하고 있었다. 의종이 내순검군(內巡檢軍)으로 선발하여 충원되자 국왕[御駕]을 호종하며 출입하였는데 왕의 곁에서 호위하며 어긋남이 없어서 그 노고로 인하여 대정(隊正)에 임명[補任]되었다. 정중부의 난으로 무인들이 득세[得志]하게 되자 드디어 고위직에 올라 현달[貴顯]하였다. 명종조(明宗朝)에 여러 관직을 거쳐 형부시랑(刑部侍郞)에 올랐으며, 그의 처가 술과 음식[酒饌]을 갖추고 따르는 시종들[騶從]을 성대하게 하여 예전에 더부살이하던 집의 노파를 방문하니 노파가 경탄(敬歎)하며 말하기를, "그대가 복을 받았구려"라고 하였다. 《고려사》 권100, 열전13 백임지)

생각해 보기

1. 고려의 중앙군은 어떻게 운영되었을까?
2. 무과가 실시되지 않았던 고려에서 지휘관의 선발은 어떻게 이루어졌을까?
3. 고려의 군사제도는 원간섭기 이후 어떻게 변화되었을까?

참고문헌

1. 강진철,《고려토지제도사연구》, 고려대출판부, 1980.
2. 김남규,《고려 양계 지방사연구》, 새문사, 1989.
3. 송인주,《고려시대 친위군 연구》, 일조각, 2007.
4. 윤훈표,《여말선초 군제개혁 연구》, 혜안, 2000.
5. 이기백,《고려병제사연구》, 일조각, 1968.
6. 이기백 등,《고려광종연구》, 일조각, 1981.
7. 홍승기,《고려정치사연구》, 일조각, 2001.
8. 홍원기,《고려 전기 군제연구》, 혜안, 2001.

과거제도와 음서제도

과거제의 실상

고려 초의 지배세력은 호족을 주축으로 한 공신세력이 주류를 이루고 있었다. 그러나 후삼국 통일 후 고려왕조가 점차 안정기로 접어들면서 무공공신(武功功臣) 세력은 제거되어야 할 대상이었다. 이제는 무적(武的) 존재보다는 행정 능력을 갖춘 전문적인 관료가 필요하게 되었기 때문이다. 한편으로 공신세력이 비대해지면서 왕권이 위협을 받는 상황도 벌어졌다. 그리하여 새로운 관료선발제도가 요구되었다. 여기에서 안출된 것이 바로 과거제(科擧制)였다.

과거제는 958년(광종 9)에 후주(後周)에서 귀화한 쌍기(雙冀)의 건의에 의해 처음 실시되었다. 당시의 과거는 시(詩)·부(賦)·송(頌) 및 시무책(時務策)으로 시험하였던 진사과(進士科)를 비롯하여 경전으로 시험한 명경과(明經科) 및 의업(醫業)·복업(卜業) 등으로 나뉘어 있었다. 1029년(현종 15)까지 과거는 비교적 단순한 절차로 이루어졌고, 시험도 1차 본과거만으로 급제여부가 결정되었다. 그러나 1136년(인종 14)에 이르면 점차 보완이 가해지고 종류도 다양해졌다. 즉 제술업(製術業)·명경업(明經業)과 더불어 명법업(明法業)·명산업(明算業)·명서업(明書業)·의업(醫業)·주금업(呪噤業)·지리업(地理業)·하론업(何論業) 등의 잡업(雜業)으로 정리되었다.

과거시험 절차는 아직 견해의 일치를 보지 못하고 있지만 다음과 같이 정리할 수 있다. 먼저 지방에 있는 자들은 초시라고 할 수 있는 계수관시(界首官試) 또는 향공시(鄕貢試)를 보아야 했다. 그리고 개경이나 서경에 있는 자들은 개경시(開京試)와 서경시(西京試 : 留守官試)를 거쳐야 했다. 여기에 합격한 자들이나 중앙의 국자감생(國子監生), 그리고 12도생(徒生) 가운데 선발된 공사(貢士)들은 예비시험인 국자감시(國子監試 : 南省試·成均試·擧子試)를 보았다. 이 국자감시는 감시(監試)라고도 불렀다. 따라서 제술업감시·명경업감시·잡업감시 등은 바로 각 과업의 국자감시를 뜻하는 것이었다.

국자감시를 거치고 난 다음에는 예부시(禮部試 : 東堂試·春官試·文科)를 보아야 했고, 그 뒤에도 왕이 친히 주재·시행하는 복시(覆試 : 親試)가 있었다. 복시는 과거급제자의 순위만을 결정하는 것이었을 뿐, 상설적인 것은 아니었다. 따라서 최종고시는 예부시였다고 보는 것이 타당하다. 이러한 과거시험의 절차는 1369년(공민왕 18)에 원(元)으로부터 과거삼층법(科擧三層法)이 도입되어 일시 중단되기는 했으나 고려 멸망 때까지 계속되었다.

한편 국자감시 합격자는 보통 진사(進士)라 불렀고, 계수관시 합격자는 향공진사(鄕貢進士)라 불렀다. 또 이따금 예부시 합격자도 진사라 부른 기록이 있다.

시험과목을 살펴보면 제술업감시는 부(賦)와 육운(六韻)·십운시(十韻試)로 시험을 치렀다. 명경업감시에서는 장정(壯丁)은 12궤(机)로 하되 주역(周易)·상서(尙書)·모시(毛詩) 각 2궤와 예기(禮記)·춘추(春秋) 각 3궤로 하며, 백정(白丁)은 9궤로 하되 주역·상서 각 1궤와 모시·예기 각 2궤, 그리고 춘추 3궤로 하였다. 잡업에도 각각의 감시가 있었는데 과목은 전공에 따라 조금씩 달랐다. 예부시의 과목도 과업에 따라 달랐는데 초장·중장·종장으로 구분하여 시험하였다. 이 3장에 모두 합격하여야 비로소 급제할 수 있었으므로 이를 삼장연권법(三場連卷法)이라 하였다.

그러면 과거의 응시자격은 어느 계층까지 부여되었을까. 대부분의 개설서에는 양인이면 누구나 과거에 응시할 수 있었던 것처럼 서술되어 있다. 그러나 여기에는 문제가 없지 않다. 1048년(문종 2)의 규정에 의하면 각 주·현의 부호장(副戶長) 이상의 손(孫)과 부호정(副戶正) 이상의 아들만 제술·명경업에 시험 볼 수 있도록 되어 있다. 물론 의업에는 서인들도 응시할 수 있었다. 그런데 1045년(정종 11)만 하더라도 향·부곡인과 더불어 악공(樂工)·잡류(雜類)들의 자손은 과거에 응시할 수 없었다. 그러다가 1125년(인종 3)에 오면 잡류들의 자손도 군인과 마찬가지로 과거에 응시할 수 있는 길이 열렸다. 아마도 그것은 잡류층에 태조공신의 자손이 많이 속해 있었기 때문일 것이다. 또한 1136년에 제술업에 대한 응시자격은 나와 있지 않으나, 명경업이나 산업(算業)·율업감시(律業監試) 등에는 장정(庄丁)이나 백정(白丁)이 응시할 수 있도록 규정하고 있다.

이로 미루어 보아 모든 과업에 일반 양인이 다 응시할 수 있었던 것처럼 보이지만 사실은 그렇지 않았다. 이미 살펴본 것처럼 잡류층이 과거에 응시할 수 없었다가 나중에 그 자격이 부여된 점을 보면 일반양인은 처음부터 응시자격이 없었던 것으로 보인다. 왜냐하면 잡류들은 말단이기는 하지만 지배계층이었기 때문이다. 군인들과 더불어 이들은 전시과의 수급대상자였다는 점은 이를 잘 말해준다. 그러다가 인종 때에 와서야 명경업 이하에만 양인들에게 시험자격을 준 것으로 사료된다. 1136년의 규정에 제술업 감시의 내용이 없는 점이나 일반양인으로서 제술업에 등제(登第)한 기록이 발견되지 않는 점도 이를 뒷받침해준다. 가장 중시되었던 제술업에 일정한 계층 이상만 응시할 수 있었다고 볼 때, 고려사회가 신분을 보다 중시하였음을 알 수 있다.

또 과거를 관장하는 시험관을 지공거(知貢擧)·동지공거(同知貢擧)라 불렀는데, 이들과 급제자들 사이에는 좌주(座主)·문생(門生) 관계라는 공고한 유대관계가 형성되었다. 그리하여 급제자들이 관계에 진출·승진하는 데에도 좌주의 영향력이 크게 작용하였다. 또 같은 해에 급제한 자들끼리는 동년

(同年)이라 하여 형제처럼 지내며 우의를 돈독히 하기도 하였다. 이 같은 결속관계는 고려사회를 이끌어 가는 데 일정한 역할을 하기도 했지만, 후기에는 많은 폐단을 일으킨 것도 사실이다.

한편 무신들은 대체로 과거시험을 거치지 않고 선발되었다. 물론 예종 때에 여진과의 관계 때문에 무과(武科)가 설치되기도 했다. 그러나 얼마 안가서 폐지되었으므로 고려시대에는 사실상 무과가 없었다고 할 수 있다. 무신들 중에는 일반농민 출신도 있었고, 심지어는 노비의 자손도 있었다. 이 점이 문신들에 의한 무신천대의 한 원인이 되기도 했다. 이의민(李義旼)은 노비의 자손으로 경군(京軍)에 발탁되어 대정(隊正)·별장(別將)·중랑장(中郎將)을 거쳐 상장군(上將軍 : 정3품)까지 올랐다. 물론 이것은 특수한 예라 하겠으나, 출신성분에 있어 무신들이 문신들보다 열악한 처지에 있었던 것은 사실이다.

음서제의 시행

고려 전기의 지배계층 특히 문신은 시험에 의해 임용되었으나, 음서제(蔭敍制)를 통해서도 관계에 진출할 수 있었다. 원래 음서는 오래 전부터 국가에 큰 공로를 세운 자들의 자손을 우대한다는 원칙에서 나온 것이었다. 982년에 최승로(崔承老)가 후삼국 통일에 공을 세운 삼한공신의 자손들에 대하여 관직을 줄 것을 청한 사실에서도 알 수 있다. 그러던 것이 성종대 후기에는 5품 이상관의 자손들에게도 음직(蔭職)을 수여하게 되었다. 또 언제부터인가 고려왕실의 자손들에게도 음직을 주는 것이 상례화되었다.

음서의 종류에는 공신자손음서(功臣子孫蔭敍)와 조종묘예음서(祖宗苗裔蔭敍), 5품 이상 관료 자손들에 대한 음서가 있었다. 이 중에서 가장 폭넓게 실시된 것은 5품 이상 관료 자손들에 대한 음서였다.

5품 이상 관료들의 자손들 중 탁음자(托蔭者)가 3품 이상일 경우에는 수양자(收養者)와 사위·생질·동생에게까지 혜택이 돌아갔지만 그 이하관은 대체로 자손에 한정되었다. 또 대체로 '1인 1자'의 원칙이 지켜졌다. 이 '1인 1자'의 원칙은 한 번에 한 사람밖에 음서의 혜택을 받을 수 없다는 뜻으로 해석할 수 있다. 따라서 횟수를 거듭하거나 탁음자를 달리하면 많은 사람이 혜택을 받았으리라 생각된다. 더욱이 음서가 간헐적으로 실시된 것이 아니라 정기적·항례적으로 실시되었다는 견해도 나와 있다. 또한 공신자손음서나 조종묘예음서는 '1인 1자'의 원칙이 잘 지켜지지 않았을 뿐 아니라 음서의 범위도 내외원손(內外遠孫)에게까지 미쳤다. 이와 같이 음서제는 상당히 광범위하게 실시되었다.

음서의 혜택을 받은 이들의 초직(初職)은 주로 동정직(同正職)이었다. 동정직은 실직이 아닌 산직(散職)이지만, 그 반대급부로써 토지를 받았다. 그러나 점차 전시과체제의 붕괴와 더불어 토지의 지급이 불가능해졌다. 결국 고려 후기에는 초음직(初蔭職)으로 권무직(權務職)이나 품관실직(品官實職)을 받는 예가 많아졌다.

음직을 처음 받는 연령은 규정상으로는 18세 이상이었으나 실제로는 15세를 전후한 시기에 받는 예가 많았다. 그리고 '전품음서(轉品蔭敍)'라 하여 이미 관직에 취임한 사람들에게 다시 관직을 올려주기 위한 음서도 있었다. 현존하는 사료를 분석해 보면 음서출신자 가운데 5품 이상은 물론 재상에 오른 사례도 많다.

이렇듯 음서가 정기적·항례적으로 실시되었고, 음서를 받을 수 있는 범위가 내외손이나 생질에게까지 미쳤으므로 음직에 나아간 자는 상당수에 이르렀다. 더욱이 어린 나이에 관직을 보장받았고, 승진에도 이용된 것은 음서의 영향력이 컸음을 말해준다. 그러나 이들 모두가 고위관직에 올랐다고 볼 수는 없다. 대부분 고위관직에 오른 자들이 기록에 남겨졌기 때문이다. 그렇다면 음서출신자들의 대부분은 하위관직에 시종하였고, 극히 일부분만이 고위관직에 올랐다고 할 수 있다. 즉 음서는 고위관료나 국가에 공로가 있는 자들의 자손들에 대한 생활안정책 정도의 의미밖에 없었다. 음서의 대상이 된 자들 중에도 능력과 실력이 있는 자들은 대개 떳떳하게 과거를 통한 출사의 길을 택했다. 충렬왕 때의 허관(許冠)은 아버지 허공(許珙)의 음직을 받아 낭장(郎將 : 정6품)까지 올랐다. 그러나 6품 이상의 관직자는 과거에 응시할 수 없다는 국제(國制) 때문에 낭장직에 취임하지 않고 과거를 보아 합격하였던 것이다.

이 밖에 고려 전기의 지배계층은 천거(薦擧)에 의해서도 형성되었다. 천거제는 초야에 묻혀 있으나 학식과 덕행이 뛰어난 자를 특별히 서용하는 제도였다. 이 천거제는 성종 이후에 간헐적으로 실시된 것으로 보인다. 987년(성종 6)에 성종은 각 주현의 지방관으로 하여금 경전에 밝고 효행이 뛰어난 자를 천거하도록 하였다. 또 992년에는 5품 이상의 관리에게 문재(文才)와 무략(武略)이 있는 자 1인씩을 천거하도록 했다. 이외에 무공(武功)이나 특별한 은총을 통하여 지배세력이 되는 경우도 있었다. 그러나 과거·음서·천거가 지배계층을 형성하는 가장 일반적인 방법이었다. 특히 핵심적인 지배세력이 되는 최상의 길은 과거를 통한 진출이었다.

인사와 승진

과거나 음서를 통해 관계에 진출한 관리들이 다시 관심을 가진 것은 인사와 승진이었다. 원칙적으로 고려시대 관원들의 최소 승진 가능 기간은 3년이었다. 3년의 임기를 채워야 승진할 수 있었던 것이다. 승진 순서는 1년에 한 번씩 하는 인사 고과를 종합한 점수에 따라 행하였다. 업무 능력이나 출퇴근 시간 준수 여부, 휴가의 남용 여부 등을 따져 그 결과를 연말에 상서이부(尙書吏部)에 속한 고공사(考功司)에 제출하였는데 이를 연종도력장(年終都歷狀)이라 하였다. 이를 근거로 성적을 상·중·하로 하였는데 상을 최(最), 하를 전(殿)이라 하였다. 이를 고과전최법(考課殿最法)이라 하였다. 이를 1년에 1번씩 하여 3번 한 것을 삼고(三考)라 하는데 이를 근거로 승진을 결정하는 체제였다.

각 개인의 인사기록카드는 정안(政案)이라 하였는데 여기에는 근무 개시 연월, 재직 기간, 포상이나 징계 내용, 업무 능력 등이 기재되었다. 이 정안과 당해 연도의 고과를 참작하여 1년에 2번 인사를 단행하였다. 6월에 소규모로 인사이동이 이루어졌는데 이를 권무정(權務政) 또는 소정(小政)이라 하고, 12월의 대규모 인사 행정을 도목정(都目政) 또는 대정(大政)이라 하였다.

그러나 고려 후기로 가면 이러한 인사 원칙이 붕괴되면서 정방(政房)을 통한 불법적인 인사행정이 만연하였다. 그리하여 이른바 '흑책정사(黑冊政事)'와 '분홍방(粉紅牓)' 등의 비방이 있게 되었다. 인사 관련 서류를 관련자들이 다투어 고침으로써 인사서류가 새까맣게 된 것을 '흑책정사'라 하였고 과거시험 주관자들이 분홍 옷을 좋아하는 나이 어린 권세가들의 자식들을 부정하게 합격시켜 방에 붙인 것을 '분홍방'이라 하였다. 이에 따라 그 개혁 과정에서 정방이 여러 번 혁파와 복설을 거듭하였고, 공민왕 때 신돈은 순자격제(循資格制)를 실시하여 최소 승진 기간을 준수하려 했던 것이다.

관련 사료

❶ 삼국(三國) 이전에는 아직 과거(科擧)의 법제가 없었는데 고려 태조가 먼저 학교를 건립하였으나 사인(士人)을 뽑아 쓰는[取士] 데에는 이르지 못하였다. 광종(光宗)이 쌍기(雙冀)의 말을 채용하여 과거로써 사인을 선발하였으니 이 로부터 문풍(文風)이 흥기하기 시작하였다. 대체로 그 법은 자못 당(唐)의 제 도를 채용한 것이다. 학교로는 국자(國子), 태학(太學), 사문학(四門學)이 있었 고, 또 구재학당(九齋學堂)이 있었으며, 율학(律學), 서학(書學), 산학(算學)은 모 두 국자에 소속되었다. 과거에는 제술(製述), 명경(明經) 두 업(業)이 있고, 의 복(醫卜), 지리(地理), 율학, 서학, 산학, 삼례(三禮), 삼전(三傳), 하론(何論) 등 잡 업(雜業)이 있었는데 각기 그 전문 과목[業]에 따라 시험 보게 하여 입사의 길 [出身]을 내려 주었다. 국자에서 승보시(升補試 : 生員을 뽑는 시험)는 또한 후학 이 관계에 나가도록 격려하기 위한 것이었다. 비록 이름난 경·대부(卿大夫)라 도 반드시 과거[科目]를 거치지 않으면 관계에 나아갈 수 없었고, 과목 외에도 은사(隱士)의 추천, 문음(門蔭)의 서용, 성중애마(成衆愛馬)의 선보(選補), 남반(南 班)·잡로(雜路)의 승전(陞轉) 등이 있었으며 관계에 나아가는 길이 한 가지만은 아니었다. 원래 그 법이 성립하여 제도로 정해지던 초기에 관인을 양육(養育) 하는 방식과 선취(選取)하는 제도, 전주(銓注)의 방법이 정연하여 조리(條理)가 있었다. 역대의 자손들이 거기에 의거하고 유지하였으니 우리나라 문물의 융 성함은 중화에서 모방한 것이다. 권신(權臣)들이 사사로이 정방(政房)을 설치 하면서부터 정사는 뇌물로 이루어지고 전법(銓法)이 크게 붕괴하여 과목(科目) 과 취사(取士)도 따라서 범람(汎濫)하였다. 이에 흑책정사(黑冊政事)라는 비방과 분홍급제(粉紅及第)라는 비난이 한 시대에 전파되었으며 고려의 왕업도 마침 내 쇠퇴하였다. 《《고려사》 권73, 지27 선거1 서문)

❷ 충숙왕(忠肅王) 2년(1334)에 지공거(知貢擧)를 고시관(考試官)으로, 동지공거 (同知貢擧)를 동고시관(同考試官)으로 고쳤다. 17년에 다시 지공거, 동지공거라 고 불렀다. 우리나라 풍속에 시험을 관장하는 자를 학사(學士)라고 하는데 문 생(門生 : 급제자)들은 부르기를 은문(恩門)이라고 하였다. 문생과 좌주(座主) 사 이의 예(禮)는 매우 중요하여 학사에게 부모가 있더라도 만일 학사의 좌주가 있으면 학사는 급제자의 명단을 발표한 후에 반드시 공복(公服)을 갖추고 가 서 좌주를 뵙는데 문생들은 줄을 지어서 따라 간다. 학사가 앞에서 절을 하면 문생은 그 뒤에서 절을 하며, 많은 빈객들은 비록 존장(尊長)일지라도 모두 당 (堂) 아래로 내려와 뜰에 서서 기다리다가 예가 끝나면 서로 읍을 하고 당에 올라 차례로 하례를 올린다. 이에 학사는 좌주를 맞이하여 자기 집으로 모셔 와 술잔을 올리고 장수를 축원한다. 《고려사》 권74, 지28 선거2 서문)

❸ 이의민(李義旼)은 경주 사람인데 그의 부친 이선(李善)은 소금과 체를 파는 것을 업으로 삼았으며, 모친은 연일현(延日縣) 옥령사(玉靈寺)의 여종[婢]이었 다. 이의민이 어렸을 때 이선의 꿈에 이의민이 푸른 옷[靑衣]를 입고 나타나 황 룡사(黃龍寺) 9층탑에 올라갔으므로 '이 아이가 반드시 크게 귀해질 것이다' 라고 여겼다. 장성해서는 신장이 8척이고, 다른 사람보다 힘이 월등히 뛰어 났으며 형 2명과 그 마을[鄕曲]에서 횡행하여 고을 사람들의 근심거리가 되었 다. 안찰사 김자양(金子陽)이 잡아다가 매질과 고문을 해서 두 형은 옥중에서 병사하였으나 이의민 만은 죽지 않는데 김자양이 그의 위인을 장하게 여 겨 경군(京軍)으로 선발하여 임명[補任]되었다. 그가 처를 데리고 짐을 등에 지 고 머리에 이고서 개경에 당도하자, 마침 날이 저물어 성문은 이미 닫혀 있었 으므로 성 남녘에 있는 연수사(延壽寺)에 투숙하였다. 그날 밤 꿈에 긴 사다 리가 성문에서 대궐까지 뻗어 있고 그는 그것을 타고 올라가다가 꿈을 깨었 으므로 이상하게 여겼다. 이의민은 수박(手搏)을 잘하여 의종이 아꼈으므로 대정(隊正)에서 별장(別將)으로 승진했다. 정중부의 난에서 이의민에게 살해 당한 사람이 다수를 차지하여 이의민은 중랑장(中郞將)에 제수되었다가 잠시 후 장군으로 승진되었다. 《고려사》 권128, 열전41 이의민)

생각해 보기

1. 광종 때 과거제도가 도입된 배경과 목적은 무엇일까?
2. 농민이 출세하는 길은 무엇이었을까?
3. 고려시대 지배계층의 주류는 과거출신자일까, 음서출신자일까?

참고문헌

1. 김용선, 《고려음서제도 연구》, 일조각, 1991.
2. 박용운, 《고려시대 음서제와 과거제 연구》, 일지사, 1990.
3. 이기백, 《고려귀족사회의 형성》, 일조각, 1990.
4. 이기백 등, 《고려광종연구》, 일조각, 1981.
5. 정구선, 《한국관리등용제도사연구》, 초록배매직스, 1999.
6. 허흥식, 《고려과거제도사 연구》, 일조각, 1981.
7. 허흥식, 《고려의 과거제도》, 일조각, 2005.
8. 홍승기, 《고려사회사연구》, 일조각, 2001.

高麗史

4 부

고려의 경제와 사회

1 고려 전기의 전시과 체제와 녹봉제

시정전시과의 성립

고려가 건국된 초기에는 신라의 토지제도를 답습하고 있었다. 식읍(食邑)과 녹읍(祿邑) 제도를 실시하였던 것이다. 후백제의 견훤과 신라 경순왕 김부가 고려에 귀순해 오자 그들에게 각각 양주(楊州)와 경주(慶州)를 식읍으로 주었다. 또 귀순한 지방 호족이나 신료들에게는 녹읍을 수여하였다. 916년(태조 17)에 왕건이 예산진에 행차하여 내린 조서 중에 "너희들 공경 장상(公卿 將相)은 나라의 녹을 받은 자들이니 내가 백성들을 자식처럼 아끼는 뜻을 깊이 헤아려 너희들 녹읍(祿邑) 편호(編戶)의 백성들을 가엾게 여겨야 할 것이다"라고 한 것에서 미루어 알 수 있다.

그러나 고려가 후삼국을 통일한 지 4년이 지난 940년(태조 23)에 식읍과 녹읍의 제도는 역분전(役分田) 체제로 바뀌게 된다. 후삼국을 통일할 때의 조신(朝臣)과 군사들에게 관계(官階)는 논하지 않고 인성과 행동의 선악, 공로의 대소를 보아 지급하였다. 즉 관직의 서열보다는 충성도나 공로에 따라 지급한 논공행상의 토지제도였다. 기존의 식읍·녹읍제를 폐지하고 역분전을 주었다는 것은 어떤 의미일까. 식읍·녹읍은 조세뿐 아니라 공부(貢賦)와 역역(力役)까지 수취할 수 있는 제도였다. 토지뿐 아니라 인간에 대한 지배까지 허용한 것이다. 그러나 역분전은 조세 수취권만 주어졌기 때문에 식읍·녹읍에 비해 그 지배력이

약한 것이었다. 이는 후삼국을 통일한 왕건이 공신이나 신하들의 권력이 비대해지는 것을 막고자 한 조치였다. 이를테면 신라의 신문왕이 귀족세력을 견제하기 위해 녹읍제를 폐지하고 문·무 관료전 제도로 바꾼 것과 맥을 같이 하는 것이다.

이 역분전 제도는 976년(경종 1)에 이르러 전시과(田柴科) 제도로 개정되었다. 즉 "직·산관 각품 전시과(職·散官 各品 田柴科)를 시정(始定)하였는데 관품의 고저를 논하지 아니하고 다만 인품으로써 정하였다" 한다. 이를 보통 '시정전시과'라 한다. 그런데 이를 전시과라 한 것은 조세를 거둘 수 있는 토지인 '전(田)'과 땔감을 얻을 수 있는 산지인 '시(柴)'를 함께 주었기에 붙여진 이름이었다. 당시의 지급 규정을 표로 나타내 보면 다음과 같다.

〈표〉 경종 원년의 시정전시과 ( )는 당연히 있었을 것이나 기록에 빠져 있는 것

자삼(紫衫)			문반(文班)									잡업(雜業)									무반(武班)		
			단삼(丹衫)			비삼(緋衫)			녹삼(綠衫)			단삼(丹衫)			비삼(緋衫)			녹삼(綠衫)			단삼(丹衫)		
품	전	시	품	전	시	품	전	시	품	전	시	품	전	시	품	전	시	품	전	시	품	전	시
1	110	110																					
2	105	105																					
3	100	100																					
4	95	95																					
5	90	90																					
6	85	85																					
7	80	80																					
8	75	75																					
9	70	70																					
10	65	65	1	65	55							1	60	55							1	65	55
11	60	60	2	60	50							2	(	)							2	60	50
12	55	55	3	55	45							3	55	45							3	55	45
13	50	50	4	50	42	1	50	40				4	50	42	1	(	)				4	50	42
14	45	45	5	45	39	2	45	35	1	45	35	5	45	39	2	45	35	1	(	)	5	45	39
15	42	40	6	42	30	3	42	30	2	42	33	6	42	30	3	42	30	2	42	32			
16	39	35	7	39	27	4	39	27	3	39	31	7	39	27	4	39	27	3	39	31			
17	36	30	8	36	24	5	36	20	4	36	28	8	36	24	5	36	20	4	36	28			
18	33	25	9	33	21	6	33	18	5	32	25	9	33	21	6	33	18	5	33	25			
			10	30	18	7	30	15	6	30	22	10	30	18	7	30	15	6	30	22			
						8	27	14	7	27	19				8	27	14	7	27	19			
									8	25	16							8	25	16			
									9	23	13							9	22	13			
									10	21	10							10	21	10			

여기서 보는 바와 같이 이 전시과의 특징은 우선 지급 기준을 4색 공복제(公服制)에 의해 구분하였다는 것이다. 이러한 공복제는 광종대에 마련된 것이었다. 즉 959년(광종 11)에 백관(百官)의 공복(公服)을 정하였는데 원윤(元尹) 이상은 자삼(紫衫)으로, 중단경(中壇卿) 이상은 단삼(丹衫)으로, 도항경(都航卿) 이상은 비삼(緋衫)으로, 그리고 소주부(小主簿) 이상은 녹삼(綠衫)으로 하였던 것이다.

　　그 중 자삼층이 가장 좋은 대우를 받고 있다. 이 자삼층은 원윤 이상 관계의 소유자들로 대부분 호족공신(豪族功臣) 계열에 속하는 자들이었다. 이들은 때로 관직을 받기도 했지만 구체적인 관직이 없이 관계만을 지니고 산관(散官)으로 있는 경우도 많았다. 따라서 자삼층은 문반, 무반, 잡업의 구분이 없었던 것이다. 물론 관직을 갖고 있다 하더라도 관계가 원윤 이상인 자들은 관계를 기준으로 하여 자삼층에 포함되었다고 생각한다. 그런데 이들이 가장 좋은 대우를 받고 있는 것은 호족공신계열이 재등장한 당시의 정치상황을 잘 반영해 주는 것이다. 이런 측면에서 인품으로 정하였다는 표현을 한 것 같다.

　　그러나 자삼층이라 하더라도 10품(品) 이하는 단삼의 문반층 1품(品)과 동일하거나 그보다 열악한 대우를 받고 있다. 그것은 인품을 중시했다고 하였으나 관직도 중시했음을 보여주는 것이다. 관계가 없다 하더라도 고위관직에 진출한 자들은 단삼의 상위 품(品)에 편입되어 자삼층의 하위집단보다도 좋은 대우를 해주어 이제 관직이 점차 중시되는 상황을 말해 주고 있다. 다시 말해 호족공신계열이 재등장하기는 했지만 광종 때에 진출한 신진관료(新進官僚)층도 만만치 않게 자리를 잡아가고 있음을 시사해 주는 것이다.

　　또 한 가지 특징은 관리들을 문반과 무반, 잡업 계층으로 나누었는데 잡업(雜業) 계층이 문반(文班)과 거의 동일한 대우를 받고 있는 점이 주목된다. 그런데 이 잡업계층이 전중(殿中)·사천(司天)·연수(延壽)·상선원(尙膳院)에 속해 있는 관리들임에 유의할 필요가 있다. 전중성은 종부시(宗簿寺)의 전신

(前身)으로 왕의 친족들과 보첩류(譜牒類)를 관장하던 관청이었다. 사천대는 천문(天文)·역수(曆數)·측후(測候)·각루(刻漏)를 관장한 곳이었다. 상선원은 후의 사선서(司膳署)로 왕의 음식을 담당한 관청이었다. 연수원에 대해서는 잘 알 수 없지만 왕의 건강이나 수명과 관련된 일을 맡아본 관청으로 생각된다. 이들이 하는 일은 잡다한 일이었으나, 모두 국왕의 측근에 있는 자들이었다. 예컨대 광종 때 사선(司膳)을 지냈고, 경종 때에 지어주사(知御廚事)를 역임한 위수여(韋壽餘)가 근신(近臣)이라 칭해진 점에서도 알 수 있다. 천문(天文)·복서(卜筮)에 정통했던 최지몽은 혜종 때 사천관(司天官)으로서 왕규의 변란을 예고하였고, 정종 때는 큰 상을 받고 있는 점도 이들 직책의 비중을 알게 해 준다. 따라서 인품(人品)을 중시하였던 시정전시과에서 이들이 문반과 동일한 대우를 받고 있는 것은 조금도 이상한 일이 아닌 것이다.

마지막으로 "이 해의 과등(科等)에 미치지 못한 자는 일체 15결씩 지급하였다"는 한외과(限外科)의 규정이 있었다. 여기에는 주로 군인층도 포함되었으리라는 견해도 있지만 단언하기는 어렵다.

개정·갱정 전시과와 녹봉제

그런데 이 시정전시과가 제정된 지 얼마 되지 않은 977년(경종 2) 3월에, 개국공신(開國功臣) 및 향의귀순성주(向義歸順城主)들에게 훈전(勳田)이란 토지가 지급되었다. 언뜻 보면 시정전시과에서 자삼층에 편입되어 토지를 받은 호족공신계열이 중복 대우를 받은 것이 아닌가 생각하기 쉽다. 그러나 그것은 아닌 것 같다. 전시과의 자삼층은 주로 940년(태조 23)에 제정된 삼한공신(三韓功臣)계열이고, 이때의 훈전대상자는 말 그대로 918년에 태조가 즉위하는 과정에서 공을 세운 자들과 그 이후 후삼국 통일기에 태조에게 귀순한 성주들이었던 것이다. 한편 훈전의 액수는 50결(結)에서 20결(結)까지로 적은 액수였지만 이는 전시과와는 달리 세습이 허용된 토지였다.

976년에 제정된 전시과는 이후 두 번에 걸쳐 대폭적인 수정이 이루어졌다. 먼저 998년(목종 1) 12월에 개정이 이루어졌다. "문·무 양반 및 군인 전시과를 개정(改定)하였다"라고 되어 있는 것이다. 따라서 이를 '개정전시과'라 부른다. 이번에는 전 관리를 18과(科)로 나누어 내사령(內史令)·시중(侍中)에게 전 100결, 시 70결을 준 제1과로부터 산전전부승지(散殿前副承旨)·영사(슈史)·서사(書史)에게 전 20결을 준 제18과에 이르기까지 전시를 지급하였던 것이다.

개정된 전시과의 특징은 우선 전 관리를 관직의 고하에 따라 지급하였다는 점이다. 인품이란 요소가 사라지고 관직과 위계가 그 지급 기준이 되었다. 둘째 군인들이 지급 대상에 명시되어 있다는 점이다. 마군(馬軍)이 17과에 편입되어 전 23결을, 보군(步軍)은 18과로 전 20결을 받고 있는 것이다. 셋째 무반에 비해 문반이 우대받고 있는 점도 특징이다. 예를 들면 같은 정4품이라 하더라도 문반은 제6과로 전 75결, 시 40결을 받고 있는 데 비해 무반은 제8과 전 65결, 시 35결을 받고 있는 것이다. 넷째 아직도 한외과가 존재하고 있다는 점이다. 즉 "이 한도에 미치지 못한 자는 전 17결을 지급하는 것을 상식(常式)으로 삼는다"라는 규정이 있었던 것이다.

1076년(문종 30)에 전시과는 다시 한 번 전면적인 개편이 이루어졌다. 이 해에 "양반 전시과를 갱정(更定)하였다"라고 되어 있다. 그리하여 이를 '갱정전시과'라 한다. 이번 규정에서도 모든 관리를 18과로 나누어 중서령·상서령·문하시중에게 제1과 전100결, 시 50결을 주는 것을 시작으로 제18과에는 한인(閑人)·잡류(雜類)들에게 전 17결을 지급하도록 되어 있다.

이 전시과의 특징은 우선 현직자에게만 전시가 주어졌다는 것이다. '개정전시과'에서는 검교직(檢校職)이나 동정직(同正職) 같은 산직자들이 지급 대상에 포함되었으나 이번에는 이들이 빠져 있어 실직주의에 입각하여 지급하였음을 알 수 있다. 둘째는 향직(鄕職)을 지닌 자들이 지급대상에 포함되어 있다는 것이다. 좌승(佐丞)·대상(大相)·원보(元甫)·정보(正甫)·원윤(元尹)

등의 향직자들이 지급 대상에 들어 있는 것이다. 왜 이들이 갑자기 지급 대상에 포함되었는지, 왜 지급의 상한이 3품인 좌승이 되었는지 하는 것은 아직 미지수다. 셋째는 무반에 대한 대우가 향상되었다는 점도 눈에 띈다. 예컨대 이번에는 정3품인 상장군이 5과의 대우를 받고 있어 제6과인 문반 정3품의 상서(尙書)보다 오히려 한 등급 높은 대우를 받고 있다. 대장군 이하의 무신들도 '개정전시과' 보다는 등급이 올라가 있는 것이다. 아마 거란이나 여진과의 관계를 통해 지위가 상승한 결과가 아닌가 한다. 넷째 이전의 전시과에 비해 지급 액수가 줄어든 것도 특징이라 하겠다. '개정전시과'도 '시정전시과'에 비해 지급액수가 줄어들었고 '갱정전시과'는 '개정전시과'에 비해 다시 그 지급액수가 줄고 있는 것이다. 관리들의 증가와 함께 퇴직 후 국가에 반납하지 않는 토지가 많아지면서 생긴 현상이 아닌가 한다. 다섯째는 이전에 있었던 한외과의 존재가 사라진 것도 한 특징이라 하겠다.

'갱정전시과'가 제정되기 전인 1049년(문종 3) 5월에는 양반공음전시법(兩班功蔭田柴法)이 제정되기도 하였다. 문하시랑평장사 이상에게 전(田) 25결, 시(柴) 15결을 주는 일품(一品)으로부터 전 15결, 시 5결을 주는 5품에 이르기까지 그 공로에 따라 전시를 주었다. 종래는 여기서의 '품'을 관품으로 보아 5품 이상의 관원이 수급대상자라 해석하였으나 최근에는 전 관리 중 공로가 있는 사람을 5등급으로 나누어 주었다는 설이 나왔다. 후자가 더 설득력이 있는 것 같다. 이 토지는 자손들에게 상속이 가능하였다.

한편 1076년(문종 30)에는 녹봉제(祿俸制)도 마련되었다. 당시의 규정을 보면 그 대상에 따라 크게 9개 부문으로 나누어 녹봉이 지급되었다. 왕비와 공주들에게 주었던 비주록(妃主祿), 왕의 친척들에게 준 종실록(宗室祿), 문·무의 관리들에게 준 문무반록(文武班祿), 임시로 맡은 관직자들에게 주었던 권무관록(權務官祿), 태자를 돌보는 관직자들에게 준 동궁관록(東宮官祿), 서경 관원들에게 준 서경관록(西京官祿), 지방관들에게 준 외관록(外官祿), 각 관서의 말단 이속들에게 준 잡별사(雜別賜), 각 관청에 소속되어 있는 공장

(工匠)들에게 준 제아문공장별사(諸衙門工匠別賜) 등이 있었다.

이 중 문·무반록을 보면 중서령·상서령·문하시중에게 400석(石)을 주었던 제1과로부터 국학학정(國學學正)·국학학록(國學學錄)·도염승(都染丞)에게 10석을 준 제47과까지 47개의 등급으로 나뉘어 있었다. 이처럼 전시과에 비해 많은 등급을 마련한 것은 각 관직의 고하와 중요도에 따라 세분화하였기 때문이라 생각한다.

녹봉은 백성들의 민전에서 나오는 조세 수입으로 충당되었다. 대체로 녹봉은 1년에 두 번, 1월과 6월에 지급되었다. 품목은 쌀·조·보리 등이었다. 때로는 미곡 대신에 견(絹)·포(布)·능(綾)·라(羅) 등으로 대신 지급하기도 하였다.

이로써 고려의 관리들은 전시과와 녹봉이라는 이중의 대우를 받았음을 알 수 있다. 이는 전시과가 관료들 자신의 토지에 면조권(免租權)을 준 데 따른 결과가 아닌가 한다.

관련 사료

❶ 문종 3년 5월에 양반공음전시법(兩班功蔭田柴法)을 제정하였다. 그 일품(一品)은 문하시랑평장사 이상이며 전(田) 25결, 시(柴) 15결이다. 2품은 참정(叅政) 이상이며 전 22결, 시 12결이다. 3품은 전 20결, 시 10결이다. 4품은 전 17결, 시 8결이다. 5품은 전 15결, 시 5결이다. 이것을 자손들에게 전수(傳授)한다. 산관(散官)은 5결을 감한다. 악공(樂工)·천구(賤口)·방량원리(放良員吏)는 모두 받지 못한다. 공음전을 받은 자의 자손으로서 사직(社稷)을 위태롭게 하거나 모반의 대역에 연루되어 죄를 짓거나 잡다한 범법으로 공사(公私)의 죄를 지어 제명된 자를 제외하고는 비록 그 아들이 죄가 있다 하더라도 그 손자가 죄가 없다면 공음전시의 3분의 1을 지급하였다. 27년 정월에 왕명으로 판정하기를, 아들이 없는 사람의 공음전은 사위, 친조카, 양자(養子), 의자(義子)에게 전수하여 지급하였다. 《고려사》 권78, 지32 식화1 전제 공음전시)

❷ 고려의 녹봉제도는 문종 때에 이르러 크게 갖추어졌다. 좌창(左倉 : 廣興倉)에 세미(歲米)로 들어오는 쌀, 조, 보리 총 13만 9천 7백 36섬 13두(斗)를 등급에 따라 나누어 주고[准給], 중앙[內]에서는 비주(妃主 : 왕의 처, 첩, 딸 등), 종실, 백관들과 지방[外]에서는 삼경(三京), 주, 부, 군, 현에 녹(祿)이 있지 않음이 없게 하여 염치를 기르게 했다. 그리하여 잡직(雜職), 서사(胥史), 공장(工匠)들에 이르기까지 모든 직역(職役)이 있는 자들도 다 일정한 녹봉이 있어서 그 경작을 대신하게 하였으므로 별사(別賜)라고 하였다. 서경관(西京官)의 녹봉은 서경에 있는 태창(太倉)에 해마다 서해도의 조세[稅米] 1만 7천 7백 2십 2석(石) 13두(斗)를 실어와 지급하였고, 외관의 녹봉은 절반은 좌창에서 주고 절반은 외읍(外邑)에서 지급하였다. 《고려사》 권80, 지34 식화3 녹봉 서문)

생각해 보기

1. 국가는 관료에게 조세수취권을 허용한 것일까, 면조권을 허용한 것일까?
2. 공음전시의 수급 대상은 5품 이상자였을까, 유공자들이었을까?
3. 과전은 경기지역에만 있었을까, 전국에 있었을까?

참고문헌

1. 강진철,《한국중세 토지소유연구》, 일조각, 1989.
2. 강진철,《개정 고려토지제도사연구》, 일조각, 1991.
3. 김옥근,《고려재정사연구》, 일조각, 1996.
4. 김용섭,《한국중세농업사연구》, 지식산업사, 2000.
5. 박용운,《고려시대사》, 일지사, 2008.
6. 박종진,《고려시기 재정운영과 조세제도》, 서울대출판부, 2000.
7. 안병우,《고려 전기의 재정연구》, 서울대출판부, 2002.
8. 윤한택,《고려 전기 사전연구》, 고려대 민족문화연구소, 1995.
9. 윤한택,《고려 양반과 양반전 연구》, 경인문화사, 2011.
10. 이경식,《고려 전기의 전시과》, 서울대학교 출판부, 2007.
11. 이경식,《한국 중세 토지제도사 : 고려》, 서울대학교출판문화원, 2011.
12. 이우성,《한국중세사회연구》, 일조각, 1991.
13. 홍승기 등,《고려태조의 국가경영》, 서울대출판부, 1996.
14. 이정희,《고려시대 세제의 연구》, 국학자료원, 2000.
15. 이종봉,《한국중세 도량형제연구》, 혜안, 2001.
16. 이진한,《고려 전기 관직과 녹봉의 관계연구》, 일지사, 1999.
17. 최정환,《고려·조선시대 녹봉제연구》, 경북대출판부, 1991.
18. 최정환,《고려 정치제도와 녹봉제연구》, 신서원, 2002.

2 고려 후기의 토지 탈점과 농장

전시과 체제의 붕괴와 녹과전

고려 전기에 백성들은 조상 대대로 물려받은 민전(民田)을 가지고 있었다. 관료들은 관직 복무의 대가로 국가로부터 토지를 받았다. 이를 '전시과(田柴科) 체제'라고 하였다. 이 전시과는 원래 관직에서 물러나면 국가에 반납해야 하는 토지였다. 그러나 욕심이 많은 관리들은 원칙을 지키지 않고 퇴직 후에도 전시를 계속 갖고 있는 경우가 발생하였다. 나아가 자신의 직위와 권력을 이용하여 남의 토지를 빼앗는 경우도 있었다. 그러자 전시과로 지급해야 할 토지가 점차 부족하게 되었다.

고려 중기 이후 몇몇 권세 있는 가문이 권력을 독점하면서 이러한 현상은 더욱 두드러졌다. 특히 왕실의 외척 가문들이 그러했다. 고려 인종의 외척이었던 인주 이씨 이자겸의 경우가 대표적인 경우였다. 그는 힘없는 백성들의 토지를 빼앗아 자신의 배를 채웠다.

1170년(의종 24)에 무신들이 집권하고부터 이러한 현상은 심화되었다. 1196년(명종 26)에 최충헌이 올린 '봉사 10조(封事十條)'에는 당시의 상황을 잘 보여주고 있다. 즉 "관직에 있는 자들이 탐욕을 부려 공전(公田)과 사전(私田)을 빼앗아 겸병하여 한 집안이 소유한 기름진 땅이 몇 고을에 걸쳐있습니다"라고 되어 있는 것이다.

최우 정권 때 몽고의 침입은 이를 더욱 부채질하였다. 본토를 버리고 강화도로 천도한 최우 정권의 관료들은 전시과를 제대로 받지 못하는 상황이 되었다. 또한 전시과와 동시에 녹봉을 받는 것이 상례였지만 이마저도 여의치 않았다. 여기에서 마련된 것이 '녹과전제(祿科田制)'였다.

'녹과전제'는 부족한 녹봉을 보충해 주기 위해 설정한 토지제도였다. 이것이 본격적으로 실시된 것은 1271년(원종 12)부터이다. 그러나 그 논의와 준비는 훨씬 이전부터 진행되었다. 1257년(고종 44)에 중서문하성의 재신(宰臣)들과 추밀원의 추신(樞臣)들이 녹봉을 대신할 토지를 분급할 것을 논의하고 급전도감(給田都監)이란 관청을 설치하였다. 이러한 준비를 거쳐 1271년에 녹과전제가 마련되어 경기(京畿) 8현(縣)의 땅을 관료들에게 지급하였던 것이다. 경기 8현이란 장단현(長湍縣)·송림현(松林縣)·임진현(臨津縣)·토산현(兔山縣)·임강현(臨江縣)·적성현(積城縣)·파평현(坡平縣)·마전현(麻田縣)을 말하는 것이었다.

그렇다고 하여 경기 8현의 땅 모두를 지급한 것은 아니었다. 그 중에서 새롭게 개간하여 경작할 수 있는 간지(墾地)를 지급하였다. 가장 가까운 땅은 말단 하급장교인 교위(校尉)와 대정(隊正)에게 지급되었다. 이들은 대개 힘든 일을 직접 담당하는 자들이었기 때문이었다.

농장의 형성 과정

특정인들의 대토지 소유가 확대되어 본격적으로 농장이 성립되는 것은 개경환도(1270) 이후의 일이었다. 특히 사패전(賜牌田)의 확대가 이를 더욱 촉진시켰다. 사패전은 원래 황폐화된 농경지에 대한 개간을 장려하기 위한 목적에서 실시된 것이었다. 당시 고려는 몽고와의 오랜 전란과 일본 원정, 삼별초의 항쟁 등으로 인하여 황무지가 많이 발생하였다. 게다가 농민들은 농토에서 유리되어 떠도는 경우도 많았다. 국가재정도 말이 아니었다. 이러한 상황 속에서 사패전을 지급하여 일시적으로 사회·경제 문제를 해결해 보고자 하였던 것이다.

그러나 이 제도는 긍정적인 측면보다 부정적인 측면이 더 많았다. 우선 사패전을 받는 계층이 문제였다. 이들은 주로 왕실 측근의 권력층이었다. 왕의 친척인 제왕(諸王)이나 재추(宰樞), 호종했던 신료들, 그리고 여기에 궁원(宮院)이나 사원도 끼어들어 사패전을 받았다. 이들은 합법적인 황무지를 개간하는 경우도 있었지만, 주인이 있는 토지도 황무지라 신고하여 빼앗는 경우가 허다하였다. 따라서 사패전의 지급은 농민들의 생활기반을 위협하는 것이 되고 말았다. 또 원의 간섭으로 권력이 약화된 왕실에서는 사패전의 지급을 통해 자신의 지지기반을 확보하려 하였다. 그 규모에 있어서도 제한이 없어 1인의 사패전이 2천 내지 3천 결에 달하는 경우도 있었다.

사패전의 지급은 그래도 합법적인 것이었다. 불법적인 토지 탈점이 훨씬 더 많았다. 또 탈점의 방식도 여러 가지였다. 권세가가 해당 관청의 관리와 공모하여 문서를 위조하여 민전을 빼앗는 경우도 있었다. 해당 관청의 관리란 중앙의 토지 관련 부서일 수도 있고, 지방의 향리들이기도 하였다. 물론 이들에게는 일정한 대가가 지불되었다. 이리하여 본인도 모르게 토지의 주인이 바뀌는 경우가 허다하였다. 힘없는 백성들은 이에 대해 항의도 할 수 없었다. 항의해 봤자 이를 들어줄 리도 만무하였다.

심지어는 물푸레나무(水精木)로 만든 채찍을 휘둘러 남의 토지를 강제로 뺏는 경우까지 있었다. 우왕(禑王)의 옹립에 공헌을 한 이인임(李仁任)과 임견미(林堅味)·염흥방(廉興邦) 등이 그 주인공들이었다. 이 소식을 들은 우왕은 이들을 어찌할 수 없었으나 은근히 빗대어 비난하기도 하였다. 일반 백성들은 이를 '수정목공문'이라 하면서 두려움에 떨었다 한다.

또 다른 방법은 고리대(高利貸)를 통한 것이었다. 부강한 양반들이나 세력가들은 가난한 농민들에게 쌀이나 재화를 빌려주고 이를 갚지 못하면 그들의 토지를 건네받았다. 사채에 못이긴 농민들은 오히려 자신의 토지를 사달라고 애원하는 사태까지 벌어졌다. 이를 이용하여 부호가들은 값을 더 깎아 헐값으로 이를 사들였던 것이다. 심지어는 사채를 견디다 못해 집과 땅을 버리고 도망하는 지경에까지 이르렀다.

농장 경영의 주체

농장의 확대는 농민 보호에 앞장서야 할 국왕과 왕실에 의해서도 진행되었다. 충렬왕은 내방고(內房庫)를 설치하여 환관으로 하여금 이를 관장하게 하는 한편 공전(公田)이나 사전(私田)을 가리지 않고 좋은 땅을 차지하여 백성들로 하여금 경작케 하였다. 이는 물론 충렬왕이 원나라에 왔다 갔다 하면서 쓰이는 여비가 막대하였기에 취한 조치였다. 충혜왕도 백성들의 민전을 탈취하여 보흥고(寶興庫)에 소속시켰는가 하면 선대의 공신전(功臣田)을 빼앗아 내고(內庫)에 소속시키는 조치도 취하였다.

왕의 인척들인 제왕(諸王)들도 경기지방의 기름진 토지를 많이 차지하고 있었으며 충렬왕비 제국대장공주의 궁인 원성전(元成殿)과 정화궁주의 궁전인 정화원(貞和院)을 비롯해 장군방(將軍房 : 장군들의 회의체)·순군(巡軍)·응방(鷹房 : 원나라에 매를 잡아다 바치던 관청) 등이 전국 각처의 촌락과 토지를 탈점하고 있었다. 이 중 원(元) 관련 기관은 소요경비를 조달하기 위한 목적도 있었지만, 개인적인 농장의 확대를 꾀하려는 경우도 많았다.

'권귀(權貴)' '권호(權豪)' '권세지가(權勢之家)' 등으로 불리던 권문세족들과 부원세력(附元勢力)들도 토지탈점의 핵심 주체였다. 이들은 권력을 이용하여 농장을 확대하였다. 특히 왕으로부터 사패전을 받는 방법이 주로 동원되었다. 그럼에도 이들은 국가에 조세를 내지 않아 국가 경제를 파탄의 지경에 이르게 하였다. 그들의 농장이 얼마나 컸는지 '산천(山川)으로 표를 하였다'라는 기록까지 보이고 있는 것이다.

이밖에도 은퇴한 관인이나 지방의 부호(富戶)들과 향리, 사심관(事審官) 등도 농장 형성의 대열에 참가하였다. 충혜왕대에 벼슬을 하다가 나주로 내려간 김횡(金鋐)의 경우가 대표적인 예다. 그는 나주에 있으면서 많은 토지와 백성을 탈점하여 부유한 생활을 하였다. 그런데 이들이 토지를 탈점할 때는 지방의 향리들과 결탁하는 것이 보통이었다. 향리들도 그 대가로 일부의 토지를 받아 농장을 경영하였다. 또 지방호족 출신으로 중앙에 올라와 고위관직에 오른 사심관은 자신의 연고지역에 대한 영향력을 가지고 있었다. 이러한 권리를 이용하여 공전이나 민전을 점유하였던 것이다. 그리하여 1318년(충숙왕 5)에는 사심관제가 폐지되기에 이르렀다.

농장의 폐해 개혁

전시과 체제가 붕괴되고 국가재정이 고갈되자 지배층 일부에서는 이에 대한 개혁의 논의가 이루어졌다. 1269년(원종 10)에 '전민변정사업(田民辨整事業)'이 일시적으로 취해졌다. 즉 변정도감(辨整都監)을 설치하여 그 책임자로 사(使)와 부사(副使)를 두었던 것이다. 이 사업은 권세가들이 탈점한 토지나 백성을 원래의 상태로 되돌리는 사업이었다. 그러나 권세가들의 반대로 제대로 이루어질 수가 없었다.

그리하여 충렬왕 때까지는 그 효과가 미미하다가 충선왕(忠宣王)이 복위하면서 사업은 다시 시작되었다. 그는 즉위하자마자 교서를 반포하여 변정사업의 의지를 표명했다. 즉 권세가들이 종실의 땅까지 겸병하고 있음을 지적하면서 각 지방의 안렴사와 수령은 끝까지 이를 추쇄하여 본래대로 돌리도록 하였다. 수조권의 주인이 명기되지 않은 사패전은 내외의 군인과 한인(閑人)에게 주도록 했다. 문서를 위조하여 토지를 탈점한 권세가들도 처벌할 것이라 하였다.

한편으로 토지와 백성의 숫자를 점검하는 사업이 병행되었다. 전국적인 토지의 규모도 파악하였다. 이를 양전사업(量田事業)이라 한다. 그러나 이 또한 쉽지 않았다. 이 사업으로 피해를 보는 반대세력의 책동이 심하였기 때문이다.

'전민변정사업'은 충선왕 이후에도 간헐적으로 실시되었다. 충목왕(忠穆王) 때 정치도감(整治都監)의 설치도 그러한 사업의 일환이었다. 왕후(王煦 : 본명은 權載)와 김영돈(金永頓)이 중심이 되어 정치도감을 중심으로 개혁사업을 추진하였다. 강제로 빼앗긴 토지를 본 주인에게 돌려주었는가 하면 억울하게 노비가 된 사람들도 다시 양인으로 돌려주었다. 그러나 원에서 세력을 떨치던 기황후(奇皇后)의 일족인 기삼만(奇三萬)의 죽음으로 사업은 중단되었다. 불법적으로 토지를 탈점한 사실을 적발하고 그를 잡아들여 심문하였는데 감옥에서 그가 죽고 말았다. 그러자 그의 처가 원에 고소하였고, 원의 강압으로 사업은 중단되었던 것이다.

이후 본격적인 사업은 공민왕 때 실시되었다. 1366년(공민왕 15)에 신돈(辛旽)에 의해 전민변정도감이 설치되면서 개혁이 실시되었다. 당시 권세가들은 종묘의 땅이나 군대의 땅을 가리지 않고 마구 탈점하였으며, 이미 이전에 이러한 사업이 진행되어 판결이 내려졌음에도 불구하고 원주인에게 돌려주지 않고 그대로 땅을 차지하고 있기도 하였다. 땅뿐만이 아니고 일반 양인들도 강제로 노예로 삼았다. 그리하여 역리(驛吏)나 관노, 백성들 가운데 역을 피해 도망 온 자들을 초치하여 막대한 농장을 경영하였다. 따라서 이를 철저히 조사하여 처벌할 것이니 스스로 신고할 것을 당부하였다. 이 조치가 어느정도 실효를 거둔 것은 사실이다. 그리하여 많은 사람들이 기뻐하였다 한다.

그러나 측근세력이 미미했던 신돈의 개혁은 결과적으로 실패했다. 신흥유신들의 폭넓은 지지를 얻지 못했을 뿐 아니라 공민왕의 신임도 점차 떨어졌기 때문이었다. 무엇보다 이 조치로 손해를 본 권문세가들이 신돈을 모함하고 헐뜯었던 데 그 요인이 있었다.

본격적인 토지제도의 개혁은 1388년(우왕 14)에 위화도 회군 이후 이성계세력의 등장과 신흥유학자들의 결합이 이루어지면서였다. 우왕과 창왕을 신돈의 자식이라 하여 내쫓고 공양왕을 옹립한 이들 세력은 사전 즉 농장의 개혁에 대한 논의를 시작하였다. 여기에 찬동하는 세력이 있었는가 하면 반대하는 세력도 있었다. 이 개혁을 적극적으로 추진한 사람은 조준(趙浚)이었다. 조준은 3차례나 이에 대한 상소를 올려 자신의 의지를 관철하려 하였다. 이에 힘입은 개혁론자들은 1390년(공양왕 2) 9월, 종래의 토지문서를 불사름으로써 농장은 혁파되기에 이르렀다. 이에 땅에 대한 새로운 체제가 마련되었으니 이것이 바로 1391년에 공포된 과전법(科田法)이었다.

관련 사료

❶ 원종 12년 2월에 도병마사(都兵馬使)가 언급하기를, "근래에 병란이 일어나 창고가 허갈(虛喝)되어 백관(百官)의 녹봉을 지급하지 못하므로 사인(士)을 권면할 수 없으니 청컨대 경기 8현에 대해서는 품계에 따라 녹과전(祿科田)을 지급하시기 바랍니다"라고 하였다. 당시 여러 왕족들과 총애 받는 측근들[左右嬖寵]은 비옥한 토지를 광대하게 차지하고 있었으므로 다양한 방법으로 저해하고 훼방하니 왕이 자못 미혹되었는데 우승선(右承宣) 허공(許珙) 등이 여러 번 (녹과전 설치에 대해) 말하였으므로 왕은 마지못해 좇았다. 《고려사》 권78, 지 32 식화1 전제 녹과전)

❷ (우왕 15년) 신돈(辛旽)이 (왕에게) 전민변정도감(田民辨整都監)의 설치를 청원하고 자신은 판사(判事)가 되어 전국[中外]에 방을 붙여 유시하였는데 "요즈음 기강(紀綱)이 크게 허물어져 탐하고 부정함이 관습적으로 성행하고 종묘, 학교, 창고, 사사(寺社), 녹전군(祿轉軍) 등의 공수전(公須田)과 국인이 대대로 업으로 삼았던 토전 및 백성을 호강(豪强)한 집안이 탈점하여 거의 다 없어졌다. 혹 이미 판결이 났는데도 그대로 가지고 있거나 혹은 양민을 노예로 삼았다. 또 주현(州縣)의 역리(驛吏), 관노(官奴), 백성들 가운데 역(役)을 도피한 자들을 모두 다 은닉하고 크게 농장(農莊)을 차려서 백성을 병들게 하고 나라를 궁핍하게 하니 수재와 한재가 일어나 반응하고, 돌림병[癘疫]이 멎지 않고 있다. 이제 도감을 설치하여 그로 하여금 시정케 할 것이니 개경에서는 15일, 각 지방에서는 40일을 기한으로 자기 잘못을 알고 스스로 시정하는 자는 죄를 묻지 않을 것이나 기한이 지나 일이 발각된 자는 처벌할 것이며 무고한 자는 그 벌을 도로 받을 것이다"라고 하였다. 영이 내려지니 권호들이 대부분 빼앗았던 전민(田民)을 그 주인에게 반환하였고 전국이 환호하였다. 《고려사》 권132, 열전45 신돈)

생각해 보기

1. 녹과전과 전시과의 차이점은 무엇일까?
2. 농장의 형성과 관리는 어떻게 이루어졌을까?
3. 신돈은 요승이었을까, 개혁가였을까?

참고문헌

1. 강진철, 《한국중세 토지소유연구》, 일조각, 1989.
2. 김용섭, 《한국중세농업사연구》, 지식산업사, 2000.
3. 박경안, 《고려후기 토지제도연구》, 혜안, 1996.
4. 배상현, 《고려후기 사원전연구》, 국학자료원, 1998.
5. 신은제, 《고려시대 전장의 구조와 경영》, 경인문화사, 2010 .
6. 14세기 고려사회성격 연구반, 《14세기 고려의 정치와 사회》, 민음사, 1994.
7. 위은숙, 《고려후기 농업경제연구》, 혜안, 1998.
8. 이병희, 《고려후기 사원경제 연구》, 경인문화사, 2008.
9. 이상선, 《고려시대 사원의 사회경제연구》, 성신여대출판부, 1998.
10. 이숙경, 《고려 말 조선 초 사패전 연구》, 일조각, 2007.
11. 이정호, 《고려시대의 농업생산과 권농정책》, 경인문화사, 2009.
12. 이태진, 《의술과 인구 그리고 농업기술》, 태학사, 2002.
13. 홍승기, 《고려사회경제사연구》, 일조각, 2001.

3 신분과 가족, 사회 정책

신분제의 구조

고려의 신분제는 양천제(良賤制)에 입각하여 크게 양신분과 천신분으로 나눌 수 있다. 양신분은 다시 대략 3개의 계층으로 나눌 수 있는데 왕족 및 양반·귀족, 중류층, 양민이 그것이다. 양반은 문반과 무반을 말하는 것으로 976년의 '시정전시과'에 처음 그 용어가 언급되어 있다. 이들은 과거에 합격하거나 음서를 통해 9품 이상의 관직에 복무하는 자들을 말한다. 귀족들은 이들 가운데 대체로 5품 이상의 관직자를 말한다. 3대 이상 5품 이상의 관료를 계속 배출한 가문을 귀족 가문이라 할 수 있다. 그러나 고려시대에 과연 서양과 같이 그 신분을 세습하는 귀족이 존재했는가에 대해서는 의문의 여지도 있다. 그들은 관직 복무의 대가로써 전시과와 녹봉을 지급 받아 생활을 영위했기 때문이다.

중류층은 서리(胥吏)와 향리, 남반(南班), 하급 장교, 군반(軍班) 등이 여기에 해당하였다. 서리는 중앙의 각 관청에서 기록이나 문서의 관장 등 행정의 말단 업무를 보는 실무층이었다. 예로부터 죽간에 글을 쓰고 잘못되면 이를 칼로 문질러 지우는 업무를 하였으므로 일명 '도필지임(刀筆之任)'이라고도 하였다. 이들 중에는 말단 이속으로 잡류(雜類)라 불리는 자들이 있었는데 문복(門僕)·주선(注膳)·전리(電吏) 등이 그들이었다. 향리는 지방에서 외관을 보좌하는 행정 실무자였다. 남반은 궁중에서 근무하는 자들로 궁전의 당직이나 국왕의 호종 및 왕명 전달 등을 맡아 보는 관리들이었다. 이들은 보통 7품까지밖에 오를 수 없는 한직제(限職制)의 적용을 받았다. 하급 장교로 9품에 들지 못하는 대정(隊正)들도 중류층에 속하였다. 중앙군의 일부를 구성한 것으로 추정되는 군반도 중류층에 넣을 수 있을 것이다.

양민의 대부분은 농민이었다. 농민들은 국가에 대해 일정한 직역이 없었다는 뜻에서 백정(白丁)으로도 불렸다. 이들은 국가에 대해 조세(租稅)와 역역(力役), 공부(貢賦)를 부담해야 했다. 조세는 토지 사용에 대한 대가로 바치는 수확물을 말한다. 자기 소유의 토지를 경작한 후 1년에 수확의 10분의 1을 국가에 바치는 것이 통례였다. 그러나 개인 사유지를 소작했을 경우에는 수확의 2분의 1, 공전을 수확했을 경우에는 4분의 1을 소작료로 내야 했다. 역역은 국가에 바치는 노동력을 말한다. 도로의 건설이나 각종 건축물의 축조, 성의 축조, 제방 건설 등에 동원되어 노동력을 제공해야 했다. 대개 16세에서 59세까지의 정남(丁男)이 이를 감당하였다. 공부는 토산물이나 수공업 제품을 국가에 바치는 것을 말한다. 공부에는 매년 일정하게 납부하는 상공(常貢)과 때에 따라 수시로 납부하는 별공(別貢)이 있었다. 공물은 토지나 호구의 수에 따라 각 군현에 할당되어 지방 관리의 책임 하에 정부 각 기관에 납부하였다.

상인이나 수공업자도 양민에 속하였다. 개경을 비롯한 큰 도시에는 시전(市廛)이 있었고, 지방의 장시를 돌아다니며 물건을 파는 행상(行商)도 있었다. 수공업자는 흔히 공장(工匠)이라 불렸다. 이들은 공장안(工匠案)에 등록되어 각종 물품의 제조에 동원되었다. 상·공인들은 농민들보다 천시되어 과거에 응시할 자격도 주어지지 않았다. 향·소·부곡민들도 양인에 속하기는 하지만 여러 면에서 차별대우를 받았다. 국학에의 입학이 금지되었는가 하면 형벌상 노비와 동등하게 취급되었고, 과거 응시도 불가능했다. 귀향형(歸鄕刑)의 유배지로 향·부곡이 많이 이용되었고 소민에게는 과중한 공물이 부과되기도 하였다. 따라서 때로 이를 견디다 못해 국가에 항거하는 경우도 있었다. 무인정권기에 공주 명학소(鳴鶴所)의 '망이·망소이의 봉기'가 대표적인 예이다. 역(驛)·진(津)·관(館) 등에 사는 주민들도 양민의 말단에 위치하였다. 양민의 최하위 계층에는 가축 도살업에 종사했던 화척(禾尺 : 楊水尺이라고도 함)이나 광대와 같은 재인(才人)들도 있었다.

천신분은 주로 노비들로 구성되었다. 노비는 관청에 속한 공노비(公奴婢)와 개인에 속한 사노비(私奴婢)로 구분할 수 있다. 공노비는 다시 관청 내에서 잡역에 종사하는 공역노비(供役奴婢)와 관청에서 떨어져 농경에 종사하는 외거노비(外居奴婢)로 나뉘었다. 사노비 중에도 주인과 함께 생활하는 솔거노비(率居奴婢)와 주인과 떨어져 주로 농경을 했던 외거노비가 있었다. 이 중 외거노비는 비교적 자유로워 자기 나름의 부를 축적할 수도 있었다. 평량(平亮)의 예가 그것이다. 그는 원래 평장사 김영관의 사노였는데 외부에 살면서 부를 축적하여 권세가에게 뇌물을 주고 양인이 되기도 했던 것이다. 그들 중에는 혼란기에 군공을 세우거나 권력에 아부하여 정계에 진출하는 경우도 있었다. 무인집정자의 지위에까지 오른 이의민의 경우가 대표적인 예다. 그러한 추세를 틈타 정권을 잡아보려 한 경우도 있었다. 최충헌의 사노였던 '만적(萬積)의 난'이 그것이다. 그는 난을 일으키면서 "장수와 재상이라 하여 무슨 따로 씨가 있겠는가. 때가 오면 누구나 할 수 있는 것이다"라는 외침을 부르짖기도 하였다. 그러나 대부분의 노비들은 소유물로 취급되어 매매·상속·증여의 대상이 되었고, 값이 매겨져 있었다. 또 부모 중 한쪽이 노비이면 '일천즉천(一賤則賤)'의 원칙에 따라 자식은 노비가 되어야 했고, 천자수모법(賤者隨母法)에 따라 어머니쪽 소유주에게 귀속되었다.

가족과 혼인

지금까지 전하고 있는 자료를 통해 볼 때 고려시대의 가족은 보통 5, 6인으로 구성된 소가족이 주를 이루었던 것으로 판단된다. 또한 사위가 처갓집 식구들과 함께 사는 솔서가족(率婿家族)이 많았다는 것도 특징이다. 이는 결혼 풍습 자체와 관련이 있었다. 남자가 여자 집에 가서 결혼식을 했던 것이다. 이를 '남귀여가혼(男歸女家婚)' 또는 '솔서혼(率婿婚)'이라 하였다. 혼인 후 남자는 얼마 동안을 여자 집에서 생활하였다. 이른바 '서류부가(婿留婦家)'의 생활이었다. 그 때문인지 모르지만 여자가 호주가 될 수 있었고, 자녀 간에도 차별을 두지 않고 연령순으로 호적에 기재하였다. 당시 부부는 대체로 일부일처제(一夫一妻制)였다. 이는 충렬왕 때 박유가 첩을 두자는 건의를 했다가 크게 비난받은 사실에서 알 수 있다. 그러나 일부 귀족이나 부자들은 첩을 두는 예도 있었다.

혼인은 대개 남자는 20세 전후, 여자는 15세 내지 18세에 행해졌다. 그러나 고려 말 공녀의 징발이 성행하자 이를 피하기 위해 조혼(早婚) 풍습이 생겨나기도 하였다. 근친혼 내지 동성혼이 널리 행해졌다는 것도 특징이다. 그러나 문종 때 이후 이를 금지하는 조항이 반포되고 고려 말 성리학의 도입으로 인하여 점차 줄어들게 되었다. 1058년(문종 12)에 대공친(大功親 : 9개월 동안 상복을 입는 친척의 범위), 즉 4촌 간의 혼인이 금지되었고 이것이 점차 확대되어 1367년(공민왕 16)에는 외6촌 간의 혼인도 금지하였던 것이다.

한편 재산의 상속에 있어서는 대체적으로 자녀균분상속(子女均分相續)이었다는 주장이 우세하다. 토지나 노비를 망라하고 대부분의 재산은 여자라고 차별하지 않고 자녀 간에 고루 상속하였다는 것이다. 부모가 세상을 떠났는데 이지저가 아우나 누이동생에게 재산을 나누어 주지 않아 비난을 받았다는 내용이나 윤선좌가 병이 들자 아들 윤찬에게 명하여 가산을 고루 분배케 하였다는 기록이 이를 뒷받침해 준다.

사회 정책

고려시대에 일반 백성들은 국가에 대해 여러 부담을 져야 했지만 국가도 이들을 보호하고 관리하는 정책을 펴야 했다. 조세 등을 거두고 국가를 운영하기 위해서는 건강한 백성들이 필요했기 때문이다. 우선 고려는 백성들을 위해 의창(義倉)을 운영하였다. 이는 창고에 곡식을 저장하였다가 곤궁한 백성들에게 빌려 주고 추수 후에 상환토록 한 제도이다. 이미 태조 때 흑창(黑倉)이 설치되었는데 성종 때에 이를 의창이라 하고 대여할 수 있는 쌀을 1만 석이나 증가시켰다. 백성들의 가난 정도에 따라 때로는 이자를 받기도 했고 때로는 이자 없이 대여하는 경우도 있었다.

물가를 조절하기 위한 관부도 운영되었다. 상평창(常平倉)은 성종 때 설치되었는데 당시 그 자산은 쌀 6만 4천 석이나 되었다. 개경과 서경, 그리고 전국의 12목에 상평창을 설치하여 흉년에 곡식의 가격이 올라가면 싼 값으로 곡식을 팔고 풍년이 들어 곡가가 떨어지면 비싼 값으로 곡식을 사들이는 방법을 취하였다. 나중에는 의창과 함께 곡식을 대여하는 역할도 수행하였다.

이밖에도 개경에는 동서대비원(東西大悲院)이 설치되었다. 의료 사업은 물론 의탁할 곳 없는 어려운 사람들을 돌보는 구제기관의 역할을 하였다. 가난하고 불쌍한 백성들에게 약을 나누어 주던 혜민국(惠民局)이 있었고, 지방에도 백성들을 구제하기 위한 약점(藥店)이 있었다.

그러나 범죄자들에게는 경중에 따라 형벌을 실시하여 사회를 바로잡으려 하였다. 고려의 형벌은 다섯 가지로 분류되어 있었다. 태(笞)·장(杖)·도(徒)·유(流)·사(死) 등이 그것이다. 태형은 길이 5척의 막대기로 넓적다리나 엉덩이를 때리는 형벌이었다. 장형은 태형의 막대기보다 더 크고 무거운 것으로 때리는데 그 횟수도 더 많았다. 도형은 일정 기간 동안 어느 장소에 구금하고 강제로 노역을 시키는 형벌이었다. 유형은 본적지에서 멀리 떨어진 곳, 예를 들면 섬이나 변방 등으로 보내어 거주를 제한하고 노역을 시키는 형벌이었다. 때로는 향·부곡에 보내지기도 하였다. 한편 개경에서 자신의 본관지로 돌아가게 하는 귀향형(歸鄕刑)도 있었고 이에 더하여 아예 수도에 올라오지 못하게 하고 일반 백성으로 삼는 충상호형(充常戶刑)도 있었다. 이는 주로 양반들에게 부과했던 형벌로 특권을 빼앗기 위해 실시된 것으로 추정된다. 사형은 말 그대로 사람을 죽이는 형벌이었다. 여기에는 사람을 목매달아 죽이는 교형(絞刑)과 칼로 목을 베어 죽이는 참형(斬刑)이 있었다. 참형이 교형보다 더 무거운 형벌이었다.

한편 상서 6부 중 형부에는 잡아 온 죄인을 가두는 형부옥(刑部獄)이 있었고, 개경 거리에는 가구소(街衢所)가 설치되어 크고 작은 범죄를 단속하였다. 이처럼 고려에서는 백성들을 위한 정책도 실시되었으나, 범죄를 저지른 백성들에게는 형벌을 가하여 사회 안정을 유지하고자 하였다.

관련 사료

❶ (명종 18년 5월) 계축일에 소감(少監) 왕원지(王元之)의 여종 남편[婢壻]인 사노 (私奴) 평량(平亮)이 원지(元之)의 집안을 몰살시켰다. 병진일에 평량을 먼 섬 으로 유배를 보냈다. 평량은 평장사 김영관(金永寬)의 가노(家奴)였는데 견주 (見州)에 살면서 농사에 종사하여 부를 쌓아 권귀[權要]에게 뇌물을 주어 천인 (賤人)의 신분을 면하고 양민(良民)이 되었으며 산원(散員) 동정(同正) 벼슬까지 얻었다. 그의 처가 바로 원지의 집 여종이었는데 원지는 가세가 빈한하여 가 족을 데리고 여종에게 가서 의탁하고 있었다. 평량은 (원지를) 후하게 위로하 면서 개경으로 돌아가라고 권유하고 은밀히 자기의 처남들인 인무(仁茂), 인 비(仁庇) 등과 도중에 잠복하고 있다가 원지 부부와 아이들을 살해하고 스스 로 자기 주인이 없어진 것을 다행으로 여기며 영원히 양민이 될 수 있다 하여 자기 아들 예규(禮圭)에게 대정(隊正)을 얻어 주어 팔관보(八關寶) 판관(判官) 박 유진(朴柔進)의 딸에게 장가들게 하였다. 또 처남 인무는 명경 학유(明經 學諭) 박우석(朴禹錫)의 딸에게 장가들게 하였는데 사람들이 모두 통분해 하였다. 이때에 이르러 어사대(御史臺)에서 그들을 체포하여 국문하였으니 평량은 유 배에 처해지고 유진과 우석 등은 관직에서 파면시켰다. 인무, 인비, 예규 등 은 모두 도망하여 숨어 버렸다. 《고려사》 권20, 세가20 명종 18년 5월 계축)

❷ 손변의 처음 이름은 습경(襲卿)이고, 수주(樹州) 사람이다. 과거에 합격하여 천안부(天安府) 판관(判官)에 선발[調用]되었는데 정사를 잘하여 등급을 뛰어넘 어 공역서승(供驛署丞)을 제수받았다. 고종조(高宗朝)에 여러 관직을 거쳐 예부 시랑(禮部侍郎)에 올랐으나 죄가 아닌데도 억지로 섬에 유배되었다가 얼마 후 경상도안찰부사(慶尙道按察副使)를 제수받았다. 당시에 어떤 남매간에 서로 송 사가 있었다. 남동생이 말하기를, "우리는 한 어머니에게 태어난 남매간인데 왜 누이만 부모의 재산을 독차지하고 동생에게는 나누어 주지 않는가?"라고 하였고, 누이는 말하기를, "아버지가 돌아가실 때에 가산 전부를 나에게 맡 기셨고, 너에게 남긴 것은 검정 옷[緇衣] 한 벌, 검정 갓[緇冠] 하나, 미투리[繩鞋] 한 켤레, 양지(兩紙) 한 권뿐이다. 문서[文契]가 구비되어 있으니 어떻게 어길 수 있겠는가?"라고 하여 송사가 진행된 지 몇 해가 지났으나 해결되지 못하 였다. 손변이 두 남매를 불러서 앞에 놓고 묻기를, "너희 아버지가 죽을 때에 어머니는 어디 있었는가?"라고 하니 말하기를, "어머니는 먼저 돌아가셨습니

다"라고 하였다. "그때에 너희들의 나이는 각각 몇 살이었느냐?"라고 하니 말하기를, "누이는 이미 시집갔었고 저는 아직 어린아이였습니다"라고 하였다. 손변이 듣고 나서 타이르며 말하기를, "부모의 마음은 자식에 대해 똑같다. 어찌 장성해서 이미 출가한 딸에게만 후하고, 어미도 없는 어린 아들에게는 박하게 할 리가 있는가? 돌아보건대 아들은 의지할 곳이 누이밖에 없으니 만약 재산을 누이와 같게 남겨준다면 그 아이에 대한 누이의 애정이 혹 지극하지 못하거나 양육이 혹 온전하지 못할까 염려해서일 것이다. 아이가 장성하면 이 종이를 사용해 소장을 작성하여 검은 의관에 미투리를 착용하고 관아에 가서 알리면 장차 분별을 잘 해줄 사람이 있을 것이므로 오직 이 네 가지 물건만 남겨 준 것이니 그 의도는 아마 이와 같을 것이다"라고 하였다. 동생과 누이가 듣고서는 감동하고 깨닫게 되어 서로 마주보고 눈물을 흘렸으니 손변이 드디어 재산을 똑같이 나누어 주었다. 《고려사》 권102, 열전15 손변)

생각해 보기

1. 노비계층은 어떻게 형성되었을까?
2. 고려시대 여성의 지위는 조선시대의 여성과 어떠한 차이가 있을까?
3. 사형제도는 존치해야 할까. 폐지되어야 할까?

참고문헌

1. 권순형, 《고려의 혼인제와 여성의 삶》, 혜안, 2006.
2. 旗田巍, 《朝鮮中世社會史의 研究》, 法政大學出版局, 1972.
3. 김기덕, 《고려시대 봉작제 연구》, 청년사, 1998.
4. 김난옥, 《고려시대 전사(賤事)·천역양인(賤役良人) 연구》, 신서원, 2000.
5. 박용운 외, 《한국 고대·중세의 지배 체제와 농민》, 지식산업사, 1997.
6. 박용운, 《고려 사회와 문벌귀족가문》, 경인문화사, 2003.
7. 박용운, 《고려시대사》, 일지사, 2008.
8. 박은경, 《고려시대 향촌사회연구》, 일조각, 1996.
9. 박종기, 《고려시대 부곡제연구》, 서울대출판부, 1990.
10. 변태섭, 《고려정치제도사연구》, 일조각, 1971.
11. 손홍렬, 《한국중세의 의료제도연구》, 수서원, 1988.
12. 신호웅, 《고려법제사연구》, 국학자료원, 1995.
13. 이우성, 《한국중세사회연구》, 일조각, 1991.
14. 이정훈 외, 《고려시대의 형법과 형정》, 국사편찬위원회, 2002.
15. 지승종, 《한국 고·중세 사회의 구조와 변동》, 문학과 지성사, 1988.
16. 채웅석, 《고려시대의 국가와 지방사회》, 서울대출판부, 2000.
17. 채웅석 외, 《고려·조선 전기 중인 연구》, 신서원, 2001.
18. 최재석, 《한국가족제도사연구》, 일지사, 1983.
19. 최홍기, 《한국 호적제도사 연구》, 서울대출판부, 1975.
20. 허흥식, 《고려사회사연구》, 아세아문화사, 1981.
21. 홍승기, 《고려 귀족사회와 노비》, 일조각, 1983.
22. 홍승기, 《고려사회사연구》, 일조각, 2001.

4 고려왕실의 근친혼

근친혼의 시작과 실상

근친혼(近親婚)이란 가까운 친척끼리 혼인하는 행태를 말한다. 현재 우리나라에는 이러한 결혼형태가 존재하지 않으며, 용납되지도 못하고 있다. 그런데 고려왕실에서는 이 근친혼이 성행하였다.

고려시대 왕실의 근친혼은 제4대 광종의 혼인에서 비롯되었다. 광종은 태조의 후비였던 충주 유씨의 소생이었다. 그런데 그는 태조의 딸인 황보씨(皇甫氏)와 혼인하였다. 광종의 부인인 대목왕후 황보씨는 태조의 제4비 신정왕후(神靜王后) 황보씨와 태조와의 사이에서 난 딸이었다. 결국 광종은 자신의 이복동생과 결혼한 셈이 된다.

광종의 두 번째 혼인도 근친혼이었다. 둘째부인인 경화궁부인 임씨(林氏)는 혜종과 의화왕후 임씨와의 사이에서 난 딸이었다. 의화왕후의 아버지는 진주(鎭州 : 충북 진천) 출신 임희(林曦)였다. 그런데 혜종은 태조 왕건과 나주 오씨와의 사이에서 난 아들이었다. 따라서 광종의 두 번째 혼인은 이복형의 딸과 이루어진 것이었다. 즉 조카와 결혼한 것이다.

그러나 이 두 혼인은 광종이 왕위에 오른 뒤에 이루어진 것은 아니었다. 또 그의 의도에 따라 이루어진 것도 아니었다. 첫 번째 혼인은 광종이 왕위에 오르기 전인 태조 때 이루어진 것이다. 광종[王昭]은 925년(태조 8)에 태어났다. 따라서 태조가 죽은 943년에는 나이가 18세가 된다. 이때까지 혼인이 이루어지지 않았다고 보는 것은 무리이기 때문이다. 광종의 두 번째 혼인도 혜종대에 이루어졌던 것이다.

이렇게 시작된 왕실의 근친혼은 계속되었다. 경종(景宗)의 부인은 5명이 있었는데 이들은 모두 경종과 가까운 인척관계에 있었다. 제1비 헌숙왕후 김씨(金氏)는 경순왕 김부(金傅)의 딸이라 되어 있어 전혀 남인 것 같아 보인다. 그러나 그는 태조와 부인 충주 유씨 사이에서 태어난 낙랑공주가 김부에게 시집가 낳은 딸이다. 즉 헌숙왕후 김씨의 어머니가 광종의 누이인 것이다. 따라서 광종의 아들이었던 경종에게는 고종사촌이 된다. 그런데도 혼인을 한 것이다.

제2비인 헌의왕후 유씨(劉氏)는 광종의 아우 정(貞)의 딸이므로 친계로 고종사촌이 된다. 제3비 헌애왕후 황보씨와 제4비 헌정왕후 황보씨는 모두 대종(戴宗)의 딸이었다. 대종은 태조와 신정왕태후 황보씨 사이에서 태어난 아들이었다. 또 대종은 경종의 어머니이면서 광종의 비였던 대목왕후와 친남매 사이였다. 결국 광종은 외삼촌의 두 딸과 혼인을 한 것이었다. 제5비인 대명궁부인 유씨(柳氏)는 원장태자의 딸이었다. 원장태자는 태조의 아들이었는데 그의 부인은 광종의 누이동생인 흥방궁주(興方宮主)였다. 즉 경종은 고모의 딸과 결혼을 한 셈이 된다.

경종의 뒤를 이은 성종(成宗)도 근친혼을 하였다. 성종의 제1비 문덕왕후 유씨(劉氏)는 광종의 딸이었다. 그런데 성종은 대종의 아들이었다. 따라서 두 사람은 고종사촌뻘이 된다. 성종의 아버지와 문덕왕후의 아버지는 모두 태조의 아들로 이복형제간이었기 때문이다.

제7대 임금인 목종(穆宗) 때에도 근친혼이 이루어졌다. 그의 제1비인 선정왕후 유씨(劉氏)는 홍덕원군 규(圭)의 딸이었다. 그런데 홍덕원군은 성종의 왕비였던 문덕왕후가 처음 혼인했던 인물이다. 또 그는 태조와 헌목부인 평씨(平氏)의 손자였다. 따라서 경종의 아들이었던 목종과 선정왕후는 증조 할아버지를 같이 하는 6촌간이었다.

여기서 보는 바와 같이 고려 제4대 광종에서부터 제7대 목종에 이르기까
지 왕실에서는 극도의 근친혼이 여러 번 이루어졌다. 조카나 사촌은 물론
이고 이복 남매끼리 결혼하기도 하였다. 지금으로서는 도저히 생각할 수
없는 현상이 벌어졌던 것이다.

〈표〉 광종과 경종의 근친혼 사례도

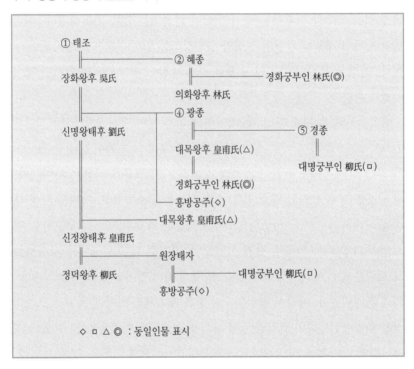

근친혼의 이유와 칭성(稱姓)문제

이와 같은 근친혼의 단서는 태조 때 마련되었다. 태조는 알려진 바와 같
이 29명에 달하는 후비와 부인이 있었다. 그리고 거기에서 25명의 왕자와

9명의 왕녀를 얻었다. 태조는 이들을 누구와 혼인시킬 것인가 고민하였을 것이다.

태조의 혼인은 신라 말의 혼란한 정국을 일신하고 후삼국을 통일하려는 정책적 목적에서 이루어진 경우가 많았다. 물론 호족 자신들의 요청에 의한 경우도 있었다. 이렇게 혼인이 이루어진 시점에서 그의 자식들이 혼인해야 할 대상은 다시 그 호족들이었을 가능성이 컸다. 그러나 그것은 불가능한 일이었다. 중첩된 혼인관계를 맺을 수는 없었던 것이다. 그리고 후삼국 통일을 완수한 이후에는 왕실의 힘이 분산되는 것을 꺼려하였다. 이런 상황 속에서 태조는 왕실의 결집과 왕권강화를 위해 근친혼을 생각했던 것이다. 따라서 자신의 아들인 광종과 자신의 딸인 황보씨를 혼인시킨 것이 아닌가 한다.

이러한 상황은 광종과 그 제2비와의 혼인을 보면 명백해진다. 이 혼인은 945년(혜종 2) 무렵에 이루어졌다. 당시 광주(廣州)의 호족이었던 왕규(王規)가 자신의 외손자를 왕위에 앉히려고 여러 가지 책동을 하는 상황이었다. 왕요(王堯 : 후의 정종)와 왕소(王昭 : 후의 광종)를 참소하였고, 자객을 보내 혜종을 살해하려 하기도 하였다. 그러자 혜종은 왕요와 왕소의 무고함을 알고 은혜와 의리를 더욱 두텁게 하였으며, 자신의 딸을 왕소에게 시집보내 그 세력을 강하게 해주었던 것이다. 이렇게 해서 맺어진 것이 광종과 제2비와의 혼인이었다. 따라서 왕실의 근친혼은 호족세력이 강했던 고려 초기의 상황에서 왕실세력의 결집과 권력 강화를 위한 혼인이었음을 알 수 있다.

이렇게 근친혼을 하였지만 겉으로 보기에는 전혀 그렇지 않게 보였다. 그것은 후비들의 성이 왕씨(王氏)가 아닌 이성(異姓)을 갖고 있었기 때문이다. 《고려사》 후비전을 보면 태조 이래 역대 왕들의 후비 명단이 나오고 있다. 그런데 광종의 제1비였던 대목왕후가 황보씨로 나오고 있다. 그는 태조 왕건의 딸이므로 현재의 개념으로 보면 왕씨가 되어야 한다. 그러나 어머니의 성을 따라 황보씨가 되었다. 외가쪽 성을 따른 것이다. 제2비인 경화궁부인도 마찬가지로 혜종의 성인 왕씨를 따르지 않고, 외가 성을 따라 임씨가 되고 있는 것이다.

아버지의 외가 성을 따른 경우도 있었다. 친할머니의 성을 따른 경우이다. 경종의 제5비 대명궁부인 유씨(柳氏)는 아버지 원장태자의 성을 따랐다면 왕씨(王氏)가 되어야 한다. 또 외가 성을 따랐다면 흥방궁주의 성인 유씨(劉氏)가 되어야 한다. 그러나 그는 원장태자의 어머니이며 본인에게는 친할머니가 되는 유씨(柳氏) 부인의 성을 따르고 있다. 성종의 제1비였던 문덕왕후 유씨(劉氏)도 어머니 대목왕후 황보씨의 성을 따르지 않고 친할머니인 태조의 부인인 신명왕후 유씨(劉氏)의 성을 따르고 있다.

이는 아마도 송과의 외교관계를 고려하여 동성끼리 결혼했다는 혐의를 피하기 위한 것이 아니었나 한다. 당시 송에서는 동성끼리 결혼하는 것은 야만적인 풍습이라 여기고 있었다.

근친혼의 변화

왕실의 근친혼은 제8대 현종을 계기로 약간의 변화를 보이고 있다. 현종은 경종의 왕비였던 헌정왕후 황보씨가 경종이 죽은 뒤 태조의 아들 안종(安宗) 욱(郁)과 사통하여 낳은 인물이다. 따라서 어렸을 때부터 모진 고통을 참으며 지내야 했다.

그의 어머니는 그를 낳다가 죽었고, 아버지는 사수현(泗水縣 : 경남 사천)으로 귀양가 있었다. 그리하여 그는 유모 손에 길러졌다. 이즈음 경종의 또 다른 왕비였던 헌애왕후 황보씨가 김치양(金致陽)과 사통하여 아들을 얻음으로써 대량원군[후의 현종]은 더욱 위태롭게 되었다. 그는 삼각산에 있는 신혈사라는 절에 기거하면서 몇 번 죽을 뻔했으나, 이를 모면하고 가까스로 왕위에 올랐다.

따라서 그의 왕권은 취약했다고 할 수 있다. 그 때문인지 모르지만 그는

13명의 후비를 맞아들였다. 이 가운데 3명과의 혼인은 이전대로 근친혼이었다. 제1비 원정왕후 김씨와 제2비 원화왕후 최씨는 성종의 딸이었다. 이 혼인은 지위가 위태로웠던 현종이 성종의 딸을 왕비로 맞아들임으로써 성종의 사위자격을 획득하기 위함이었다. 다시 말해 근친혼을 통해 자신이 정당한 왕위계승자임을 자처하려 했던 것 같다. 전왕이었던 목종도 성종의 사위자격으로 왕위에 오른 적이 있기 때문이다.

제5비 원용왕후 유씨(柳氏)는 종실이었던 경장태자의 딸이었다. 경장태자의 아버지는 태조의 아들인 대종(戴宗) 욱(旭)이었다. 대종 욱과 선의왕후 유씨(柳氏) 사이에서 경장태자가 태어났던 것이다. 따라서 원용왕후도 현종과 가까운 친척은 아니었지만 근친혼이었다. 또 원용왕후 유씨도 아버지의 성을 따르지 않고 친할머니의 성을 따랐다.

그러나 현종은 이 3명 이외에 10명의 후비는 다른 가문에서 맞아왔다. 이 중 제3·4·7비는 안산 김씨 김은부(金殷傅)의 딸이었다. 거란의 침입으로 나주까지 피난을 떠났다가 돌아오던 현종이 공주에 들렀다가 맺은 인연으로 혼인이 이루어졌다. 당시 공주절도사였던 김은부가 왕의 초라한 행색을 보고 딸로 하여금 옷을 지어 바치게 하였고, 그 고마움으로 맺어진 것이었다.

제6비 원목왕후 서씨(徐氏)는 이천 서씨로 서눌(徐訥)의 딸이었다. 제8비 원순숙비는 경주 김씨인 김인위(金因渭)의 딸이었다. 제9비는 청주 이씨인 이가도(李可道)의 딸이었으며, 제11비 한씨 부인은 한인경(韓藺卿)의 딸이었다.

그런데 이들 가문은 대개 당대 명문이었으며 그 후비들의 아버지는 당대의 실력자였다. 김은부는 공주절도사로서 공주지역의 군권을 장악하고 있었으며, 서눌은 현종 때 과거에 합격하여 국자좨주(國子祭酒)·지이부사(知吏部事 : 고려 전기 문신들의 인사와 고과를 관장한 상서이부의 지사직으로 타관이 겸직하였음)에 오른 인물이었다. 특히 서눌의 아버지는 성종 때 거란족이 침입하자, 적장이었던 소손녕과 담판을 벌여 강동 6주를 획득한 서희(徐熙)였다. 김인위의 경주 김씨 가문은 태조 때부터 왕실과 혼인했던 집안이었다. 이가도(李可道)는 1014년(현종 5)에 일어난 김훈·최질의 난을 진압하였고 그 공으로 왕성(王姓)을 하사받은 인물이다. 한인경도 목종대에 평장사(平章事 : 정2품)의 직위에 있었다.

이와 같이 현종은 종실에서 왕비를 맞아오는 근친혼을 하기도 했으나 당시의 유력가문에서 왕비를 맞아왔다. 그 이유는 귀족들의 도움을 받아 허약한 왕실을 보강하려는 의도에서였다. 현종 때에 이르러 몇몇 가문은 서서히 문벌귀족 가문으로 성장해 가고 있었다는 것을 반증해 주는 것이기도 하다.

이러한 경향은 덕종(德宗) 이후 계속되었다. 덕종·문종·순종·예종·의종 등이 전왕의 딸이나 종실의 딸을 왕비로 맞은 예가 있기는 했다. 그러나 다른 귀족가문에서 왕비를 맞아오는 경우가 더 많았다. 특히 고려 중기에는 인주 이씨가 등장하여 다수의 왕비를 배출하였다. 이자연(李子淵)의 세 딸이 문종의 왕비가 되었으며, 이호(李顥)의 딸이 순종비가 되었다. 순종의 뒤를 이은 선종(宣宗)은 3명의 왕비가 있었는데 이들 모두가 인주 이씨였다. 이자의(李資義)의 난을 진압하고 왕위에 즉위한 숙종만은 인주 이씨에서 왕비를 맞아오지 않았다. 그러나 예종 때에 와서 이자겸(李資謙)의 한 딸이 왕비가 되었으며, 인종은 그의 두 딸을 왕비로 맞이했다. 이제 왕실세력은 약화되어 근친혼의 취지가 퇴색하고, 유력한 귀족가문에서 왕비를 맞이해야 하는 상황이 되었던 것이다.

그러나 인종 때 이자겸의 난을 진압하고 난 이후 고려의 왕실혼은 다시 근친혼체제가 강화되는 변화를 겪는다. 그리하여 의종에서 충선왕에 이르기까지 역대 왕들은 예외 없이 적어도 1명의 후비는 종실에서 맞아오게 된다. 특히 명종·신종·희종·고종은 왕비가 1명뿐인데 이를 종실에서 맞아오고 있는 것이다. 사실 이 시기는 무신정권시기로 왕실의 권한이 강화되었기 때문은 아니었다. 무인집권자들이 다른 외척가문이 발호하는 것을 막기 위한 목적에서 근친혼이 이루어졌다. 왕실 근친혼 자체는 강화되었으나 고려 전기의 목적이나 취지와는 멀어지게 되었던 것이다.

근친혼의 시원과 의의

왕실의 근친혼은 사실상 고려시대에만 있었던 것은 아니다. 신라시대에도 행해졌던 적이 있었다. 신라의 17대 왕이었던 내물왕의 왕비가 13대 미추왕의 딸이었다. 미추왕은 내물왕의 큰아버지였으니 내물왕은 사촌동생과 결혼을 한 셈이 된다. 이 혼인에 대해 《삼국사기》의 찬자인 김부식은 각국은 각기 그 풍속이 다르니 중국의 예로써만 보아서는 안 된다고 하고 있다.

또 법흥왕·진흥왕 때에 영토 확장과 함께 불교가 공인되면서 성골(聖骨) 의식이 촉발되었다. 그리하여 김씨 왕족끼리만 혼인을 하는 경우가 많았다. 그 결과 아들을 얻지 못해 선덕여왕·진덕여왕과 같은 여왕이 출현하기도 하였다. 이러한 전통이 고려시대에도 영향을 주었던 것이다.

근친혼이 왕실에만 행해진 것도 아니었다. 귀족들이나 평민들도 근친혼을 하였다. 고구려 초기에는 형사취수(兄死取嫂)라 하여 형이 죽으면 그 동생이 형수를 데리고 사는 풍습도 있었다. 고려시대에도 귀족은 물론 일반 평민들도 근친혼을 하는 경우가 많았다. 교통과 통신이 발달하지 못한 당시의 현실에서 매일 보는 동네처녀와 결혼을 하게 되는 경우가 많았을 것이다. 이때 가까운 친척들이 같이 모여 살았다면 근친혼은 자연스럽게 행해졌으리라 생각된다.

물론 이를 피하고자 한 경우도 있었다. 동예에서는 동성끼리 혼인하지 않았다고 한다. 신라왕실에서도 박·석·김씨가 서로 혼인관계를 맺어 연합한 것을 보면 근친혼을 피하고자 한 흔적이 보인다. 고려시대에 와서도 중기 이후에는 유교의 확산과 송과의 교류확대로 근친혼을 금지하는 조항이 나오기 시작하였다. 1058년(문종 12)에 대공친(大功親 : 사람이 죽었을 때 상복을 9개월간 입을 수 있는 친척의 범위) 즉 4촌끼리의 결혼을 금지하는 법이 제정되었고, 1096년(숙종 1)에는 소공친(小功親 : 상복을 5개월간 입을 수 있는 친척의 범위) 즉 6촌 사이의 혼인을 금지하는 법이 제정되었다. 1304년(충렬왕 34)에는 외가쪽으로도 4촌간에는 혼인해서는 안 된다는 법조항이 생기기도 하였다. 그러다가 조선시대에 이르러 성리학이 발달하면서 친척은 물론이고 동성동본은 무조건 혼인이 금지되었다.

현재의 입장에서 보면 고려시대에는 왕실혼은 물론이고 일반인들의 혼인도 매우 자유로웠던 것이다. 그러나 고려 전기 왕실 근친혼의 경우는 왕실의 결집과 동시에 왕권의 분산을 막아보려는 정치적 목적에서 행해진 것이었다는 데 그 의의가 있다.

관련 사료

❶ 태조는 옛것을 본받아 풍속을 교화시킬 뜻이 있었으나 토착의 풍습에 익숙하여 아들을 딸에게 장가들이면서 딸은 이름을 부르지 않고 외성(外姓)을 칭하게 하였다. 그 자손들도 이것을 가법(家法)이라 여기고 괴이하게 생각하지 않았으니 애석한 일이다. 대체로 부부란 인륜의 근본이다. 국가가 잘 다스려지거나 문란해지는 것은 여기서 말미암지 않음이 없으니 어찌 신중하지 않겠는가. 《고려사》 권88, 열전1 후비 서문)

❷ 헌정왕후(獻貞王后) 황보(皇甫)씨도 대종(戴宗)의 딸이다. 경종(景宗)이 훙서(薨逝)하자 출궁하여 왕륜사(王輪寺) 남쪽에 있는 사제(私第)에서 지냈다. 일찍이 꿈에 곡령(鵠嶺)에 올라가 소변을 누었는데 계속 흘러서 나라 안에 넘쳤으며, 모두 은빛 바다를 이루었다. 이에 점을 보았더니 말하기를, "아들을 낳으면 왕이 되어 한 나라를 가지게 되리라"고 하니 왕후가 말하기를, "나는 이미 과부인데 어찌 아들을 낳겠는가?"라고 하였다. 당시 안종(安宗)의 집과 왕후의 집이 서로 가까웠으므로 왕래가 있었는데 정을 통하게 되어 임신하였으나 만삭이 되어도 다른 사람에게 감히 발설하지 못하였다. 성종 11년(992) 7월에 왕후가 안종의 집에서 자고 있을 때 집안사람家人)들이 정원에 땔감을 쌓아서 불을 지폈다. 화염이 치솟아 백관들이 달려 와서 불을 껐는데 성종도 급히 위문하러 갔다가 집안사람(家人)들이 사실대로 고하자 이에 안종을 유배 보냈다. 왕후는 부끄럽고 한스러워 통곡하며 울었는데 자기 집으로 돌아갈 즈음 겨우 문에 이르렀을 때 태아가 움직여서 문 앞의 버드나무 가지를 붙잡고 아이를 낳았으나 산모는 죽었다. 성종(成宗)이 명하여 유모를 택해 그 아이를 양육하였는데 이가 바로 현종이다. 현종이 왕위에 올라 존호를 추존하여 효숙(孝肅) 왕태후라 하고 무덤은 원릉(元陵)이라고 하였다. 《고려사》 권88, 열전1 후비 경종 헌정왕후 황보씨)

생각해 보기

1. 왕실의 공주들이 근친혼을 하고 외가 성을 따른 이유는 무엇일까?
2. 태조와 현종이 많은 후비들을 맞이한 이유는 무엇일까?
3. 고려 전기의 근친혼과 무신정권기의 근친혼은 어떠한 차이가 있을까?

참고문헌

1. 권순형, 《고려의 혼인제와 여성의 삶》, 혜안, 2006.
2. 김기덕, 《고려시대 봉작제연구》, 청년사, 1998.
3. 김창현, 《고려의 여성과 문화》, 신서원, 2007.
4. 정용숙, 《고려왕실족내혼연구》, 새문사, 1988.
5. 정용숙, 《고려시대의 후비》, 민음사, 1992.
6. 최재석, 《한국가족제도사연구》, 일지사, 1983.
7. 허흥식, 《고려사회사연구》, 아세아문화사, 1981.

5

성과 본관

신라시대 성(姓)의 도입과 의미

우리나라에서 성이 처음 쓰여진 것은 언제부터일까. 문헌기록 상에서 가장 이른 시기에 성을 가진 인물은 신라의 진흥왕이다. 위진남북조시대에 북조의 한 왕조였던 북제의 역사를 기록한 《북제서(北齊書)》에는 진흥왕을 '김진흥(金眞興)'으로 표기하고 있다. 이때가 565년(진흥왕 26)이다. 이후 당의 역사가 기술된 《구당서(舊唐書)》에도 '김진평(金眞平 : 진평왕)'·'김춘추(金春秋)' 등이 보이고 있다. 김춘추는 《일본서기(日本書紀)》에도 기록되어 있다. 이것으로 미루어 신라 진흥왕 무렵부터 왕족은 김씨를 칭성(稱姓)했음을 알 수 있다.

그러나 귀족층에는 아직 성이 보급되지 않았던 듯하다. 〈진흥왕순수비〉에 나오는 수행인원은 모두 성이 없기 때문이다. 다시 말해 신라의 공식적인 금석문에 석각된 인물들은 모두 이름만이 확인되고 있다. 귀족으로서 처음 성이 보이는 사례는 7세기 후반경이다. 이때에 조성된 〈문무왕릉비〉에 '한눌유(韓訥儒)'라는 찬자(撰者)의 성명이 새겨져 있는 것이다. 따라서 '한씨(韓氏)' 성은 비문이 작성되기 이전부터 사용되었음을 알 수 있다.

그런데 《삼국지(三國志)》 위서(魏書) 동이전에는 《위략(魏略)》이라는 책을 인용하여 위만에게 왕위를 빼앗긴 준왕이 바다를 건너 한(韓)의 지역에 들어가 한왕(韓王)을 칭하자, 고조선에 남아 있던 준왕의 아들과 친족들도 모두 '한씨'를 칭했다는 기사를 전하고 있다. 이른바 '기자동래설'과 관련하여 신빙성에 논란의 여지가 많지만, 한눌유가 〈문무왕릉비〉를 작성한 시기가 7세기 후반이므로 김씨와 더불어 우리나라에서 가장 오래 된 성씨 가운데 하나였음은 인정된다.

이후 박(朴)·석(昔)·설(薛) 등의 성을 가진 인물들이 나타나기 시작한다. 박씨족의 시조는 박혁거세(朴赫居世)라고 할 수 있다. 그런데 그가 박씨를 칭하게 된 것은 그의 탄생설화와 관련이 있다. 《삼국유사》에 의하면 그는 큰 알에서 태어났는데 알의 생김새가 박(瓠)과 같았다. 그리하여 그 발음에 해당하는 한자인 '박(朴)'을 성으로 삼았다는 것이다. 이는 설화적인 내용이지만 박씨라고 일컫는 배타적 친족집단이 있었음을 시사해 준다.

석씨는 석탈해(昔脫解)를 시조로 하는 집단이다. 그가 '석(昔)'을 성으로 삼은 이유는 《삼국유사》에 다음과 같은 설명이 있다. 석탈해는 토함산 위에 올라가 살만한 집터를 보다가 초승달 모양의 땅[경주 半月城]에 있는 호공(瓠公)의 집을 탐해 이를 빼앗아 왕위에 올랐다. 따라서 그가 왕위에 오른 뒤 '옛날에' 남의 집을 내 집이라 하여 빼앗았다 하여 '옛날'에 해당하는 한자인 '석(昔)'을 성으로 삼았다 한다. 또 까치가 몰려드는 것을 보고 배 위의 궤짝을 열어 탈해를 얻었다 하여 '까치'에 해당하는 한자인 '작(鵲)'에서 새 조(鳥)자를 떼고 '석(昔)'을 성으로 삼았다는 설화도 소개되어 있다.

어쨌든 이들 성씨는 김씨와 더불어 왕이 되었던 집단에 대한 성씨들이다. 그러나 설(薛)씨는 6부성(六部姓)의 하나로 되어 있다. 6부성은 설씨와 함께 이(李)·정(鄭)·손(孫)·최(崔)·배(裵)씨를 말하는데 6두품 가문의 성씨로 여겨진다. 이들 성씨는 신라의 모태가 되었던 6부 즉 급량부(及梁部)·사량부(沙梁部)·점량부(漸梁部)·본피부(本彼部)·한기부(漢岐部)·습비부(習比部) 등을 말한다. 그러나 각 부와 성씨와의 대응은 《삼국사기》와 《삼국유사》가 서로 달라 정확히 알 수 없다. 이들 중 제일 먼저 보이는 성은 설씨이다. 이미 진평왕 때 설씨녀(薛氏女)와 설계두(薛罽頭)가 나타나고 있는 것이다. 그 유명한 설총(薛聰)도 설씨였다.

9세기 중엽에는 몇 개의 성씨가 더 등장한다. 요(姚)·양(楊) 등의 성씨가 그
것이다. 이들은 최치원과 같이 문학적 소양을 가지고 중앙정계에서 활동한
인물들이다. 그러나 지방에서 성을 칭한 자들도 나타나기 시작하였다. 청해
진[진도]에 거주하며 무역활동과 함께 해적을 소탕하였던 장보고(張保皐)의
'장씨(張氏)'가 그 대표적인 예다. 신라 말에는 진골귀족들의 지방 이주와 함
께 '김(金)' 성(姓)을 가진 인물들이 지방에서도 다수 보이고 있다.

고려 태조의 토성분정 문제

성이 본격적으로 확산되는 것은 고려 건국 전후의 일이다. 이 시기는 이
른바 '후삼국시대'로 궁예의 태봉과 견훤의 후백제가 각축을 벌이던 때이
다. 또한 지방의 호족들이 역사의 무대에 등장하던 시기이기도 했다. 그러
면서 성을 칭하는 자들도 점차 확대되어갔다. 이미 궁예 시절에 송함홍(宋
含弘)·박유(朴儒)·장빈(張彬)·임언(林彦)·최응(崔凝)과 같은 한식 성명(姓名)을
가진 인물들이 보인다. 후백제에서도 김악(金渥)이나 박영규(朴英規) 같은
성씨가 보이고 있다.

성씨가 더욱 확산되는 것은 고려 태조 왕건이 즉위한 이후의 일이다. 우
선 왕건은 지방의 세력가나 자신에게 협조한 인물에게 자신의 성인 '왕(王)'
성을 하사하였다. 궁예 밑에서 관직 생활을 하다 말년에 그 곁을 떠났던 박
유(朴儒)란 인물이 있었다. 그가 왕건의 즉위 후 자신에게 돌아오자 왕건은
그에게 '왕(王)' 성을 하사하였다. 또 강원도 명주 지역에서 세력을 떨치고
있던 김순식(金順式)이 있었다. 그 역시 후일 왕건에게 귀순해 오자 '왕' 성을
하사받아 왕순식이 되었다.

'왕' 성만 하사한 것은 아니었다. 다른 성씨도 하사하였다. 가까이는 고려
가 개국할 때 공을 세운 개국 1등공신들에게도 성과 이름이 하사되었음을

볼 수 있다. 이에 따라 홍술(弘述)·백옥삼(白玉衫)·능산(能山)·사괴(砂瑰) 등이 홍유(洪儒)·배현경(裵玄慶)·신숭겸(申崇謙)·복지겸(卜智謙) 등으로 불리게 되었다.

또 중앙에 있는 인물들뿐 아니라 지방의 세력가들에게도 성씨가 하사되었다. 예를 들면 고려 태조 왕건이 930년(태조 13)에 고창군[안동] 전투에서 견훤군을 대패시킨 후 자신을 도와 준 호족들에게 성과 이름을 하사하였다. 김선평(金宣平)과 장길(張吉)·권행(權幸) 등이 그들이다. 이들이 바로 안동 김씨·인동 장씨·안동 권씨의 시조들이다. 장길의 경우 족보에는 인동 장씨의 시조로 되어 있고 안동 장씨의 시조는 장정필로 되어 있다.

그런가 하면 자신에게 배반을 한 사람들에게는 금수(禽獸)를 뜻하는 성씨가 사여되기도 하였다. 《신증동국여지승람》에 의하면 "고려 태조가 나라를 세운 뒤에 목주(木州 : 천원군 목천면) 사람이 여러 번 배반한 것을 미워하여 그 고을 사람들에게 모두 짐승이름으로 성을 내리었다. 그런데 뒤에 우(牛)는 우(于)로 고치고, 상(象)은 상(尙)으로, 돈(豚)은 돈(頓)으로, 장(場)은 장(張)으로 고쳤다"라고 나와 있다. 여기서 '장(場)'은 원래 '노루'를 뜻하는 '장(獐)'이 아니었나 한다. 이 기록은 후대의 것이므로 그대로 믿을 수 있는가 하는 의심의 여지가 있다. 그러나 그 가능성 또한 부정할 수 없다.

그리하여 고려가 후삼국을 통일한 4년 후인 940년(태조 23)에는 전국 각지의 호족들에게 성(姓)을 부여한 것이 아닌가 생각된다. 즉 이 해에는 후삼국 통일에 기여한 사람들을 삼한공신(三韓功臣)으로 책봉하고, 이들에게 역분전(役分田)이라는 토지를 나누어 주었다. 이러한 조치와 더불어 이 호족들에게 그 지역의 지배자임을 인정한다는 의미에서 토성(土姓)을 분정해 주었다고 볼 수 있다. 《세종실록지리지》나 《신증동국여지승람》에 보이는 토성들이 바로 이것이 아닌가 한다.

그러나 당대의 금석문을 보면 지방 세력들이 성을 칭하지 않고 있는 이들이 많이 보이고 있어 이 같은 가능성을 의심하게 해준다. 또 토성 분정이 사실이라면 이는 중요한 사건임이 분명한데 이를 뒷받침해주는 기록이 보이지 않는다. 따라서 고려 태조 때에 일부 사람들에게 성이나 이름을 하사해 준 것은 사실이지만, 지방의 호족들에게 전국적인 차원에서 토성을 분정해 주었다는 견해에는 의심의 여지도 없지 않다.

그러다가 광종대에 이르러 중앙의 관인층이 점차 성을 칭하게 되었다. 이들은 주로 문인들로 중국과의 관련 하에서 성이 칭해지게 되었다. 그 후 성종을 거쳐 현종 때에 이르면 전국적인 지방제도의 정비와 함께 지방에서도 성이 확대되기 시작하였다. 따라서 고려 전기에는 성을 가진 사람들이 많지 않아 전국에서 백 가지 성에 속하는 사람들은 지방의 지배계층이었다. 이들이 바로 '백성(百姓)'으로 조선시대의 백성 개념과는 상당히 달랐던 것이다.

본관의 사용과 의미

본관(本貫)은 원래 그 사람의 거주지나 출신지를 의미하였다. 그러면 이 본관은 언제부터 시작되었을까. 신라시대의 6성의 출신지가 6부로 되어 있는 것으로 보아 이미 그때부터 출신지에 대한 연고의식은 있었다고 보인다. 그러나 이 본관제도가 정착되기 시작한 것은 역시 고려 건국을 전후해서이다.

태조는 개국공신들에게 성명을 하사하기도 했지만 그 관향을 하사해 준 경우도 있었다. 신숭겸의 예를 보자. 고려의 개국 1등 공신이었던 신숭겸은 원래 전라남도 곡성 출신이었다. 그런데 그가 평산에서 태조 왕건을 위해 기러기를 쏘아 맞히자 그 인근의 땅 3백 결을 하사받고 그곳을 본관으로 삼았다고 한다. 이는 그때까지 자신의 출신지를 본관으로 하는 제도가 성립되지 않았다는 것을 의미한다. 때문에 그는 곡성 출신임에도 불구하고 평산 신씨의 시조가 되었다.

'본관(本貫)'이란 용어가 처음 나오는 것은 1001년(목종 4)부터이다. 당시 목종이 여러 군현을 순행하다 장단현에 들렀는데 수행했던 문하시중(門下侍

中 : 고려시대 중서문하성의 종1품 수상직) 한언공(韓彦恭)에게 "이곳은 그대의 본관이다. 그대의 공로를 생각해서 단주(湍州)로 승격시키는 것이 좋겠다"라고 말했다는 기록이 그것이다.

그러나 그 비슷한 표현이 이미 태조 때에 보이고 있다. 태조는 즉위하자마자 청주인이었던 총일(聰逸)을 불러 궁예에게 억울하게 잡혀간 청주출신 군인들을 방면하면서 청주는 "경(卿)의 관향(貫鄕)이다"라는 말을 하고 있다. 따라서 이미 태조대에 관인들의 출신지를 뜻하는 '관향'이란 표현이 있었음을 알 수 있다. 하지만 이를 곧바로 제도와 연결시키는 것은 무리라 하겠다.

한편 신라 말, 고려 초에는 각 지역의 호족들이 자위적인 방어조직을 갖추고 자신의 거주 지역을 장악하고 있었다. 이러한 지위가 고려 건국 후에도 인정되어 토성의 본관 지역으로 정착되기도 하였다. 벽진군(碧珍郡)의 이총언(李悤言)이 그 대표적인 예다. 그는 신라 말에 도적들이 횡행하자 지역민들을 결집하여 성을 굳건히 지킴으로써 지역민들의 신망을 얻었다. 그리하여 벽진군의 후대 이름인 성주를 본관으로 하는 성주 이씨(星州 李氏)의 시조가 되었다.

결국 거주지나 출신지를 중시하는 의식은 고려 태조 때에도 있었다고 하겠다. 944년(혜종 1)에 건립된 〈흥령사징효대사보인탑비(興寧寺澄曉大師寶印塔碑)〉를 보면 각 인물들의 출신지가 명기되어 있기 때문이다. 그러나 이때는 그것이 성을 가진 사람에 한정된 것은 아니었다. 성의 유무와 관계없이 출신지가 표기되었던 것이다.

이렇듯 본관제는 고려 태조 때에 시작되었지만 그것이 제도적으로 정착된 것은 성종 무렵이 아닌가 한다. 특히 995년(성종 14)에는 전국적인 군현제의 개편과 함께 50여 개 지역의 별호(別號)가 제정되었다. 이 별호는 중국의 군현 명칭을 그대로 사용하거나 아화(雅化)한 것들이었다. 또 3성 6부 체제의 수용이나 10도제의 실시, 주현제의 실시, 많은 외관의 파견 등도 당의 제도를 도입한 것이었다. 이는 중국의 제도를 도입하여 중앙집권을 강화하기 위한 제도적 장치이기도 하였는데 그러한 의도에서 본관제가 제도적으로 정비되었던 것이다.

그렇다면 본관제가 실시된 목적은 무엇이었을까. 결론부터 말하면 국가가 민에게 역을 부과시키기 위한 목적이었다. 관인들에게는 중앙의 관직생활과 전시과의 지급이라는 혜택의 대가로 사심관 제도를 통하여 자신의 본관 지역을 다스리게 했다. 이를 제대로 수행하지 못하거나 죄를 지을 때는 관직을 박탈하고 본관지역으로 되돌려보내기도 했다. 그것이 바로 귀향형(歸鄕刑)과 충상호형(充常戶刑)이었다.

일반 민에게는 본관제를 통해 그들을 거주지에 속박시킴으로써 조세·공부(貢賦)·역역(力役) 또는 군역의 의무를 지게 하였다. 이들이 본관지를 이탈한다면 국가의 수입은 그만큼 줄어들고 체제를 유지하기 힘들었기 때문이다. 따라서 본관제는 양인들까지만 부여되었고 노비나 양수척(楊水尺 : 여기 저기 떠돌면서 버들고리를 만들어 생활하던 무리) 등의 천인에게는 적용되지 않았다.

그런데 본관제에 긴박된 민들은 고려의 군현체계에 따라 그 신분적 위상과 사회경제적 부담이 달랐다. 향(鄕)·소(所)·부곡(部曲)과 같은 지역을 본관으로 하는 민은 경제적 부담이 일반 군현보다 무거웠으며, 신분·지위 상으로도 천대받았다. 또 같은 군현이라 하더라도 속현(屬縣)의 주민은 주현(主縣)의 주민보다 훨씬 큰 부담을 져야 했다.

이러한 본관제가 성(姓)과 결부되어 나타나는 것은 고려 후기에 와서였다. 광종·성종대를 거치면서 중앙의 관리들은 문벌의식을 갖게 되었고, 다른 가문과 구별하기 위해 성과 본관을 강조하게 되었다. 성종 때 왕실의 계보를 정리하는 전중성(殿中省)이 설치되면서 이러한 의식이 확대되어 귀족들도 서서히 성씨록(姓氏錄)을 작성하기 시작했던 것이다. 문종 때 봉작제(封爵制)가 정비되면서 이러한 문벌의식을 더욱 촉발시켰다. 죽은 사람의 가계를 기록한 묘지명(墓誌銘)이 이때부터 많이 나타나는 것도 이러한 영향이었다.

고려 후기에 오면 성과 본관이 병칭되는 것이 빈번하게 일어난다. 충선왕 때 왕실과 혼인할 수 있는 집안을 규정하였는데 이때의 기록에는 성과 본관이 모두 표기되어 있다. 경주 김씨·언양 김씨·정안 임씨·경원 이씨·철원 최씨 등이 언급되고 있다. 이로써 현재 우리가 사용하고 있는 바와 같은 성과 본관이 자리잡게 되었던 것이다.

관련 사료

❶ 권행(權幸)의 본성은 김씨(金氏)이니 신라의 대성(大姓)이다. 신라 말기에 고창군(古昌郡 : 안동)을 지키고 있었다. 그 때에 견훤이 신라에 쳐들어와서 왕을 시해하자 행(幸)이 여러 사람들에게 모의하여 말하기를, "견훤은 의리상 우리와 같이 한 하늘아래 살 수 없는 원수이다. 어찌 고려의 왕공(王公)에게 돌아가서 우리의 치욕을 씻지 않겠는가"라고 하고 드디어 고려에 항복하였다. 태조가 반기며 말하기를, "행은 일의 기틀을 잘 살펴서 상황에 맞게 처리하였다"라고 하고 이에 권씨(權氏)의 성을 내렸으며 안동군(安東郡)을 승격시켜 부(府)로 삼았다. 《신증동국여지승람》 권24, 경상도 안동대도호부 인물 고려 권행)

❷ (신숭겸은) 본래 전라도 곡성현 사람인데 태조가 성(姓)을 주고 이곳[平山]을 본관으로 삼게 하였다. 민간에서 전하기를 신숭겸(申崇謙)이 일찍이 태조를 따라 사냥하다가 삼탄(三灘)에 와서 점심을 먹게 되었다. 때마침 기러기 세 마리[三鴈]가 공중을 맴돌고 떠있었다. 태조가 말하기를, "누가 쏘아 보겠는가?"라고 하였다. 신숭겸이 말하기를, "신이 쏘아 보겠습니다"라고 하였다. 이에 태조가 궁시(弓矢)와 안마(鞍馬)를 주었는데 신숭겸이 말하기를, "몇 번째 기러기를 맞출까요?"라고 하니 태조가 웃으면서 "세 번째 기러기의 왼쪽 날개를 맞춰보라"라고 하였다. 신숭겸이 명을 받자마자 쏘았는데 과연 말한 것처럼 적중하였다. 태조가 칭찬하고 감탄하며 그 자리에서 명하여 평주(平州)를 본관으로 삼게 하고 기러기를 쏜 근처의 땅[田] 3백 결(結)도 함께 하사하여 대대로 그 조세를 받게 하였다. 그로 인하여 그 지역을 궁위(弓位)라 이름하였다. 《신증동국여지승람》 권41, 황해도 평산도호부 인물 고려 신숭겸)

생각해 보기

1. 지방 세력들이 성을 본격적으로 갖기 시작한 것은 언제부터일까?
2. 왕이 신료들에게 성명을 내려 준 이유는 무엇일까?
3. 본관제의 실시 목적과 기능은 무엇일까?

참고문헌

1. 박은경,《고려시대 향촌사회 연구》, 일조각, 1996.
2. 이수건,《한국중세사회사 연구》, 일조각, 1984.
3. 이수건,《한국의 성씨와 족보》, 서울대출판부, 2003.
4. 이기백,《신라정치사회사 연구》, 일조각, 1974.
5. 송준호,《조선사회사연구》, 일조각, 1990.
6. 채웅석,《고려시대의 국가와 지방사회》, 서울대학교출판부, 2000.
7. 최재석,《고려가족제도사연구》, 일지사, 1983.
8. 하일식 등,《고려시대 사람들의 삶과 생각》, 혜안, 2007.
9. 허흥식,《고려사회사연구》, 아세아문화사, 1981.
10. 홍승기,《고려사회사연구》, 일조각, 2001.

6

학교와 학생들의 생활

전공과 교과목

고려시대의 대학은 국립대학인 국자감과 사립대학인 사학 12도가 있다. 그러나 사립대학의 교과목은 국립대학에 준하였다. 따라서 국자감의 교과목을 살펴보면 당시 대학생들의 학습 실태를 파악할 수 있다. 인종 때 제정된 학식(學式)에 의하면 국자감의 교육은 국자학(國子學)·태학(太學)·사문학(四門學)의 유학과정과 율(律)·서(書)·산(算) 등의 기술학으로 나누어졌다. 학식은 지금으로 말하면 학칙과 같은 것이었다. 기술학 가운데 율학은 율령(律令)을 공부했던 것이고, 서학은 고문(古文)·대전(大篆)·소전(小篆)·예서(隷書) 등의 8서를 공부하였다. 그리고 산학은 산술(算術)을 공부하는 과정이었다. 그러나 기술학은 그다지 중시되지 않았다.

국자감의 주요 교육과정인 유학부는 맨 처음 들어가면《논어(論語)》와《효경(孝經)》을 공통 필수 과목으로 배워야 했다. 그 수업 연한은 1년이었다. 효와 충을 근간으로 하고 인(仁)을 위주로 한 왕도정치(王道政治)를 기본으로 습득하는 것이었다. 가정과 사회, 국가에 어떻게 공헌할 것인가 하는 기본 태도를 배우게 하기 위함이었다.

다음 단계에 들어가면《상서(尙書)》·《공양(公羊)》·《곡량(穀梁)》을 익히는데 각각 2년 반의 수업 연한이 필요하였다.《상서》는 공자가 제후들의 지침서로서 찬술했다고 알려져 있다. 이른바 '제왕들이 익혀야 할 도리'를 적어놓은 것이었다. 후대의 학자 주희는 경전으로 존숭하여 《서경(書經)》이라고도 불렸다. 《공양》은 《춘추공양전(春秋公羊傳)》을 말한다. 춘추시대의 역사가 기록된 《춘추》에 공양고(公羊高)란 사람이 해설과 주석을 붙인 책이다. 이 책에서는 공자가 《춘추》를 저술한 목적이 장래 흥기할 새 왕조의 법제를 만들기 위한 것으로 해석하고 있다. 《곡량》은 《춘추곡량전(春秋穀梁傳)》을 말하는 것으로 곡량적(穀梁赤)이란 사람이 《춘추》에 대해 주석을 가하고 해설을 하였다. 여기서는 인간 행위의 가치판단 기준으로 윤리적인 규범보다 오히려 법률적인 규범을 중시하여, 법가적인 색채가 강한 책이었다. 이 수업단계에서 학생들은 제왕으로서의 역할과 책무가 무엇인가와 역사 앞에서의 엄숙함을 익혀야 했다.

세 번째 단계에서 대학생들은 《주역(周易)》과 《모시(毛詩)》·《주례(周禮)》·《의례(儀禮)》 등을 각각 2년씩 배워야 했다. 《주역》은 《역경(易經)》이라고도 하는데, 음(--)과 양(—)의 변화와 소장(消長)에 의하여 우주의 원리와 만물의 변화, 인간 처세의 대도를 파악한 책이다. 《모시》는 주(周)의 영역 내에서 불리어지던 시를 모은 《시경(詩經)》에 대해 노(魯)의 모형(毛亨)이 주석을 가한 것이다. 원래의 《시경》은 중간에 없어져 오늘날의 《시경》은 곧 《모시》를 말하는 것이다. 《주례》는 제정일치 사회에서 제사와 정치가 분리됨에 따라 정치적 통치기구의 조직, 관작(官爵)의 상하서열 등을 체계적으로 정리한 책이다. 곧 예의 정치적인 측면을 기술한 것이다. 반면 《의례》는 길례(吉禮)·상례(喪禮)·제례(祭禮)·관례(冠禮)·혼례(婚禮) 등의 절차와 예법을 적어놓은 것으로, 생활의식에 관한 책이었다. 따라서 고려시대 대학생들은 3단계의 학습과정에서 우주만물의 원리와 정치적 질서의식, 예의범절, 그리고 자신의 감정을 시로 표현하는 방법 등을 배워야 했다.

마지막 네 번째 단계에서는 《예기(禮記)》와 《좌전(左傳)》을 각각 3년씩 배우도록 되어 있었다. 《예기》는 예 일반에 대한 이론적 반성과 더불어 《의례)에 대한 해설 등을 기록한 책이다. 이는 한(漢)의 선제(宣帝) 때 대성(戴聖)이라는 사람이 정리하여 편찬하였다. 《좌전》은 《춘추좌씨전(春秋左氏傳)》을 말한다. 노(魯)의 좌구명(左丘明)이라는 사람이 《춘추》를 보충하고, 해설한 책이지만 독자성이 강한 역사책이었다. 여기서 대학생들은 최종단계로 정치적·사회적인 예의범절과 역사적인 역할 및 책임감을 견지할 수 있도록 하였다.

그러나 위의 모든 유교경전을 다 배우는 것은 아니었다. 《논어》와 《효경》은 필수였지만 각 단계에서는 모든 과목을 이수한 것이 아니라 그 중 자신이 원하는 과목을 하나씩 선택하여 이수하는 것이었다. 그렇긴 해도 선택한 교과목은 끝까지 익혀야 했다. 그렇지 않으면 다음 단계로 올라갈 수 없었다. 이들은 유교경전만을 공부하는 것이 아니었다. 여러 경전과 함께 정치를 어떻게 해야 할 것인가 하는 시무책(時務策)을 익히며, 여가가 있을 때는 글씨 쓰는 서법 연습도 해야 했다. 아울러 때때로 《국어(國語)》·《설문(說文)》·《자림(字林)》·《삼창(三倉)》·《이아(爾雅)》를 읽어야 했다. 한자의 올바른 의미와 고사성어를 익히고, 글 쓰는 연습도 해야 했던 것이다.

대학의 정원과 수업 연한

그렇다면 국자감 생도의 정원은 몇 명이었을까. 학식에 보이는 국자감의 정원은 유학인 국자학·태학·사문학의 경우만 하더라도 각 300명으로 규정되어 있다. 그렇다면 총인원이 900명이라는 계산이 나온다. 그러나 이는 잘못인 듯하다. 송에서도 국자감의 정원은 7품 이상의 자만 고려해 볼 때 200여 명에 불과하기 때문이다. 고려보다 학생의 수요가 훨씬 많았던 송에서도 200여 명에 불과했는데, 고려의 정원이 900여 명이었다는 것은 상식적으로 납득이 가지 않는다. 어떠한 오류가 있었던 것 같다. 이에 대해서는 '각(各)' 300명이 아니라 '합(合)' 300명으로 이해되고 있다.

1130년(인종 8)에 국학생들이 올린 상소에서도 "국학생도가 200여 명에 지나지 않는다"라 하고 있다. 이는 아무리 국학을 폐지하자는 주장에 반대하는 내용이라지만 900여 명의 정원을 200여 명에 불과하다고 축소했을 것 같지 않다. 그렇다면 300여 명이 정원인데 200여 명에 불과하다는 뜻으로 보아야 할 것이다. 결국 고려의 국립대학인 국자감의 유학생(儒學生) 정원은 300명이었다고 하겠다. 잡학인 율학은 40명 내외, 서학과 산학은 각각 15명 내외로 추정된다. 이로 미루어 볼 때 당시 고려의 국립 대학생들은 전체 인구를 감안하더라도 지금과는 비교되지 않는 엘리트집단이었다고 하겠다.

한편 학식을 보면 국자감에서의 수업 연한이 총 22년 6개월인 것처럼 생각할 수 있다. 1단계에서 1년, 2단계에서 3과목에 각각 2년 반이면 7년 반, 3단계에서 4과목에 각각 2년이면 8년, 4단계에서 2과목에 각각 3년이면 6년으로 생각할 수 있기 때문이다. 그러나 2단계 이상에서는 하나의 과목만 선택하여 이수하는 것이었으므로 총 수업 연한은 8년 6개월이었을 것이다.

그런데 이상한 것은 2단계의 수업 연한이 2년 반인데 비해 3단계에서는 오히려 이보다 짧은 2년이 그 연한으로 되어 있다. 이는 아무래도 납득하기가 어렵다. 당의 국자감 교육과정을 보아도 그러하다. 당에서도 《논어》와 《효경》은 공통필수로 하였으나, 2단계 《상서》와 《곡량전》의 수업 연한은 1년 반으로 규정되어 있었다. 그리고 3단계와 4단계에서는 고려와 똑같이 2년과 3년으로 되어 있었다. 이로 미루어 볼 때 고려에서도 2단계의 수업 연한은 1년 반이었을 것이다. 그렇다면 총 수업 연한은 7년 반이라는 계산이 나온다. 그러나 고려의 수업 연한이 반드시 당의 제도와 동일하지 않았을 수도 있다.

그런가 하면 일부 사료에는 국자감에서의 수업 연한이 3년인 것처럼 되어 있기도 하다. 예컨대 1110년(예종 5)에 정해진 판문(判文)에는 "제술업·명경업 등 제업(諸業)에 새로이 응시하려는 자는 국자감에 3년 동안 속하게 한다"라고 되어 있는 것이다. 따라서 국자감에 한번 들어가면 최소한 3년은 공부해야 했다는 결론이 나온다.

또 일부 기록에는 국자감에서의 최장 수업 연한이 9년이었음을 짐작케 해주는 내용도 있다. 1063년(문종 17)에 정해진 판문에는 "유생(儒生)으로 국자감에 있은 지 9년이 되고 율생(律生)으로 6년이 된 자로서 거칠고 우매하여 성취함이 없는 자는 쫓아낸다"라고 되어 있다. 이것으로 보아 국자감에서 9년 동안 있었는데도 정해진 공부를 끝내지 못하면 퇴학 처분되고 있음을 알 수 있다. 신라 국학(國學)의 경우에도 9년 동안 학업을 성취하지 못한 자는 쫓아내도록 되어 있었다.

이렇게 본다면 국자감 대학생들의 수업 연한은 짧게는 3년 길게는 9년이었다 할 수 있다. 결국 학식에 나와 있는 수업 연한은 그 과목을 이수할 수 있는 최장기간을 규정한 것에 불과하였다는 결론이 나온다.

성적평가 방법

국자감의 수업 연한을 이렇게 놓고 볼 때 고려의 국자감 학생들은 능력별 졸업제도의 적용을 받았다고 추측된다. 즉 학업성적이 뛰어난 학생들은 수업 연한에 관계없이 다음 단계로 진입할 수 있었던 것이다. 그것은 국자감 학생들의 성적평가 방법인 '월서계고(月書季考)'에 의한 것이었다.

'월서'란 말 그대로 매달 실시하는 성적평가였다. 지금의 월말고사와 같은 것이었다. '계고'는 계절의 맨 끝달에 행하는 평가방법이었다. 즉 계춘(季春 : 3월)·계하(季夏 : 6월)·계추(季秋 : 9월)·계동(季冬 : 12월)의 4번에 걸쳐 3개월 치의 성적을 종합하여 평가하는 것이었다. 이렇게 산출된 성적을 '행예분수(行藝分數)'라 하였다. 그동안 국자감에서 지냈던 '행동과 기예의 정도'라는 뜻이었다.

구체적으로 어떤 과정과 기준에 의해 평가했는지는 자세히 알 수 없다.

기록이 없기 때문이다. 그러나 고려의 교육제도가 송(宋)의 제도를 많이 참고했다는 면에서 송 태학의 경우를 참고할 수 있다. 송에서는 상·중·하로 나누어 성적평가를 하였다. '월서'를 할 때 두 번 시험을 보아 두 번 다 상이면 상이고 한번은 상이고 한번은 중이면 중으로 하였다. 하나라도 하가 있는 경우는 다른 것이 상이었다 해도 하로 평가되었다. 학생들에게 불리한 쪽으로 평가를 하였으니 그 어려움을 짐작할 수 있다.

이와 같이 하여 3개월의 성적을 종합하여 등급을 정하고 분수를 주었다. 총 4등급으로 나누었는데 1등급은 두지 않고 2등급부터 있었다. 2등급에는 3명이 속했는데 그 중 상위 1명은 3분(分)을 주고 나머지 2명에게는 2.5분을 주었다. 3등급에는 15명이 있었는데 그 중 1명은 2분, 다음 5명은 1.5분, 그 다음 9명에게는 1.3분을 주었다. 그리고 그 나머지는 모두 1분씩을 주었다. 낙제점수를 맞은 자는 퇴학시켰다. 지금으로 말하면 F학점을 맞은 자였다. 고려에서도 이 같은 송의 제도를 준용했을 것이다.

이들 학생들의 성적은 곧바로 과거와 직결되었다. 과거에 나아가는 단계부터 달랐다. 1136년(인종 14)의 기록에 보면 "국학의 여러 학생들은 행예분수에 있어 14분 이상이면 직접 제3장에 나아가고 13분 이하 4분 이상은 시부장(詩賦場)에 나아간다"라고 되어 있다. 이것은 무슨 뜻인가. 고려의 과거시험, 특히 가장 중시되었던 제술업은 '삼장연권법(三場連卷法)'으로 치러졌다. 그 과목에 따라 3일로 나누어 과거를 치른 것이었다. 그 과목과 방법은 시기에 따라 조금씩 달랐다. 그런데 1136년까지는 1004년(목종 7)에 개정된 방법을 쓰고 있었다. 그때 개정된 과거 절차를 보면 다음과 같다. 우선 그 이전까지는 봄에 시험을 보아 그해 가을이나 겨울에 합격자를 발표하였는데, 이때부터는 그 봄에 다 끝나도록 하였다. 즉 3월에 과거시험이 개시되면 대궐문을 잠그고 첫날에《예경(禮經)》10조를 시험하고 이튿날에 시부(詩賦)를 시험하였다. 그리고 하루를 쉰 다음 시무책(時務策)을 시험하였다. 시험이 끝나고 10일 후에 방을 붙여 합격자를 발표하였다. 여기서 첫날의 시험을 초장(初

場) 또는 제1장(第一場), 다음 날의 시험을 중장(中場) 또는 제2장, 마지막 날의 시험을 종장(終場) 또는 제3장이라 하였다.

따라서 국자감 학생들의 성적이 14분 이상이 되면 초장과 중장을 생략하고 바로 종장 즉 제3장에 나아가 시험 볼 수 있는 특전을 준 것이었다. 4분 이상 13분 이하면 중장 즉 제2장부터 시험을 치러야 했다. 그 이하의 성적을 거둔 자는 물론 처음부터 치러야 하는 것이었다. 이른바 '능력별 과거시험제도'였다.

그렇다면 최우등생의 경우는 1년 수학하여 12분을 획득하고 다음 '계고'에서 전체 4등 안에만 들으면 14분 이상의 총 점수가 나온다. 그렇게 되면 그는 과거의 초장과 중장을 생략하고 종장인 시무책만 시험 보아 과거에 합격하는 것이었다. 국자감에 재학한 지 2년도 안되어 과거에 합격하는 셈이다. 열등생인 경우라도 '계고'에서 1분씩만 맞으면 3년 반 만에 14분이 되어 과거의 종장에 나아갈 수 있었다. 4분 이상 13분 이하도 과거의 중장에 나아갈 수 있었으나 현실적으로는 불가능했던 것 같다. 중장의 시험과목인 시나 부가 어려웠기 때문이다. 따라서 국자감의 학생들은 대개 3년 이상은 재학해야 했다. 위의 1110년(예종 5)에 정해진 판문도 이런 맥락에서 이해할 수 있다.

과거에 합격하지 못한 자는 9년까지 국자감에서 공부하면서 계속 응시를 할 수 있었다. 9년 동안에도 합격을 하지 못하면 음서를 통해 관직에 진출하는 길을 택할 수도 있었다. 그러나 과거제도가 정착되면서 음서를 통한 출사(出仕)는 기피되었다. 예나 지금이나 창피한 일로 여겼던 것이다. 그리하여 재직 중에도 다시 과거를 보는 경우가 많았다. 가능하면 시험을 통해 떳떳한 출사를 원하였기 때문이다.

이처럼 고려의 국자감 학생들은 능력의 여하에 따라 특전과 혜택이 주어졌다. 성적이 좋으면 조기졸업은 물론 과거의 몇 과목을 생략하는 특전이 주어졌던 것이다. 선택된 자들이었음에 틀림없다.

사학 12도와 관학진흥책

국자감은 재정상의 어려움과 학관의 불성실로 침체하기도 하였다. 그리하여 나타난 것이 사학 12도(私學十二徒)였다. 최충의 문헌공도(文憲公徒)가 그 시작이었다. 최충은 과거시험관인 지공거를 두 번이나 역임하였고, 당대 최고위직인 문하시중으로 퇴직하였다. 퇴직하면서 그는 후학들을 가르치기 시작하였는데 학생들이 모여들어 거리를 메울 정도였다. 그는 전문강좌에 따라 9재(齋)로 나누어 교육하면서 여름에는 승방을 빌려 하과(夏課)를 하였고 간혹 선배들이 찾아오면 각촉부시(刻燭賦詩 : 초에 금을 그어놓고 촛불이 타들어가 금에 이를 때까지 시를 짓는 시합)를 하기도 하였다. 이를 본받아 많은 사람들이 12개의 사립대학을 열었으니 이를 '사학 12도'라 하였다.

그러자 예종과 인종의 관학진흥책이 나오게 되었다. 예종이 국학에 7재를 설치하였고 양현고(養賢庫)라는 장학재단을 설립하기도 하였다. 인종 때에는 학식(學式)을 제정하여 관학을 진흥시켰다. 그러나 무신정권 성립 이후 원간섭기가 되면서 관학이나 사학은 모두 침체를 면치 못하였다.

관련 사료

❶ (예종) 4년 7월에 국학에 7재(齋)를 두었는데 주역(周易)은 여택(麗澤)이라 하고, 상서(尙書)는 대빙(待聘)이라 하였으며, 모시(毛詩)는 경덕(經德)이라 하고, 주례(周禮)는 구인(求仁)이라 하며, 대례(戴禮)는 복응(服膺)이라 하고, 춘추(春秋)는 양정(養正)이라 하며, 무학(武學)은 강예(講藝)라고 하였다. 태학에서 최민용(崔敏庸) 등 70명과 무학(武學)에서 한자순(韓自純) 등 8명을 시험을 치러 선발하고 분별하여 배치하였다. 《고려사》 권74, 지28 선거2 학교)

❷ 인종조(仁宗朝)에 식목도감(式目都監)이 학식(學式)을 상고하여 정하였다. "국자학생(國子學生)은 문·무관 3품 이상의 자손 및 훈관 2품으로서 현공(縣公) 이상을 대유(帶有)한 자의 자손, 경관(京官) 4품으로 3품 이상의 훈봉(勳封)을 대유한 자의 아들로 한다. 태학생(太學生)은 문·무관 5품 이상의 자손으로 정(正)·종(從) 3품의 증손 및 훈관(勳官) 3품 이상에 봉해진 자의 아들로 한다. 4문학생(四門學生)은 훈관 3품 이상으로 봉작이 없는 자와 4품으로서 봉작이 있는 자 및 문·무관 7품 이상의 아들로 한다. 3개 학교의 학생은 각각 3백인으로 하며 재학은 연령순으로 한다. 모든 계열의 잡로(雜路) 및 공(工), 상(商), 악(樂) 등 천한 일을 하는 자, 대공친(大功親)·소공친(小功親)간에 혼인을 범한 자, 가문을 이루는 도리가 바르지 않은 자, 악역(惡逆)을 범하여 귀향(歸鄕)에 처해진 자, 천한 향부곡인(鄕部曲人) 등의 자손 및 자신이 사사로운 죄를 범한 자는 입학을 허락하지 않는다. 율학(律學)·서학(書學)·산학(算學)은 모두 국자학에서 배우고, 율학·서학·산학의 학생 및 주·현의 학생은 모두 8품 이상의 아들 및 서인으로 하고, 7품 이상의 아들도 지원한 자는 허락한다. 국자·태학·사문학에는 모두 박사와 조교를 두고, 반드시 경학(經學)이 특별히 우수하고 고상하며 덕행은 신중하고 예법에 맞아서 스승의 모범이 될 만한 자로 하였다. 경서를 나누어 모든 학생을 가르치는데, 매번 하나의 경(經)을 수업하면 반드시 강(講)을 마치게 하고, 아직 강을 마치지 못하면 다른 과목[業]으로 바꿀 수 없다. 연말에 강의와 전수한 분량을 계산하여 박사와 조교의 성적[考課]과 등급을 정한다. 율학(律學)·서학(書學)·산학(算學)에는 다만 박사만 두는데 율학박사는 율령(律令)을 가르치는 것을 담당하고, 서학박사는 8서(八書 : 여덟 가지 글씨체)를 가르치는 것을 담당하며, 산학박사는 산술을 가르치는 것을 담당한다." 《고려사》 권74, 지28 선거2 학교)

생각해 보기

1. 《논어》와 《효경》을 필수과목으로 설정한 이유는 무엇일까?
2. 학생들이 선호한 교육기관은 국립대학이었을까, 사립대학이었을까?
3. 고려시대 국자감의 학생들은 무엇을 위해 공부하였을까?

참고문헌

1. 신천식,《고려교육제도사연구》, 형설출판사, 1983.
2. 신천식,《고려교육사연구》, 경인문화사, 1995.
3. 신천식,《고려후기 성리학의 수용과 교육사상》, 명지대출판부, 1998.
4. 박찬수,《고려시대 교육제도사 연구》, 경인문화사, 2001.

1 | 불교와 대장경

선종 9산파와 천태종

원효의 법성종과 의상의 화엄종으로 대표되는 신라의 불교는 하대로 접어들면서 정치기강의 문란과 당의 영향으로 점차 쇠퇴하고, 선종(禪宗)의 역할이 증대되기 시작하였다. 선종은 "문자에 입각하지 않아도 인간의 본성을 깨달으면 부처가 될 수 있다[不立文字 見性成佛]"라고 하여 경전을 중시하는 교종보다 일반 민중에게 가까워질 수 있었다. 특히 지방사회에서 널리 퍼지게 되어 혜공왕 때 신행(神行)이 당으로부터 북종선(北宗禪)을 전래한 이래 '선종 9산'의 성립을 보게 되었다.

이른바 '9산 선문'은 도의(道義)에 의한 가지산파[전남 장흥 보림사], 홍척(洪陟)에 의한 실상산파[전북 남원 실상사], 혜철(惠哲)에 의한 동리산파[전남 곡성 태안사], 현욱(玄昱)의 봉림산파[경남 창원 봉림사], 도윤(道允)의 사자산파[강원도 영월 흥령사], 범일(梵日)의 사굴산파[강원 강릉 굴산사], 무염(無染)의 성주산파[충남 보령 성주사], 도헌(道憲)의 희양산파[경북 문경 봉암사], 그리고 이엄(利嚴)의 수미산파[황해도 해주 광조사] 등이었다. 이들 선문은 선종의 대중성과 혁신성 때문에 당시 신라의 중앙집권적인 통치체제에 반발했던 호족들의 지원을 받았다. 예컨대 사굴산파는 명주 호족 왕순식의 후원을 받았고 해주의 수미산파는 송악 호족 왕건의 지원을 받았던 것이다.

한편 신라 말에는 새로운 사회건설에 대한 염원 때문에 미륵사상(彌勒思想)이 유행하기도 하였다. 이 신앙은 석가가 열반한 후 56억 7천만년이 지나면 미륵이 지상의 용화수(龍華樹) 아래에 내려와 세 번의 설법으로 모든 중생들을 교화하여 이상적인 사회를 만든다는 사상이었다. 이 신앙을 크게 떨치게 한 것은 일찍이 경덕왕 때에 김제의 금산사를 중심으로 활약하던 진표(眞表)였다. 미륵신앙은 신라 말의 혼란한 사회 속에서 더욱 유행하였다. 그리하여 견훤이나 궁예도 미륵사상을 신봉하였다. 특히 궁예는 그 자신을 미륵불이라 칭하면서 불교를 통한 집권 정책을 도모하였다.

　고려가 건국된 이후에는 유교가 서서히 정치사상으로 등장하기 시작하였지만 불교가 여전히 정치·사회의 각 방면에 깊은 영향을 미쳤다. 고려 태조 왕건 역시 불교를 깊이 신봉하였다. 그는 개경에 법왕사·왕륜사 등 10개의 절을 지었으며, 신검을 무찌르고 난 후에는 그것이 불법에 의한 것이라 하여 충남 연산에 개태사를 짓기도 하였다. 또 죽으면서 남긴 〈훈요 10조〉에는 "우리 국가의 대업은 제불(諸佛)의 호위에 의한 것이다. 그러므로 선(禪)·교(敎)의 사원을 세워 주지를 보내 분수(焚修)케 하고 각기 그 업을 닦게 하라"는 말까지 남겨놓았다.

　광종 때 이르러서는 승과제도와 국사(國師)·왕사(王師) 제도가 마련되었고, 불교계의 정비가 이루어졌다. 즉 광종은 국가적 안정과 왕권강화를 위해 불교교단의 정비에 노력하였다. 이때에 오면 교종이 다시 득세하게 되는데 광종은 균여(均如)를 통하여 북악파와 남악파로 나누어졌던 화엄종단을 정비하였다. 나아가 법상종 세력까지 흡수하여 '성상융회(性相融會)' 사상을 표방하게 되었다. 본래 화엄종과 같은 성종(性宗)은 모든 우주만물은 동일한 법성(法性)에서 생겼기 때문에 일체의 중생은 모두 성불할 성품이 있다는 사상인 데 비하여, 법상종 같은 상종(相宗)은 우주만물의 본체보다는 현상계의 차이를 인정하고 거기에 따라 성불 여부를 말하는 사상으로 차이가 있었다. 그러나 균여는 이를 융화하려 하였던 것이다.

또 선종은 중국에서 법안종(法眼宗)을 수입하여 이를 중심으로 각 종파를 정리하였다. 그런데 이 법안종도 선·교 절충적인 성격을 갖고 있었다. 뿐만 아니라 당시 상당한 수준에 올라있던 천태학도 교·선을 절충한 사상체계였다. 따라서 광종 때 교·선 통합은 천태학과 법안종이 서로 보완하는 입장에서 추구되었던 것이다.

이후 화엄종은 문종 때 준공된 흥왕사를 중심으로 고려왕실과 밀접한 관련을 맺었던 데 비해 법상종은 당시 최대의 문벌인 인주 이씨와 밀접하게 연결되어 성장하였다. 그러다가 화엄종은 대각국사 의천(義天)이 나오면서 그 절정을 이루게 되었다. 의천은 문종의 넷째 아들로 11세 때 출가하여 경덕국사 난원(爛圓)의 문하에서 화엄학을 배웠다. 송(宋)에 유학하여 여러 고승들을 만나 불법을 토론하고 천태산에 들어가 중국 천태종의 개조인 지자대사(智者大師) 지의(智顗)의 부도를 뵙고 천태종을 널리 유포시킬 것을 다짐했다 한다. 그리하여 귀국 후 교종과 선종의 통합을 주장하고, 천태종(天台宗)을 개창하였다. 그는 마음의 동요를 멎게 하여 항상 진리에 머물며 이 부동심(不動心)이 지혜가 되어 사물을 밝게 관찰하는 지관(止觀) 즉 정혜(定慧)를 중시하였다. 그러나 그의 천태종은 어디까지나 교종의 입장에서 선종을 통합하려는 것이었다. 또 의천은 국내는 물론 송·요·일본 등지에서 논(論)·소(疏) 등을 모아《속장경(續藏經)》을 간행하였다. 그러나 이것은 전하지 않고, 그 참고도서 목록인《신편제종교장총록(新編諸宗敎藏總錄)》만이 전하고 있다. 그런데 여기서도 선종 관계문헌은 거의 찾을 수 없다.

대장경의 조판과 결사 운동

고려 불교의 융성은 대장경의 판각으로도 나타났다. 대장경은 경(經)·율(律)·론(論) 등 3장의 불교경전을 총칭하는 것으로, 여기에는 부처의 가르침이 수록되어 있다. 고려의 대장경은 현종 초년부터 조판이 시작되어 1087

년(선종 4)에 완성되었다. 대장경이 만들어진 동기는 거란의 침입을 불력으로 격퇴하려는 염원에서 비롯되었다. 그러나 이 대장경은 몽고의 침입으로 소실되어 전하지 않는다.

1170년(의종 24)에 일어난 '무신난'을 계기로 무신정권이 들어서자 불교계는 새로운 변화를 겪게 되었다. 즉 선종의 등장과 결사운동의 전개, 조계종의 성립, 그리고 대장경의 조판 등이 있었던 것이다. 선종은 당시 정권에 대해 반기를 들었던 기존의 교종을 무신들이 탄압하자 이에 대한 반작용으로 등장하였다. 뿐만 아니라 신라 말·고려 초의 경우와 같이 선종 자체의 단순성과 혁신성도 소박한 무인들에게 관심과 친근감을 줄 수가 있었던 것이다.

또한 당시 불교계의 혼탁한 세태를 비판하면서 이를 정화하기 위한 결사운동(結社運動)도 활발하게 일어났다. 우선 들 수 있는 것이 보조국사 지눌(知訥)에 의한 수선사(修禪社) 결사운동이다. 지눌은 1182년(명종 12)에 승과에 합격한 후 보제사의 담선법회에 참석했다가 그 분위기에 실망하고 도반들과 같이 공산 거조사에서 정혜사(定慧社)를 결성하였다가 1200년(신종 3)에는 정혜사를 순천의 송광산 길상사(吉祥寺)로 옮겼다. 이곳이 1204년에는 왕의 친필사액을 받아 조계산 수선사로 이름을 바꾸게 되었다.

지눌의 사상은 돈오점수(頓悟漸修)와 정혜쌍수(定慧雙修)로 요약할 수 있다. 이는 인간의 마음이 곧 부처라는 사실을 먼저 깨닫고, 이를 바탕으로 수련을 계속해야 하며 그 수행에 있어서는 정·혜를 함께 닦아야 한다는 것이었다. 즉 정혜쌍수는 좌선을 제일로 하나 염불이나 간경(看經)도 중시하였다. 이를 바탕으로 그는 수행하는 과정으로 3개의 문(門)을 설정하고 있다. 지혜와 선정을 균등하게 지녀야 한다는 성적등지문(惺寂等持門), 선종과 교종이 둘이 아니라는 것을 깨달아 이를 믿고 풀어야 한다는 원돈신해문(圓頓信解門), 깨친 바를 고승들의 화두(話頭)를 공부하여 이해하는 간화선(看話禪)을 통해야 수행의 속도가 빨라진다는 경절문(徑截門)이 그것이다. 이러한 사상은 결국 선종을 위주로 해서 교종을 융합하려는 것이었다. 이렇게 해서 성립된 '해동조계종(海東曹溪宗)'은 혜심·충지 등의 계승자들에 의해 계속 발전되었다.

결사운동은 천태종에서도 일어났는데 원묘국사 요세(了世)에 의한 백련사(白蓮社) 결사가 그것이다. 그는 강진의 토호 최표(崔彪)의 요청으로 만덕산에 백련사를 결성하고 불교계의 혁신과 정화에 노력하였다. 그러나 앞의 수선사가 주로 지방 지식인을 주 대상으로 했던 데 비해 백련사는 정토관에 보다 충실함으로써 기층사회 백성들의 교화에 전념한 것이 다른 점이었다. 그리하여 그는 수행 방법으로 몇 가지를 강조하였다. 먼저 법화사상에 근거하여 모든 생각을 버리고 사물을 관조하는 천태지관(天台止觀), 법화삼매경에 들어가 끊임없는 참회(懺悔)를 강조한 법화삼매참(法華三昧懺), 나무아미타불을 염송하면서 서방정토로의 왕생을 기원하는 정토왕생(淨土往生)이 그것이다.

또한 이 시기에는 몽고의 침입을 물리치기 위하여 다시 대장경 조판사업이 진행되었다. 1236년(고종 23)에 강화도로 천도한 최우정권은 부처님의 힘을 빌어 몽고군을 물리치기 위해 대장경을 조판하였다. 이 대장경은 1251년에 완성되어 강화도의 대장경판당에 안치되었다가 조선 초에 현재의 합천 해인사로 옮겨졌다.

이후 원간섭기에 이르러 불교는 다시 권문세족과 밀착되면서 혼탁해지기 시작하여 많은 폐단이 속출하였다. 즉 수선사도 점차 최씨정권과 밀착되어 가다가 원간섭기에는 위축되었고, 백련사계도 고려왕실 및 원 황실의 원찰인 묘련사(妙蓮社)로 변질되었다. 그 대신 균여파의 화엄종과 법상종, 그리고 일연(一然)으로 대표되는 가지산파의 선종이 부흥하였다.

한편 이들 불교사원은 원이나 고려의 왕실 및 권문세족들과 결탁되면서 많은 농장과 노비를 소유하여 국가경제를 좀먹고 있었다. 심지어는 상행위와 양조사업까지 벌여 사회의 지탄을 받았다. 그리하여 신진사류의 신랄한 비판을 받았으며, 나중에는 척불론이 등장하게 되었다.

여기서 특기할 것은 승려들이 기록문화의 창달과 보존에 앞장서기도 했다는 것이다. 고종 때에 승려 각훈(覺訓)은 왕명을 받아 우리나라 고승들의 전기를 출간하였다.《해동고승전》이 그것이다. 그러나 현재에는 그 일부만이 전하고 있을 뿐이다. 또 충렬왕 때 승려였던 일연(一然)은 경북 군위의 인각사에서《삼국유사》라는 책을 저술하였다. 여기에는 불교에 관한 것뿐 아니라 역사에 관한 신이한 사실이 많이 포함되어 있고 민중들의 생활상도 소개되어 있다. 또 우리 역사의 시작을 단군조선에 두고 있으며 역대 시조에 대한 신비한 일화를 많이 소개하고 있다. 따라서 이 책은 불교문화사적인 면에서 중요할 뿐 아니라 원간섭기에 우리 민족의 정통성과 민족적 자긍심을 높여준 역사서라 할 수 있다.

관련 사료

❶ 대각국사(大覺國師) 왕후(王煦)의 자(字)는 의천(義天)인데 송(宋) 철종의 휘 (諱)를 피하여 자로 이름을 대행하였다. 문종이 하루는 여러 아들들에게 일 러 말하기를, "누가 능히 승려가 되어 부처를 공양하고 공덕을 닦겠느냐?"라 고 하니 왕후가 일어나서 말하기를, "신이 출가[出世]의 뜻이 있습니다. 예, 명 령대로 하겠습니다"라고 하니 왕은 말하기를, "좋다"라고 하였다. 드디어 스 승을 따라 출가하여 영통사(靈通寺)에서 지냈다. 왕후는 성품이 총명하고 지 혜가 있으며 학문을 즐겼는데 비로소 《화엄경》을 업(業)으로 삼으면서 곧바 로 5교(五敎)에 통달하였으며 유가의 교리[儒術]도 섭렵하여 두루 정통하지 못 한 것이 없어서 호를 우세승통(祐世僧統)이라고 하였다. 왕후(王煦)는 송에 들 어가서 불법을 탐구[求道]하려고 하였으나 왕이 허락하지 않았고 선종(宣宗) 때에도 여러 번 청하였으나 재신과 간관들이 극언하여 불가능하였다. (선종) 2년 4월에 왕후는 몰래 제자 2인과 송상(松商) 임녕(林寧)의 배를 타고 떠났 다. 왕은 어사 위계정(魏繼廷) 등에게 명령하여 길을 나누어 배에 타고 추격하 게 하였으나 따라잡지 못하였으므로 예빈승(禮賓丞) 정근 등을 (송에) 파견하 여 바다를 잘 건너갔는지 안부를 탐문하게 하였다. 왕후가 송에 도착하자 송 황제가 수공전(垂拱殿)에서 인견(引見)하고 빈객의 예로써 대우하였으니 매우 극진한 예우였다. 또한 왕후[의천]가 (황제에게) 각지로 다니면서 불법을 탐구 할 것을 청하자 조(詔)로써 주객원외(主客員外) 양걸(楊傑)을 관반(館伴)으로 삼 아 주었다. 오(吳)의 지역에 있는 여러 절에 이를 때마다 모두 왕실의 신하[王 臣]와 같이 영접하였다. 왕[선종]이 표를 올려 왕후의 환국을 요청하니 황제는 조(詔)로써 귀국을 허락하였다. 왕후(王煦)가 예성강에 이르자 왕은 태후를 모 시고 봉은사(奉恩寺)까지 나와서 기다렸으며, 그를 영접하고 안내하는 의식이 매우 성대하였다. 왕후는 불경[釋典]과 경서(經書) 1천 권을 바쳤으며 또한 흥 왕사에 교장도감(敎藏都監)을 설치할 것을 아뢰었다. 요(遼)와 송(宋)에서 4천 권에 달하는 서적을 구입하여 모두 다 간행하였으며, 비로소 천태종(天台宗) 을 창설하고 국청사(國淸寺)에 두었다. 얼마 후에 남녘으로 다니며 명산에 두 루 발자취를 남겼고 후에 물러나 해인사에서 지냈는데 숙종이 즉위하자 사신 을 파견하여 맞아오게 하여 흥왕사의 주지가 되었다. 《고려사》 권90, 열전3 종실 1 대각국사 후)

❷ (지눌은) 임인년(병종 12년 : 1182) 정월에 개경[上都] 보제사(普濟寺)의 담선법회(談禪法會)에 참석하였다. 하루는 동문 10여 인과 약속하기를, "법회가 파한 뒤에 마땅히 명예와 이익을 버리고 산림(山林)에 은둔하여 동사(同社)를 결성하고, 항상 선정(禪定)을 습득하여 지혜를 균형 있게 하는 데 힘쓰며, 예불(禮佛)과 독경(讀經)을 하고 노동하는 데에도 힘을 쏟도록 하자. 각기 소임에 따라 경영(經營)하고 인연에 따라 심성을 수양하여 광활한 생애에 멀리 달사(達士)와 진인(眞人)의 고상한 품행을 따른다면 어찌 결실이 없겠는가"라고 하였다. (《한국불교전서》권4, 勸修定慧結社文)

❸ "옛날 현종 2년에 거란의 임금이 크게 군사를 일으켜 쳐들어오자 현종은 남쪽으로 피난을 갔는데 거란병은 오히려 송악성에 머물며 물러가지 않았습니다. 이에 (왕은) 여러 신하들과 더불어 더할 수 없는 큰 소원을 발하여 대장경의 판각을 서약한 즉 그 후에 거란병은 스스로 물러갔습니다. 그렇다면 대장경도 한 가지이고 전후의 조판도 한 가지이며 군신(君臣)이 함께 서원(誓願)한 것도 또한 한 가지이니, 어찌 유독 그때에만 거란병이 스스로 물러가고 지금의 달단(達旦 : 몽고)은 그렇지 않겠습니까. 다만 여러 부처님과 하느님이 돌보아 주시는 여하에 달려 있을 뿐입니다." (《동국이상국집》권25, 記·牓文 大藏刻板君臣祈告文)

생각해 보기

1. 정치적 권력과 종교는 서로 어떠한 관계에 있었을까?
2. 선종 및 교종의 성격과 성쇠는 어떤 관련성을 가지고 있는가?
3. 대장경 조판은 왜 거란이나 몽고가 침입했을 때에 이루어졌을까?

참고문헌

1. 강건기, 《보조국사 지눌의 생애와 사상》, 불일출판사, 2010.
2. 김건곤 등, 《고려시대의 문인과 승려》, 파미르, 2007.
3. 김두진, 《고려 전기 교종과 선종의 교섭사상사 연구》, 일조각, 2006.
4. 김두진, 《고려시대 사상사 산책》, 국민대학교 출판부, 2009.
5. 김상현 등, 《한국천태사상연구》, 동국대출판부, 1983.

6. 김윤곤,《한국중세 영남불교의 이해》, 영남대출판부, 2001.

7. 김윤곤,《고려대장경의 새로운 이해》, 불교시대사, 2002.

8. 김종명,《한국중세의 불교의례》, 문학과 지성사, 2001.

9. 김창현,《고려의 불교와 상도 개경》, 신서원, 2011.

10. 김호동,《한국 고·중세 불교와 유교의 정치적 역할》, 경인문화사, 2007.

11. 박용진,《의천, 그의 생애와 사상》, 혜안, 2011.

12. 박윤진,《고려시대 왕사·국사 연구》, 경인문화사, 2006.

13. 안지원,《고려의 국가불교의례와 문화》, 서울대출판부, 2005.

14. 안지원,《고려의 국가불교 의례와 문화─연등·팔관회와 제석도량을 중심으로
    ─》, 서울대학교출판부, 2011.

15. 윤기엽,《고려 후기의 불교》, 일조각, 2012.

16. 이기백,《한국 사학의 방향》, 일조각, 1978.

17. 이종익,《원효대사와 보조국사의 생애와 사상》, 동국문화사, 1990.

18. 조명기,《고려대각국사와 천태사상》, 경서원, 1962.

19. 조명제,《고려후기 간화선 연구》, 혜안, 2004.

20. 채상식,《고려후기 불교사연구》, 일조각, 1991.

21. 천혜봉,《고려대장경과 교장의 연구》, 범우, 2012.

22. 최영호,《강화경판《고려대장경》의 판각사업 연구─경전의 구성체제와 참여자
    의 출신성분─》, 경인문화사, 2008.

23. 최영호,《강화경판《고려대장경》의 조성기구와 판각공간》, 세종출판사, 2009.

24. 추만호,《나말여초 선종사상사연구》, 이론과 실천, 2002.

25. 한기문,《고려사원의 구조와 기능》, 민족사, 1998.

26. 허흥식,《고려불교사연구》, 일조각, 1986.

27. 허흥식,《한국중세불교사연구》, 일조각, 1994.

28. 황인규,《고려시대 불교계와 불교문화》, 국학자료원, 2011.

2 유학과 역사학

유교의 유입과 확대

중국의 유학이 우리나라에 언제 들어왔는지는 정확히 알기
는 어렵다. 선조들은 기자가 조선의 제후가 되어 범금8조(犯禁
八條)가 만들어지고 비로소 예의와 교화가 시작되었다고 믿었
다. 즉 우리나라의 유교는 기자로부터 비롯되었다고 주장한다.
그러나 '기자동래설'과 '교화설'은 근거가 박약하여 믿을 수 없
다. 아마도 이미 진국(辰國)시대부터 우리나라에 유교가 전래되
었던 것 같다.

이후 4세기경에 이르러 유교는 귀족사회의 질서유지에 나름
대로 공헌하였다. 372년(소수림왕 2)에 고구려는 태학(太學)을 세
워 귀족들의 자제를 교육하였고, 지방의 경당(扃堂)에서도 유학
을 가르쳤다. 그들은 오경이나 사마천의 《사기(史記)》, 반고의
《한서(漢書)》와 같은 역사책을 읽고 있었다 한다. 백제에서도
오경박사를 비롯하여 다양한 박사가 기록에 남아 있는 것으로
보아 이미 유학이 어느 정도 자리를 잡았음을 알 수 있다. 신라
에서는 고구려·백제보다 늦었으나 화랑도들 사이에서 신(信)·
충(忠)과 같은 유교적 덕목이 강조되었다. 그것은 원광의 세속
오계(世俗五戒)나 임신서기석(壬申誓記石)을 통해 알 수 있다. 또
역사서의 편찬을 통해서도 유교가 이미 상당한 수준에 이르렀
음을 알 수 있다. 즉 고구려는 이문진의 《신집(新集)》 5권, 백제

는 고흥의《서기(書記)》, 신라는 거칠부의《국사(國史)》등이 그것이다.

7세기에 이르면 유교는 주로 신라의 6두품들에 의해 학습되었다. 그 예로 외교문서 작성에 뛰어났던 임나 출신의 강수(强首)와 이두문자에 밝았던 설총(薛聰)을 들 수 있다. 그들이 학습했던 유교 교육기관으로는 682년(신문왕 2)에 설립된 국학(國學)이 있었다. 여기서는 3과로 구분하여 교수하였는데 《논어》와《효경》은 공통필수 과목이었다. 또 788년(원성왕 4)에는 독서의 성적에 따라 3등급으로 나누어 관리를 채용하는 독서삼품과(讀書三品科)가 실시되었다. 물론 이 때의 시험과목도 오경(五經 : 시경·서경·역경·춘추·예기)·삼사(三史 : 사기·한서·후한서)·제자백가(諸子百家) 등이었다.

유교는 또한 도당유학생을 통해서 더욱 발전하였다. 당에 가서 유학을 수학한 자들의 대부분은 6두품이었다. 이들 가운데는 당에 그대로 머무른 자들도 있었지만, 귀국하여 유학의 융성에 공헌한 이들이 많았다. 그 중 특히 신라 말의 3최(崔)가 유명하다. 즉 진성여왕에게〈시무(時務) 10조〉를 올리기도 했던 최치원(崔致遠), 견훤을 위해 외교문서를 작성했던 최승우(崔承祐), 왕건에게 귀순하여 태자의 사부로서 문필을 관장했던 최언위(崔彦撝) 등이 그들이다.

고려에서는 광종 때부터 과거제도가 도입·시행되면서 유학적 지식인이 점차 늘어나기 시작했다. 더 이상 외국을 나가지 않더라도 유학적 소양을 습득할 수 있게 된 것이다. 과거에 합격한 이들은 일정한 절차와 능력 여하에 따라 선발되어 국왕의 명령을 비롯하여 관리 임명장에 이르기까지 각종 문서를 한문으로 작성하였다. 게다가 성종 때 당·송의 제도를 도입하여 중앙정치기구가 개편·신설되면서 동시에 급제자의 수요가 증대되었고, 정치 일선에서도 유학자들의 역할이 중시되었다. 특히 성종 때〈시무 28조〉를 올린 최승로(崔承老) 같은 유학자의 활약에 힘입어 유학이 정치사상으로서의 위치를 어느 정도 차지하게 되었다. 최승로는〈시무 28조〉에서 불교는 몸과 마음을 닦는 근본[修身之本]으로 인정하면서도 유교가 나라를 다스리는 근원[理國之源]이기 때문에 유교를 장려할 것을 강조하였다. 이에 따라 성종은 연등회·팔관회를 폐지하는 한편 원구단(圓丘壇)을 설치하여 하늘에 제사를 지내고 농사의 시범을 보이는 적전례(籍田禮)를 시행하였다. 전국의 12목에 경학박사(經學博士)를 파견하여 유학을 가르치는 조치도 취하였다. 또 국립 대학격인 국자감(國子監)을 중수하여 유학 교육을 장려하였다. 여기서는 국자학·태학·사문학 등으로 나누어 교육되었는데 《논어》, 《효경》은 신라의 국학에서와 같이 공통필수였다.

고려 중기로 가면 유학의 진흥이 사학 12도(私學十二徒)의 설립으로 나타났다. 사학 12도는 일종의 사립대학으로 최충(崔冲)이 세운 문헌공도(文憲公徒)를 비롯한 12개가 설립되어 과거를 위한 유학교수가 이루어졌던 것이다. 유학은 예종·인종 때에 더욱 발달하였다. 예종은 국학에 7재(齋)를 두어 전공에 따라 유학 공부를 심도 있게 하도록 하였다. 또 국왕의 주재 하에 경학에 대한 강론이 자주 열렸다. 주역에 대한 강론 과정에서 김부식과 윤관의 아들 윤언이가 논쟁과 갈등을 빚기도 하였다. 그리고 이 시기에는 유학에 대한 서적도 발간되었다. 윤언이(尹彦頤)의 《역해(易解)》와 김인존(金仁存)의 《논어신의(論語新義)》, 그리고 최윤의(崔允儀)의 《상정고금례(詳定古今禮)》 등이 그것이다.

유교적 합리주의 사관에 입각하여 김부식의 《삼국사기》가 편찬된 것도 그러한 시대적 조류의 산물이었다. 고려에서도 일찍부터 《실록(實錄)》이 편찬된 바 있다. 현종 때 거란의 침입으로 실록이 불에 타 태조에서 목종에 이르는 《7대실록(七代實錄)》을 다시 편찬했다는 기록이 그것을 말해 준다. 인종 때 김부식이 《삼국사기》를 다시 편찬하게 된 것은 기존의 《구삼국사》가 신기하고 이상한 일을 많이 다루고 있는데 대한 비판에서 비롯되었다. 이에 합리적인 사실에 입각하여 우리 역사를 다시 밝히고, 정치적 교훈으로 삼고자 한 것이다. 《삼국사기》가 신라 본위로 서술되었고, 중국과의 외교 관계 기사가 많은 것은 사실이다. 그러나 이 책이 사대주의적 입장에서 기술되었다는 비판은 옳지 않은 것 같다. 3국 왕들의 행적을 다룬 부분을 본기(本紀)라 하고 있으며, 거서간(居西干)·차차웅(次次雄)·이사금(尼師今)·마립간(麻立干) 같은 신라 고유의 왕호를 그대로 쓰고 있는 점이 이를 말해 준다.

성리학의 도입과 불교 배척

유교가 이론적으로 연구되어 불교를 제치고 정치사상으로 등장한 것은 고려 후기에 성리학이 도입되면서부터라고 말할 수 있다. 성리학은 충렬왕 때 안향(安珦)에 의해 원으로부터 도입한 것으로 알려져 있다. 그는 유학교육의 진흥을 위한 일종의 재단인 섬학전(贍學錢)을 설치하고 국학의 대성전(大成殿)을 신축하였을 뿐 아니라 박사 김문정을 원에 보내 공자와 70제자의 초상 및 경전을 구해 오게 하기도 하였다.

성리학(性理學)은 송대에 이르러 종래 자구의 해석에 주력하던 한당(漢唐)의 훈고학풍에서 벗어나 경학을 이론적으로 탐구하는 유학을 말한다. 이러한 신유학의 단서를 연 것은 북송의 주돈이(周敦頤)였는데 그 뒤를 이어서 정호(程顥)·정이(程頤) 형제 등이 한층 발전시켰고, 다시 남송의 주희(朱熹)가 종합화·체계화하여 집대성한 것이다. 그러므로 이 새로운 경향의 학문이 발생한 시기가 참작되어 송학(宋學)이라 불리기도 하고, 문제의식에 따라 구분하여서는 이학(理學)·의리학(義理學)·심학(心學) 등으로 불리기도 한다. 또 대표적인 학자의 이름을 따서 정주학(程朱學)·주자학(朱子學)이라 호칭되기도 한다. 신유학은 주로 이(理)·기(氣)를 바탕으로 하여 인간의 심성[性]과 우주의 원리[理]를 탐구하는 철학적·사변적 사상체계였기 때문에 성리학이라고 하는 것이다.

안향에 의하여 도입된 성리학은 백이정·이제현·이곡·이색 등에 의하여 연구되고 '동방이학(東方理學)의 조(祖)'라고 일컬어졌던 정몽주에 의하여 더욱 꽃피웠다. 권부(權溥) 같은 이는 《사서집주(四書集註)》를 간행하여 널리 보급하기도 하였다. 권부의 사위였던 이제현은 충선왕의 부름을 받고 원의 만권당(萬卷堂)에서 주자학에 정통했던 한인 출신의 문사들과 교류하였다. 세 차례에 걸쳐 중국을 여행하고 돌아온 그는 풍부한 경험과 학식을 바탕으로 성리학을 본격적으로 도입하였다. 그는 역사서에도 관심을 기울여 고려의 역사를 기전체(紀傳體)로 엮어 《국사》라는 책을 편찬하려 하였다. 그러나 완성을 보지 못하였고, 각 왕대에 붙였던 사찬(史贊) 등이 전해지고 있을 뿐이다. 이곡과 이색은 부자 사이로 둘 다 원의 과거에 합격한 이들로 귀국 후 많은 인재들을 길러냈다. 특히 이색은 1367년(공민왕 16)에 성균관이 중영되면서 성균대사성(成均大司成)의 직책으로 생원 수를 늘리고 김구용·정몽주·이숭인 등을 교관으로 삼아 정주성리학의 진흥에 크게 이바지하였다. 정몽주는 절의 면에서뿐 아니라 학술 면에서도 뛰어난 경지를 자랑했다 한다.

당시 성리학은 불교의 폐해를 비판하던 신진사대부들에 의해 깊이 신봉되었다. 이색 같은 이는 불교를 인정하면서 그 폐단을 지적하는 정도에 그쳤으나, 정몽주에 이르면 더욱 그 정도가 심해진다. 1391년(공양왕 3)에 정몽주가 올린 상소에는 "저 불씨(佛氏)는 친척을 떠나고 남녀 관계를 끊으며 홀로 바위굴에 앉아 초의목식(草衣木食)하면서 관공적멸(觀空寂滅)하는 것으로 종(宗)을 삼으니 이 어찌 평상의 도라 하겠습니까?"라고 하여 불교비판의 수위를 높이고 있다. 정도전을 거쳐 김초에 이르면 척불(斥佛)의 정도가 '불교말살론'에까지 이르고 있다. 김초는 "엄한 금령을 세워 머리를 깎는 자는 죽여서라도 용서치 말아야합니다"라고까지 하였다. 불교의 출가주의 자체를 부정하고 있는 것이다. 《주자가례》를 보급하여 왕족·관리로부터 서인에 이르기까지 가묘(家廟)를 세우도록 장려한 것도 그러한 시대적 배경 속에서 이루어진 것이었다.

관련 사료

❶ (성종 6년 8월) 교서를 내려 말하길 "천성이 총명하더라도 교수할 스승이 없어서 경서(經書) 하나의 취지(趣旨)도 배우지 못하고 수십 년[數紀]의 세월을 헛되이 보내고 있다. 비록 전도유망한 자라도 공연히 폐물이 되어 인재를 얻을 대책이 없으니 (나라를 위해) 사인을 구하려는데 무슨 이유가 있겠는가? 이제 경전과 문서 열람에 통달한 유자(儒者)와 옛 것을 익혀서 새로운 것을 알고자 하는 자들을 선발하여 12목(牧)에 각각 경학박사(經學博士) 1인[員], 의학박사(醫學博士) 1인을 파견한다. 실행에 힘쓰고 잘 인도하여 여러 학생들을 잘 가르치면 반드시 그 공적의 깊고 얕음을 심사하고 헤아려서 등급을 뛰어넘어 탁용함으로써 관작과 영예를 내리고 장려할 것이다. 여러 주, 군, 현의 장리(長吏)와 백성들에게 가르칠 만한 자제들이 있으면 마땅히 훈계해서 스승의 자질을 갖추도록 권면하고 독려하라. 만일 그 부모가 아직 국가의 풍속을 인식하지 못하고 가산(家産)을 영위하여 단지 오늘의 이익만 보고 장래의 영광을 생각하지 않고서 이르기를, '배우고 익혀서 무엇하는가', '책을 읽어도 보탬이 안 된다'라고 하여 학습[編柳]을 방해하고 땔감을 져오라고 강요한다면 그 자식은 종신토록 명성을 얻지 못할 것이며, 그 부모는 영화를 누릴 수 없을 것이다."라고 하였다. 《고려사》 권3, 세가3 성종 6년 8월)

❷ 충선왕이 원(元)의 인종(仁宗)을 도와 내란(內亂)을 평정하고 무종(武宗)을 맞이하여 황제로 옹립하였으니 총애와 대우가 비할 바 없었다. 마침내 충숙왕에게 나라를 물려주기를 청하고 자신은 태위왕(太尉王)이 되어 원 연경(燕京)의 저택에 머물러 있으면서 만권당(萬卷堂)을 짓고 서적을 수집하는 것으로 낙을 삼았다. 인하여 말하기를, "경사(京師)의 학자는 모두 천하의 손꼽히는 사람들인데 내 주위에는 그런 사람이 없으니 부끄러운 일이다"라고 하고 이제현(李齊賢)을 불러 수도[大都]에 오게 하였다. 그 때 요수(姚燧), 염복(閻復), 원명선(元明善), 조맹부 등이 모두 왕의 문객으로 교유하였으니 이제현은 그들과 서로 왕래하는 동안 학문이 더욱 진전되어 요수 등은 그를 칭찬하고 감탄하기를 그치지 않았다. 성균좨주(成均祭酒)로 자리를 옮겨서는 왕명을 받들어 서촉(西蜀)에 사행하였는데 간 곳마다 지은 시는 널리 세상 사람들의 입에 오르내렸으며, 관직이 뛰어 올라 선부전서(選部典書)가 되었다. 충선왕이 강향사(降香使)로 강남(江南)에 갔을 때 이제현은 권한공(權漢功)과 함께 수행하였다.

> 왕이 누각이나 좋은 경치를 구경하면서 흥이 일어나고 옛 생각에 잠길 때마다 말하기를, "이러한 장소에 이생(李生 : 이제현을 가리킴)이 없을 수야 없겠지요."라고 하였다. 《고려사》 권110, 열전23 이제현)

생각해 보기

1. 유교는 어떤 과정을 거쳐 형성되었을까?
2. 불교와 유교는 어떠한 차이가 있을까?
3. 고려 후기에 성리학을 도입한 배경은 무엇일까?

참고문헌

1. 고혜령,《고려후기 사대부와 성리학 수용》, 일조각, 2001.
2. 김철웅,《한국 중세의 길례와 잡사》, 경인문화사, 2007.
3. 김충렬,《고려유학사》, 고려대출판부, 1984.
4. 김호동,《고려무신정권시대 문인지식층의 현실대응》, 경인문화사, 2003.
5. 김호동,《한국 고·중세 불교와 유교의 정치적 역할》, 경인문화사, 2007.
6. 도현철,《목은 이색의 정치사상 연구》, 혜안, 2011.
7. 문철영,《고려 유학사상의 새로운 모색》, 경세원, 2005.
8. 박성봉·이희덕 등,《최충연구논총》, 경희대 전통문화연구소, 1984.
9. 변동명,《고려후기 성리학수용연구》, 일조각, 1995.
10. 신천식,《목은 이색의 학문과 학맥》, 일조각, 1998.
11. 이범직,《한국중세 예사상연구》, 일조각, 1991.
12. 이원명,《고려시대 성리학수용연구》, 국학자료원, 1997.
13. 이익주,《이색의 삶과 생각》, 일조각, 2013.
14. 이희덕,《고려유교정치사상의 연구》, 일조각, 1984.
15. 이희덕,《고려시대 천문사상과 오행설 연구》, 일조각, 2000.
16. 정구복,《한국중세사학사》, 집문당, 1999.
17. 정성식,《한국 도학의 단서를 열다－정몽주》, 성균관대학교출판부, 2009.

3 도교 및 지리도참 사상

도교의 유행

고려시대에는 도교(道敎)도 유행하였다. 도교는 신선설(神仙說)을 바탕으로 불로장생과 현세구복을 추구하는 종교라 할 수 있다. 여기에서는 하늘의 원시천존(元始天尊)을 최고신으로 받들고 북극성이나 북두칠성을 신격화하여 모심으로써 재앙을 물리치고 복을 구하였다. 이러한 제사 의례를 초제(醮祭) 또는 재초(齋醮)라 하였고 이를 주관하는 사람을 도사(道士)라 하였다.

고려에서는 이미 태조 때 구요당(九曜堂)이 창건되어 하늘과 별에 대한 제사를 지냈다. 〈훈요 10조〉 중 팔관회를 언급한 부분에도 도교가 포함되어 있었다. 즉 팔관회에서는 오악·명산·대천·용신(龍神)과 더불어 천령(天靈)을 함께 모셨던 것이다. 현종 때에는 격구하는 운동장인 구정(毬庭)에서 초제를 지낸 기록이 여러 번 보이고 있다. 예종은 본격적인 도교 관청을 설립하였다. 1107년(예종 2)에 연경궁의 후원에 있는 옥촉정에 원시천존상을 안치하고 초제를 지냈으며, 곧 이어 복원궁(福源宮)이라는 도교 사원을 설립하였던 것이다. 이러한 사실은 도교가 왕실을 중심으로 유행했었음을 시사한다. 그 이후에도 신격전(神格殿)·기은색(祈恩色)·대초색(大醮色)·정사색(淨事色)·대청관(大淸觀) 등의 도교 기관이 설립되어 도교의 명맥을 이어갔다.

도교와 관련된 풍속도 있었다. 수경신(守庚申) 또는 경신수야

(庚申守夜)가 그것이다. 그 내용은 다음과 같다. 사람의 몸 속에는 삼시충(三尸蟲)이 있는데 이것이 60일마다 돌아오는 경신일이 되면 몸에서 나가 하늘의 옥황상제에게 인간의 악행을 보고한다. 그러면 원래 정해진 인간의 수명 120세가 점차 줄어들어 수명이 짧아진다는 것이다. 이 때문에 몸에서 삼시충이 빠져나가지 못하도록 경신일에는 밤을 새우는 풍습이 있었다 한다. 그러나 전반적으로 볼 때 도교는 불교와 유교에 비해 약세를 면치 못한 것이 사실이다.

풍수지리의 성행

'지리도참' 사상은 풍수지리(風水地理)와 도참사상(圖讖思想)을 합쳐 부르는 말이다. 양자는 엄밀히 따지면 구별되어지는 것이나 흔히 혼합되어 나타나는 경우가 많다.

풍수지리는 원래 도읍선정이나 군사적인 구축물에 적당한 지리조건을 가려내는 소박한 인문지리학에서 나왔다. 그러다가 여기에 음양오행(陰陽五行)의 형이상학적인 이론과 천문·방위 등의 신비한 사유방식이 첨부되어 이루어졌다. 따라서 풍수지리는 산[山]·물[水]·방위(方位)의 세 가지 요소가 중요시된다. 이들 요소를 잘 고려하여 인류의 생활을 행복하게 하는 데 적합한 곳인가 아닌가를 결정하였다. 여기에는 살아있을 당시의 주택이나 도읍을 정하는 양택풍수(陽宅風水)와 죽은 뒤의 묘지를 정하는 음택풍수(陰宅風水)가 있다. 고려시대까지만 해도 풍수지리는 양택, 즉 도읍이나 거주지를 결정하는 데 주로 적용되었으나, 조선시대 이후에 와서는 음택풍수가 주를 이루게 되었다.

풍수지리의 연원에 대해서는 이것이 중국에서 도입되었다는 견해가 있다. 그러나 소박한 풍수지리는 우리나라에서 오래전부터 존재해 왔다. 예컨대 온조가 수도를 정할 때의 모습이라든가 신라의 석탈해가 집을 정할 때의 상황이 그것을 말해준다. 온조와 비류가 고구려에서 도망와 한산(漢山)의 부아악(負兒嶽 : 三角山으로 추정)에 올라 살만한 땅을 살펴보는데 열 명의 신하가 간청하였다. 즉 "생각컨대 이 하남(河南)의 땅은 북쪽으로는 한강을 끼고 있고, 동쪽으로는 높은 산에 의지하였으며, 남쪽으로는 비옥한 습지를 바라보고, 서쪽으로는 큰 바다와 조금 떨어져 있으니 그 천험지리(天險地利)가 얻기 어려운 지세입니다. 그러하니 여기에 도읍을 이루는 것이 좋겠습니다"라고 하여 하남위례성에 도읍을 정했다는 것이다.

또 석탈해는 경주 남산에 올라가 거주할 집자리를 살펴보는 데 호공(瓠公)의 집이 삼일월지(三日月地 : 초승달모양의 땅)에 있는 것을 보고 몰래 그 집 뒤뜰에 숯을 묻었다. 며칠 뒤에 찾아가 이 집은 자신의 선조가 대대로 대장간을 하던 곳이라 주장하고 재판을 걸어 그 숯을 증거로 집을 빼앗았다는 것이다. 이는 현재는 초승달이지만 앞으로는 보름달처럼 번성하여 결국 왕위에 오를 것이라는 믿음에서 비롯된 것이었다.

그 후 통일신라시대에 이르러 당으로부터 음양오행과 결부된 풍수지리가 도입되고 도선(道詵)이란 인물이 나오면서 크게 유행하게 되었다. 도선이 풍수지리를 당의 일행선사(一行禪師)에게서 배워왔다는 이야기에서도 짐작할 수 있다. 이 기록을 그대로 믿을 수는 없으나 신라 말기의 풍수사상이 당으로부터 많은 영향을 받았음을 시사해주는 것이다.

도선은 원래 전라도 영암 출신의 선종 계통 승려로서 독자적인 선문인 옥룡사(玉龍寺)를 개설하기도 했으나, 20세 전후에 동리산(桐裏山) 태안사(太安寺)의 혜철(惠哲)이나 그 계통의 인물에게서 풍수지리를 배우게 된 것 같다. 기록에 의하면 그는 왕건을 본 뒤 왕위에 오를 것을 예언하고 진(陣)을 치고 천기(天氣)를 보는 방법을 가르쳐 주었다고 되어 있다. 이를 사실로 볼 수는 없다 하더라도 왕건과 풍수지리는 밀접한 관련이 있었음을 말해준다. 실제로 왕건은 죽을 때 남긴 〈훈요10조(訓要十條)〉에서 도선의 말에 의해 사원을 세웠다거나 차현(車峴) 이남 공주강 밖은 산형지세가 배역처(背逆處)이므로 인물을 등용하지 말라 하였던 것이다.

이러한 풍수지리는 태조 이후에도 깊이 신봉되었다. 3대 임금 정종(定宗)은 서경(西京 : 지금의 평양)이 명당이라는 말에 따라 천도계획을 세워 실천하려다 실패한 바 있으며, 인종 때의 묘청은 이를 더욱 적극적으로 추진하여 '서경천도운동'을 벌인 바 있다. 그는 "서경의 임원역 지역은 바로 음양가들이 말하는 이른바 '대화세(大華勢)'이니 만일 여기에 궁궐을 세우고 임어(臨御)하시면 천하를 병합할 수 있게 되어 금국이 방물을 바치고 36국이 항복하여 모두 조공하게 될 것입니다"라고 하였다. 이는 모두 당시 개경의 불안한 정세를 틈타 풍수지리를 이용하여 자신의 정치적 입지를 강화하려는 목적에서 행해진 것이지만 그만큼 풍수지리의 위력이 상당했음을 보여주는 것이다.

풍수지리는 고려시대 3경 중의 하나인 남경(南京 : 지금의 경기도 양주)을 대대적으로 설비하자고 주장할 때에도 이용되었다. 1101년(숙종 1)에 당시의 음양가 관료였던 김위제(金謂磾)는 《도선기(道詵記)》를 인용, 중경·서경·남경에 각각 4개월씩 머무르면 36국이 조빙하여 올 것이라 하였고, 3경을 저울에 빗대어 이 3경이 있어야만 평형을 이루어 국가가 번영할 것이라 주장하기도 하였다. 이처럼 풍수지리는 국가의 중요한 시책을 결정하는 데 막대한 역할을 하였던 것이다. 그것은 풍수지리에 대한 책이 다수 존재하였던 데에서도 알 수 있다. 앞서 든 《도선기》 외에도 《답산가(踏山歌)》·《삼각산명당기(三角山明堂記)》·《신지비사(神誌秘詞)》 등의 책이 있었으며, 예종 때에는 풍수지리에 대한 책으로 추정되는 《해동비록(海東秘錄)》이 관의 주도로 편찬되기까지 하였다. 또 고려시대 과거시험에도 비록 잡업에 속하기는 했지만 지리업(地理業)이라는 풍수지리 관련 과목이 있었다. 1076년(문종 30)에 다시 정해진 전시과에도 별사과(別賜科)라 하여 승려와 풍수지리가들에게 관에서 공식적으로 토지를 주었다. 이 역시 고려시대에 풍수지리가 널리 유행하여 국가에서도 큰 관심을 가졌음을 증명해주는 것이다.

도참사상의 유행과 역할

도참사상은 말 그대로 그림이나 도식을 보고 앞날을 예언하거나 소문, 유언비어를 퍼뜨려 미래를 예견하는 것이다. 즉 도참은 그 내용·도식의 진위와 나타나는 것의 신비 여부를 막론하고 장래의 일, 특히 인간생활의 길흉화복·흥망성쇠에 대한 예언 혹은 징조를 범칭하는 용어인 것이다.

이러한 도참은 정치적·사회적 혼란이 극심한 때에 주로 나타난다. 최치원이 신라의 멸망과 고려의 건국을 미리 알고 "계림(鷄林)은 황엽(黃葉)이요, 곡령(鵠嶺)은 청송(靑松)이라" 했다는 데서도 알 수 있다. 여기서 계림은 경주, 즉 신라를 말하는 것이고 곡령은 개성, 즉 고려를 뜻하는 것이다.

또 궁예 집권 말기에 왕창근이란 자가 시장에서 사온 거울에 햇빛이 비치자 왕건의 등극을 예언한 문구가 쓰여져 있기도 하였다. 그 중 일부를 보면 다음과 같다.

> 상제(上帝)가 아들을 진한·마한 땅에 내려보내니
> 먼저 닭[鷄]을 잡고 뒤에 오리[鴨]를 친다.
> 사(巳)자 들어간 해에 두 용이 나타나는데
> 하나는 몸을 청목(靑木) 중에 감추고
> 하나는 형상을 흑금(黑金)의 동쪽에서 드러냈도다.

여기서 두 마리 용은 왕건과 궁예를 뜻하는 것이요 청목은 소나무[松]로 송악을, 흑금은 쇠[鐵]로 철원을 뜻하는 것이다. 몸을 드러냈다는 것은 이제 사라질 때가 됐다는 것이요 몸을 감추고 있다는 것은 곧바로 나올 것이라는 뜻이다. 닭은 신라를, 오리는 압록강이 상징하는 고구려를 말하는 것이다. 따라서 이 문구는 궁예가 이제 멸망하고 새로이 송악 출신의 왕건이 나타나 고구려의 후예국인 고려를 건국하여 신라를 멸망시키고 고구려의 옛 땅을 되찾을 것이라는 내용인 것이다. 이 같은 문구나 예언은 정치적 목적을 가진 자들이 일부러 퍼뜨린 것일 수 있으나, 일반인들의 의식에 상당한 영향을 주었을 것이다.

이러한 도참은 이후에도 많이 있었다. 이자겸은 '십팔자(十八子)'가 왕이 될 것이라는 참언을 믿고 자신의 사위인 인종을 살해하려 했다. 여기서 '十八子'는 '李'자를 분해한 것으로 '이(李)'씨 성을 가진 자가 왕이 될 것이라는 뜻의 참언을 일부러 퍼뜨리면서 이자겸 자신이 자연스럽게 왕위를 차지하려는 의도였던 것으로 보인다.

묘청이 서경천도운동을 추진할 때 인종이 서경에 행차하자 공중에서 좋은 음악소리가 들렸다거나 대동강의 신룡(神龍)이 침을 토했다는 것도 도참의 일종이라 할 수 있다. 묘청은 남몰래 큰 떡을 만들어 그 속에 기름을 채워 넣고 여기에 작은 구멍을 뚫어 강물 속에 가라앉혔다. 얼마 후 기름이 물 위에 떠오르며 영롱한 빛깔이 나자 인종의 마음을 움직이기 위해 이 같은 거짓말을 유포시켰던 것이다.

무신정권기에 이의민(李義旼)이 잠시 정권을 잡았을 때에도 그러한 참언이 있었다. 즉 이의민은 꿈에 양 겨드랑이에서 붉은 무지개가 뻗어 나오는 것을 보았고, 또 '용손(龍孫)은 12대에 끝나고 다시 십팔자(十八子)가 등장할 것이다'라는 참언을 믿었다. 그리하여 자신이 왕이 되어 신라를 부흥시킨다는 생각을 품고 경주 부근에서 일어난 김사미·효심 등의 무리와 내통하였다. 이 또한 실패로 끝났으나 도참을 정치적으로 이용하려한 대표적인 사례 중의 하나인 것이다.

이와 같이 고려시대에 지리도참 사상은 풍수지리와 도참사상으로 나누어 볼 수 있지만 흔히 혼합되어 나타났다. 또 주로 정치적·사회적 혼란이 가중될 때 융성하였다. 인문 지리학적 성격을 가진 풍수지리 사상은 왕이나 지배세력들에 의하여 자신의 정치적 입지를 강화하기 위한 수단으로 많이 이용되었다. 도참사상 역시 정치적 목적을 달성하기 위한 성격이 짙었던 것이다. 신라 말, 고려가 건국할 때와 고려 중기 사회모순이 표출되면서 묘청이 서경천도운동을 벌일 때의 상황이 그것을 잘 말해 준다.

이성계가 도읍을 정할 때까지만 해도 지리도참이 유행하였다. 이중환의 《택리지(擇里志)》에 보면 "왕위를 이을 자는 이(李)씨이고 한양에 도읍할 것이다"라는 말이 도선의 《유기(留記)》에 나와 있다고 되어 있다. 그리하여 고려 중엽 백악(白岳)의 남쪽 터에 오얏나무를 심어 놓고 그것이 무성하게 자라면 곧 이를 베어버렸다 한다.

그러나 지리도참 사상은 조선시대에 들어와 합리적인 유교관에 밀려 주춤하는 경향을 보였다. 그리하여 조정의 사대부들은 서운관원(書雲觀員)들의 풍수지리적 견해에 비판을 가하였다. 무학(無學)이 한양의 터를 보면서 인왕산으로 진산(鎭山)을 삼고, 백악과 남산을 좌우의 용호(龍虎)로 삼아야 한다고 했을 때도 정도전은 이에 반대하였다. 옛부터 제왕은 남쪽을 바라보아야 한다고 비판하였던 것이다.

조선 후기에 들어서면서 지리도참 사상은 한편으로 합리적인 지리관으로 연결되기도 했으나, 민간화 되면서 더욱 성행하였다. 특히 음택풍수가 유행하였다. 일제강점기에도 이러한 지리도참 사상이 한국의 민족혼을 말살하는 데 이용되기도 하였다. 서울의 생기를 절단하기 위하여 경복궁 앞에 총독부 건물을 신축하였으며, 우리 민족의 지기(地氣)를 끊기 위해 북한산 백운대나 속리산 문장대 등지에 쇠말뚝을 박았던 것이다. 현대에도 지리도참은 무덤을 안장하는 데 중요시되는 경향이 있으며, 심지어는 정치적 목적에 이용되기도 하는 실정이다.

관련 사료

❶ 을사일에 노인성이 다시 출현하자 명(命)을 내려 태자는 복원궁(福源宮)에서 초제(醮祭)를 지내고, 평장사 허홍재는 상춘정(賞春亭)에서 제사를 지내며, 좌승선 김돈중은 충주 죽장사(竹杖寺)에서 제사를 지내게 하였다. 《고려사》 권 19, 세가19 의종 24년 4월 을사)

❷ 태조 13년에 천안부를 설치하고 도독을 두었다. 민간에서 전해지기를, "술사(術師) 예방(藝方)이 태조에게 아뢰어, '이곳은 삼국의 중심으로 다섯 용이 구슬을 다투는 지세이니 만일 큰 관청을 설치하면 후백제가 스스로 항복할 것입니다'라고 하니 태조가 이에 산에 올라 주위를 전망하고는 비로소 부(府)를 두었다"라고 한다. 《고려사》 권56, 지10 지리1 양광도 천안부)

❸ 김위제(金謂磾)는 숙종(肅宗) 원년에 위위승(衛尉丞) 동정(同正)이 되었다. 신라 말에 도선(道詵)이라는 승려가 있었는데 당(唐)에 들어가 일행(一行)에게 풍수지리[地理]의 법을 배우고 돌아와 비기(秘記)를 지은 것이 후세에 전해졌다. 김위제가 그 방술을 배웠는데 상서(上書)하여 도읍을 남경(南京)으로 옮길 것을 청하며 말하기를, "도선의 비기에는 '고려의 땅에 3경(三京)이 있어서 송악(松嶽)은 중경(中京)이고, 목멱양(木覓壤)이 남경(南京), 평양(平壤)은 서경(西京)이라 한다. 11·12·1·2월은 중경에서 지내고, 3·4·5·6월은 남경에서 지내며, 7·8·9·10월에는 서경에서 지내면 36국이 와서 조공할 것이다'라고 하였으며 또 이르기를, '건국한 후 1백 60여 년에 목멱양에 도읍한다'라고도 하였습니다. 신(臣)이 말씀드린 것은 지금이 그때이며, 새 도읍에 순행하는 시기로 적당합니다. 신이 또 삼가 도선의 《답산가(踏山歌)》를 살펴보니 거기에 이르기를, '송성(松城)이 쇠락한 뒤에 어느 곳으로 가려는가. 삼동(三冬)에 해 돋는 넓은 땅[평양]이 있다네. 후대에 어진 인물[賢士]이 큰 우물을 만들면 한강의 어룡(魚龍)이 사해로 통할 것이다'라고 하였습니다. 삼동에 해 돋는 곳이란 11월 동지(冬至) 날에 해 돋는 손방(巽方)이며 목멱(木覓)이 송경(宋京)의 동남쪽에 있으므로 그렇게 말한 것입니다"라고 하였다. 《고려사》 권122, 열전35 김위제)

생각해 보기

1. 도교에서 별을 숭배한 것은 무엇 때문일까?
2. 풍수지리는 과학일까, 미신일까?
3. 수도를 옮기는데 지리도참이 정치적으로 활용된 이유는 무엇일까?

참고문헌

1. 김성환, 《고려시대의 단군전승과 인식》, 경인문화사, 2002.
2. 김창현, 《고려의 남경, 한양》, 신서원, 2006.
3. 김철웅, 《한국 중세 국가제사의 체제와 잡사》, 한국연구원, 2003.
4. 윤이흠 외, 《고려시대의 종교문화》, 서울대출판부, 2002.
5. 이병도, 《고려시대의 연구》, 아세아문화사, 1948.
6. 이필영, 《마을신앙의 사회사》, 웅진출판사, 1994.
7. 차주환, 《한국의 도교사상》, 동화출판공사, 1984.
8. 최창조, 《한국의 풍수사상》, 민음사, 1984.
9. 최혜숙, 《고려시대 남경 연구》, 경인문화사, 2004.

4 무격신앙

무격신앙의 유행

무격(巫覡)은 신과 인간을 연결해주는 중간자 역할을 하는 존재이다. 고대인들은 이들에 대해 경외심과 더불어 복종심을 갖고 있었다. 그리하여 이들은 한편으로 제사장이면서 정치적 지배자이기도 하였다. 한국에 있어 무(巫)의 존재는 역사의 시작과 함께 존재했다고 보아도 좋을 것이다.《삼국사기》의 기록만 하더라도 이미 고구려에서 서기 1년(유리왕 19)에 보이고 있다. 즉 왕이 병이 들었는데 무의 충고와 기원으로 나았다는 것이다.

이러한 무격신앙(무속신앙 또는 무교라고도 함)은 신라를 거쳐 고려시대에 와서 불교, 유교의 성행에 따라 축소되는 경향이 있었지만, 여전히 존속하였다. 고려에서 무격에 대한 최초의 기록은 1021년(현종 12)에 무격을 모아 기우제를 지냈다는 내용이다. 이후 국가에서는 무격들의 사제능력을 인정하여 여러 차례 기우제 행사를 벌였다. '취무도우(聚巫禱雨)' 또는 '집무도우(集巫禱雨)'의 형태로 행해진 기우제는 기록상으로만 볼 때 29회에 달한다. 가뭄은 농사에 절대적인 해악을 끼치는 것으로 이의 원인은 왕의 실정이나 부덕의 소치로 여겼다. 그리하여 왕들은 가뭄이 들었을 때 정전(正殿)을 피하거나 상선(常膳)을 줄이는 방식으로 근신을 하는 한편 이렇듯 기우제를 지냈던 것이다.

물론 기우제를 지내는 방식에는 이 외에도 사찰이나 내전에서 불교식으로 지낸 경우도 있었고, 구요당(九曜堂) 등의 장소에서 도교식으로 지낸 경우도 있었다.

또 무격들은 국가의 별기은(別祈恩) 행사를 주관하기도 하였다. 별기은이란 원래 불교 내지 도교와 관련이 깊은 것으로 불사(佛事)나 재초(齋醮)로서 행해진 기양(祈禳)이란 의미의 범칭이었다. 그것은 1178년(명종 8)에 별례기은도감(別禮祈恩都監)이 승려인 치순(致純)의 건의에 의해 설치되었고, 1217년(고종 4)에 거란병이 침입하자 재초(齋醮)를 설하여 물리치기 위해 기은도감이 설립되었다는 점에서 뒷받침된다. 그러나 이러한 행사를 주관하는 자가 고려 후기의 혼란기로 접어들면서 점차 무격으로 바뀌었다. 그리하여 조선 후기에 별기은은 '무격이 왕실과 국가의 안녕과 태평을 위하여 명산대천에서 벌이는 국가행사'라는 의미로 바뀌게 되었던 것이다.

무격들은 국가의 사전에 올라 있는 산신사나 성황사의 제사를 주관하기도 하였다. 무신정권기 경주에서 반란을 일으킨 이비(利備)를 잡게 한 자가 그곳 성황사를 관리하고 제사를 주관하던 무격이었고, 삼별초의 토벌에 공이 있다하여 그 읍의 녹미 5석을 주었다는 금성산신도 실은 산신사를 주관하던 무였던 것이다. 이러한 이권 때문에 때로는 무의 자리를 둘러싸고 싸움이 벌어지기도 하였다. 국가에서 중시하던 송악사(松嶽祠)의 무 자리를 둘러싸고 강융과 김직방이 서로 자신이 아는 자로 충당하려고 싸운 일도 있었던 것이다.

무격의 사례와 기능

사람들은 무격들이 접신의 능력을 지녔기 때문에 신의 계시에 따라 다양한 역할을 수행할 수 있다고 믿었다. 우선 그들은 질병을 치료할 수 있다는 무의(巫醫)적 기능을 갖고 있었다. 인종이 병이 들자 무의 말에 따라 이미 죽은 척준경에게 문하시랑평장사를 추증하였는가 하면, 김제 벽골제의 둑을 터뜨리기까지 하였다는 기록이 대표적인 예다. 1282년(충렬왕 8)에 충렬왕은 원에 의무(醫巫)를 청하기까지 하였다.

또 무격들은 예언과 점복의 기능을 갖고 있었다. 이것은 고대로부터 있어 온 무격들의 대표적인 기능으로 삼국시대에도 국가에 변괴가 있을 때는 왕이 무에게 그 대책을 물어 시행하였다. 이러한 기능이 고려시대에도 그대로 이어진 것이다. 예컨대 김준(金俊)은 국가에 관련된 길흉화복은 모두 무에게 점을 쳐 시행하였던 것이다.

그들은 또한 가무·오락적 기능을 갖고 있어 때로는 국가에서 선발하여 '남장대(男粧隊)'라는 노래패를 만들기도 하고 악공(樂工)으로 육성하기도 하였다.

그러나 이 무격들은 종종 상대방에 대한 저주나 무고(巫蠱)의 기능을 수행하기도 하였다. 무고란 어떤 의뢰인이 특정인을 저주 대상자로 하여 그에게 부정적인 결과가 초래되도록 무격으로 하여금 기원케 하는 것을 말한다. 이 같은 무고 행위는 특히 원간섭기에 심하였다. 고종 때 홍복원은 은밀히 무당을 시켜 나무를 깎아 인형을 만들어 그 손을 결박하고 머리에 못을 박아서 땅 속에 묻거나 우물 속에 넣어서 누군가를 저주하였다. 1276년에는 충렬왕의 제1비였던 정화궁주(貞和宮主) 왕씨 부인이 무당을 시켜 원세조의 딸 제국대장공주를 저주한 적이 있으며, 충렬왕이 총애하던 무비(無比)는 무녀와 술승(術僧)을 통해 제국대장공주를 저주했다는 죄명으로 태자[후의 충선왕]에게 살해당하기까지 하였다.

무격신앙의 수난과 변화

고려시대에 무격신앙은 성행했지만, 유교의 성장과 개인적인 이유로 때때로 배척을 받기도 하였다. 1131년(인종 9)에 무격들이 음사를 행하고 있다는 일관(日官)의 건의에 따라 무를 내쫓은 적이 있고, 함유일(咸有一)이나 현덕수(玄德秀), 최항(崔沆) 같은 이는 개인적으로 무격들을 배척하기도 하였다. 1340년(충숙왕 8)에도 "무격들이 요사스런 말로 백성들을 현혹하고 사대부 집에서 노래와 춤으로 제사하여 오염됨이 막심하다"는 이유로 무격들을 성 밖으로 추출한 사례도 있었다.

고려 말기에는 성리학이 수용되면서 신진사대부들의 배불론과 함께 음사근절론, 출무론(黜巫論)이 강력하게 등장하였다. 그리하여 공양왕대의 김자수(金子粹)는 "불교의 말도 믿을 수 없는데 더구나 기괴하고 황당무계한 무당의 말을 어찌 믿겠습니까. 나라에 무당을 두는 것이 벌써 온당치 못한 일인데 소위 별기은(別祈恩)이라는 곳이 10여개 소나 되고 일년 사철의 제사와 때도 없이 행하는 별제(別祭) 등 1년 동안의 낭비를 이루 열거할 수 없습니다. 제사 때에는 비록 금주령이 엄하나 여러 무당들이 떼를 지어 다니면서 나라의 행사라고 핑계하므로 유관 관리들도 이것을 감히 힐책하지 못하고 있습니다. 따라서 큰 거리에 모여서 태연자약하게 술타령을 하며 북을 치고 피리를 불고 노래하고 춤추는 등 못하는 짓이 없으니 풍속이 심히 아름답지 못합니다. 원하건대 유사(有司)에게 명하여 사전(祀典)에 기재된 제사를 제외하고 모든 잡신의 제사는 일체 금지하며 여러 무당들의 궁중 출입을 엄금하여 요망을 근절하고 풍속을 바로잡기를 바랍니다"라고 건의하고 있는 것이다.

조선시대에 들어오면 유교의 합리주의 때문에 무격신앙은 자주 억압을 받았다. 여러 차례 무격들의 의례를 금지하는 조치를 내리는가 하면 성 밖으로 쫓아내기도 하였다. 그 이유는 여자 복장을 한 남자 무당들이 양반들의 집을 드나들면서 풍기를 문란케 하고 있으며, 재앙을 물리쳐 준다는 미명하에 백성들의 재산을 갈취한다는 것이었다.

그러나 무격들은 없어지지 아니하였고 민간에서는 물론 궁중에서도 무격들의 활동이 성행하였다. 1420년(세종 2)에는 대비의 병이 악화되자 대비를 선암천변(繕岩川邊)으로 모시고 가 무당을 불러 신에게 제사하게 했으며, 연산군 때에는 궁중에서 무녀들이 4, 5명씩 모여 앉아 장구치고 피리 불며 굿하는 것이 예사였다.

임진왜란 이후 정치가 혼란해지자 궁중 여인들 사이에도 질투와 시기가 심하여 서로를 저주하는 풍조가 성행하였다. 이때 저주와 비방을 맡은 것이 무당들이었다. 광해군 때의 복동(福同)이란 무당은 궁중과 사대부의 집을 넘나들며 이런 일을 행하여 성인방(聖人房)이란 칭호까지 얻었다. 숙종 때의 장희빈도 궁중에 신당을 차려놓고 무당을 시켜 왕비를 저주하였는가 하면 세자의 병을 치료키 위해 무당을 불러 굿을 벌이기도 하였던 것이다.

지금도 일부 사람들은 병을 고치기 위해, 또는 재앙을 물리치기 위해 무당들에게 굿을 부탁하는 경우가 있다. 또 자신의 앞날을 알아보기 위해서나 정치적 출세를 위해 무당에게 의지하기도 한다. 부여 은산의 별신제나 강릉의 단오제 때에도 성대한 굿이 행해지고 있기도 하다.

관련 사료

❶ 의종조(毅宗朝)에 다시 내시(內侍)로 들어가서 교로도감(橋路都監)을 맡게 되었다. 함유일(咸有一)은 그 전부터 혹독하게 무당[巫覡]을 배척하였는데 인간과 신이 혼잡하게 지내면 인간에게 재변이 많아진다고 여겼기 때문이었다. 그가 도감을 맡으면서는 수도[開京]에 있는 모든 무당들을 다 교외로 이주시켰으며, 민가에 있는 음사(淫祀)를 전부 취합하여 태워 버렸다. 여러 산신사(山神祠)들도 특이한 증험이 없는 것은 역시 허물어버렸다. 구룡산(九龍山) 산신이 가장 영험하다는 소문을 듣고 산신사에 가서 귀신의 화상을 활로 쏘았더니 갑자기 선풍이 일어나고 두 짝 문이 닫히면서 화살을 막아냈다. 또 한 번은 용수산 산신당에 가서 영험을 시험하고 징험이 없으므로 불태워 버렸다. 그 날 밤 왕의 꿈에 신이 나타나 구원을 청하였으므로 이튿날 유사(有司)를 보내 산신당을 다시 지었다. 《고려사》 권99, 열전12 함유일)

❷ 명덕태후(明德太后) 홍(洪)씨는 남양 사람이니 부원군(府院君) 홍규(洪奎)의 딸이다. 나면서부터 총명하고 지혜가 있었으며 단정하고 조심성이 있었다. 충숙왕이 왕위에 올라 선택되어 입궁(入宮)하였고 덕비(德妃)로 책봉되었으며 품행이 예법을 따랐으므로 왕이 매우 소중하게 여겼다. (충숙왕) 2년에 아들 정(禎)을 낳으니 백관들의 하례를 받았으며, 이가 곧 충혜왕(忠惠王)이고, 또 공민왕(恭愍王)도 낳았다. 후에 충숙왕이 원(元) 복국장공주(濮國長公主)에게 장가들었는데 공주가 질투가 심하여[妬忌] 후는 궁중에서 나와 정안공(定安公)의 집에서 지냈는데 왕이 며칠 밤 그곳으로 와서 자고 가곤 하였다. 윤석(尹碩), 손기(孫奇) 등이 은밀히 왕에게 아뢰어 왕을 정안공의 집으로 옮기고 후도 이웃집으로 옮기게 하여 왕래하는 데 편리하도록 하였다. 어떤 여자 무당[女巫]이 요언(妖言)을 하면서 후궁(后宮)에 출입하여 자못 신용과 사랑을 받게 되었는데 후가 얼마 뒤에 무녀의 요망함을 알게 되어 그의 재산을 몰수하고 측근자를 시켜 때려 죽였다. 《고려사》 권89, 열전2 명덕태후 홍씨)

생각해 보기

1. 무격의 접신(接神)은 정말 믿을 수 있는 것일까?
2. 무격신앙이 널리 행해진 이유는 무엇일까?
3. 무격신앙은 과연 필요한 것인가?

참고문헌

1. 김성환,《고려시대의 단군전승과 인식》, 경인문화사, 2002.
2. 김철웅,《한국중세 국가제사의 체제와 잡사》, 한국연구원, 2003.
3. 변동명,《한국중세의 지역사회연구》, 학연문화사, 2002.
4. 유동식,《한국무교의 역사와 구조》, 연세대학교출판부, 1975.
5. 윤이흠 등,《고려시대의 종교문화》, 서울대출판부, 2002.
6. 이필영,《마을신앙의 사회사》, 웅진출판사, 1994.

5 산악신앙

산악신앙의 성립과 산신

우리 민족은 옛날부터 하늘을 숭배해 왔다. 그것은 농경민족에 있어 당연한 것인지도 모른다. 농경에 필요한 기상의 변화가 모두 하늘의 조화에 따른 것이라고 믿었기 때문이다. 산악신앙 역시 이러한 경천(敬天)사상과 맥을 같이 하는 것이다. 높고 험한 산은 하늘과 인간 세계를 매개시켜주는 중간자라고 생각했다. 즉 천상(天上) - 고산(高山) - 인간(人間)이 서로 밀접한 관련이 있다고 믿었던 것이다.

이 같은 사고 구조는 이미 단군신화에 잘 나타나 있다. 천제인 환인의 서자 환웅이 태백산 신단수 아래 내려와 웅녀와 결혼하여 단군을 낳았다는 내용이 그것이다. 또 단군은 나중에 다시 아사달의 산신이 되고 있다. 다시 말해 고대인들은 하느님[天神]이 이 세상에 강림했다고 믿었으며 강림한 하늘의 신이 곧 산신(山神)이라고 믿었던 것이다.

그런데 이러한 산악신앙의 실상은 산악 그 자체에 대한 숭배가 아니라 산악을 인격화한 산신(山神)에 대한 숭배였다. 이 산신이 인간과 똑 같이 때로는 화를 내기도 하고 악한 자에게는 벌을 주기도 한다고 생각했다. 오랫동안 가물다가 비가 오려하거나 비가 많이 오다 개려 하면 우는 소리를 냈다는 광주의 무등산도 산을 인간처럼 생각했다는 근거라 하겠다.

고대에 있어 인격신인 산신의 성은 보통 여성으로 나타난다.《삼국유사》
에 나와 있는 선도산(仙桃山)의 신모(神母)는 원래 중국 황실의 딸로 이름을
파소(婆蘇)라 하였으며 고려시대 영일현(迎日縣)의 서쪽에 있었던 운제산성
모사(雲梯山聖母祠)의 산신도 남해왕(南解王)의 왕비인 운제부인(雲帝夫人)이
었다. 왜국에 간 박제상(朴堤上)을 기다리다 죽은 그의 부인도 치술령(鵄述
嶺)의 신모가 되었으며, 고구려로 끌려가던 김유신을 구해준 나림(奈林)·혈
례(穴禮)·골화(骨火) 등의 산신도 낭(娘)이라 표현되어 있는 것이다. 고려 태
조 왕건의 6대조인 호경(虎景)과 결혼한 여인도 평나산(平那山)의 여산신이
었음이《고려사》고려세계(高麗世系)에 나와 있다.

　그러다가 신라의 삼국통일 이후부터 남성의 산신이 나타나기 시작한다.
아마도 전쟁 수행 과정에서 남성의 역할이 증대되고 중국 유교사상의 영향
이 작용한 것이 아닌가 생각된다. 680년(문무왕 20)에 꿈에서 본 석탈해의 청
에 따라 그의 유골이 동악(東嶽 : 토함산)의 산신으로 모셔졌으며, 당나라 장
수였던 설인귀(薛仁貴)가 감악산신(紺嶽山神)으로 모셔지고 있는 것이다. 고
려시대에 들어와서도 견훤의 사위였다가 왕건에게 귀순한 박영규(朴英規)
및 그의 후손으로 여겨지는 박란봉(朴蘭鳳)이 각각 전라도 순천의 해룡산신
(海龍山神)·인제산신(麟蹄山神)으로 추봉되었다.

　또 다른 변화로는 전통적인 산신신앙이 외래종교인 불교·도교 등과 혼합
되어 나타난다는 것이다. 이것을 단적으로 보여주는 것이 고려 중기 묘청
에 의한 팔성당(八聖堂)의 건립이다. 이 팔성당은 8명의 성인을 모신 곳인데
이들 성인의 명칭을 보면 송악(松嶽)·증성악(甑城嶽)·멸악(滅嶽) 등의 산명에
선인(仙人)·천선(天仙)·천녀(天女) 등의 이름이 덧붙여 있어 도교의 영향이
강했음을 보여주고 있다. 그런가 하면 이 8성의 실체는 모두 불교의 부처나
신이라 하고 있다. 이것은 묘청이 당대 유행했던 산악신앙과 도교·불교를
조화시켜 많은 세력을 통합하기 위한 목적이 아니었나 한다.

산악신앙의 유행과 변화

이러한 변화를 겪으면서도 산악신앙은 고려시대에 크게 번성하였다. 성종 때 유학자인 최승로는 종묘·사직에의 제사는 법대로 하지 못하는 것이 많은데 산악과 성수(星宿)에 대한 제사는 번잡하게 도를 넘고 있다고 하였다. 고려 전기 왕실 제사에서 산악신앙이 차지하는 비중이 낮지 않았던 것이다. 문종 때까지도 전국의 10여 도에는 외산제고사(外山祭告使)가 파견되어 봄·가을에 산신에 대한 제사가 설행되었음을 기록에서 확인할 수 있다. 무신정권 시대의 집정자였던 최충헌도 1198년(신종 1)에 산천비보도감(山川裨補都監)을 설치하여 산천에 대한 깊은 관심을 보였다. 고려 후기에 충렬왕도 즉위한 이듬해에 경상도·전라도와 동계에 사신을 보내 산천에 대한 제사를 행하기도 하였다.

이러한 제사와 더불어 각 지역의 산신에게 덕호(德號)·존호(尊號)·작호(爵號) 등이 수여되는가 하면 심지어는 구체적인 관직이 수여되기도 하였다. 1054년(문종 8)에 국내의 명산·대천의 신에게 '총정(聰正)' 2자의 공호(功號)를 가한 것을 필두로 하여 1129년(인종 7)·1167년(의종 21)과 1169년에 왕들이 행차한 지역의 명산·대천의 신들에게 존호나 작호를 가하였다. 1287년(충렬왕 13) 6월에는 원 내부에서 내안대왕(乃安大王)의 반란이 일어나자 고려가 원군을 파견하는 데 감악산신의 둘째 아들을 도만호(都萬戶)로 삼아 출정에 음조하기를 빌기도 하였다.

그러다가 여말선초에 이르면 산악신앙에 여러 가지 변화가 일어난다. 그것은 우선 성황신앙과의 혼효가 나타난다는 점과 산악신앙의 민간화에 따른 음사(淫祀)가 행해진다는 점이다. 성황신앙과의 혼효에 대해서는 다음에 설명하기로 하고 산악신앙의 민간화에 대해 살펴보면, 먼저 산악신앙은 조선 초기의 사대부들에 의하여 강한 비판을 받고 있다. 《태종실록》의 기록을 보면 그 같은 상황을 알 수 있다. 즉 "대개 산천신은 경(卿)·대부(大夫)·사

(士)·서인(庶人)이 제사하는 것이 아닙니다. 저들이 비록 제사를 지낸다 하여도 신이 어찌 이를 누릴 수 있겠습니까. 지금 나라의 백성들이 귀신은 가히 속일 수 없으며 산천은 가히 제사할 수 없음을 알지 못하고 어지럽게 따라서 풍습을 이루니 나라의 진산(鎭山)으로부터 군현의 명산대천에 이르기까지 함부로 제사하지 않는 것이 없어 그 예와 분수를 넘음이 심합니다. 또 남녀가 손을 잡고 서로 왕래하는 것이 끊임이 없으며 귀신에게 아첨하여 곡식을 소비하니 폐가 역시 적지 않습니다"라고 하고 있는 것이다. 또 이직(李稷)이나 변계량(卞季良) 같은 이는 서인들이 산꼭대기에 단을 설치하여 산신의 머리를 밟고 제사하는 불경스러움을 범하고 있다고 비판하고 있다. 그럼에도 불구하고 조선 후기에 가면 산악신앙은 민간의 기복신앙으로 정착하기에 이르렀다. 지금까지도 이 산신 숭배는 일부 사람들에 의해 여전히 행해지고 유명한 산의 큰 바위 앞이나 밑에는 촛불이 켜져 있으며 굿당이 조성되기도 하는 실정이다.

산신의 기능과 역할

그렇다면 국가나 민간에서 이 산신을 숭배하고 제사한 까닭은 무엇일까. 우선 들 수 있는 것이 산신의 수호신적 기능 때문이었다. 고대로부터 인간이 가장 소원했던 것 중의 하나는 외적의 침입으로부터 자신을 비롯한 국가나 마을을 수호하는 것이었다. 이러한 목적을 산신을 통하여 달성하려 하였다.

이미 신라시대 숭배되었던 3산 즉 나력(奈歷)·골화(骨火)·혈례(穴禮) 등이 호국신의 기능을 담당하고 있었으며, 이러한 수호신적 기능은 고려시대에도 그대로 이어졌다. 예컨대 거란이 침입했을 때에 개경의 숭산(嵩山) 산신이 밤중에 소나무 수만 그루로 변하여 사람소리를 내었는가 하면 경기도 장단의 감악산신사에서는 바람과 눈이 사납게 일어 결국 거란병들이 물러간 예가 있었다. 1237년(고종 24)에는 전라도 담양에서 이연년(李延年) 형제가 난을 일으키자 전라도 지휘사였던 김경손(金慶孫)이 나주의 금성산신(錦城山神)에게 제사한 후 이를 진압하였으며, 1256년에 몽고병이 충주를 공격하자 백성들이 월악산에 올랐는데 월악산신사(月嶽山神祠) 근처에서 안개와 비바람, 우뢰와 우박이 동반하여 일어나 몽고병이 물러간 일도 있었다. 1383년(우왕 9)에는 남해의 관음포에 침입한 왜구를 토벌하러 출동했던 정지(鄭地)가 지리산신에 제사하여 비를 그치게 함으로써 왜구를 물리치기도 하였다.

산신의 또 다른 기능은 강우(降雨)의 조절기능이었다. 인간이 농사를 지어 곡식을 먹고 살기 위해서는 적당한 비가 절실하였다. 인간이 마시는 물 또한 비로부터 얻어지는 것이었다. 이 강우조절의 기능도 본래는 하늘이 가지고 있는 것이었으나, 산은 천(天)의 대리자 내지 매개체였으므로 산신도 강우 조절의 기능을 갖고 있다고 생각하였다. 그리하여 현종·정종(靖宗)·숙종 때에 군망(群望)·북악(北嶽)·송악(松嶽) 등지에 비가 그치기를 빌었는가 하면 1107년(예종 2)에는 송악과 동신사(東神祠)에 비오기를 빌기도 하였다.

이외에도 산신은 질병의 치유나 방지 또는 기자(祈子)·기복(祈福)을 위해 신앙되기도 하였다. 1122년에 예종의 병이 낫지 않자 사람을 보내 산천신에게 기도한 적이 있으며, 1275년에도 충렬왕이 병들자 지리산신에 기도하였다. 1109년(예종 4)에는 송악과 제신사(諸神祠)에 제사하여 역질을 물리치도록 하기도 하였다.

산신은 이렇듯 수호신적 기능을 갖고 있었기 때문에 국가에서는 해마다 여기에 사신들을 파견하여 국가의 안녕과 질서를 기원하였다. 그러나 한편으로 각 지역을 실질적으로 장악하고 있던 지방 세력들은 이 산악을 정신적인 구심점으로 삼아 지역민들을 통제, 장악하고자 하였다. 그리하여 심지어는 자신들의 선조를 산신으로 추봉하기도 하였다. 전라도 순천의 경우 그 지역의 토성이었던 박영규가 해룡산신으로 모셔진 예가 그것이다. 또 자신의 출신 지역에 있는 산신을 높여줌으로써 재지에서 자기 친족의 위상을 높이려 하기도 하였다. 나주 정씨인 정가신(鄭可臣)이 삼별초의 토벌에 음조를 가했다 하여 금성산신을 정녕공(定寧公)에 봉하게 한 것이 그 예다. 따라서 때로는 산신에의 제사나 그 이용을 둘러싸고 국가와 지방 세력간의 갈등이 표출되기도 하였다.

관련 사료

❶ (虎景이) 하루는 같은 마을 사람 아홉 명과 평나산(平那山)에서 매를 잡고 있었다. 마침 날이 저물자 바위굴에 들어가 묵으려고 하는데 어떤 호랑이가 굴 입구에 서서 크게 울부짖었다. 열 사람이 서로 일러 말하기를, "호랑이가 우리를 잡아먹을 듯하니 관(冠)을 던지는 것을 시험하여 잡히는 자가 당하기로 하자"라고 하였다. 드디어 모두 던졌는데 호랑이가 호경의 관을 잡았다. 호경이 나가서 호랑이와 싸우려 하자 호랑이가 갑자기 보이지 않더니 굴이 무너져 아홉 사람은 다 나올 수 없었다. 호경이 돌아와 평나군(平那郡)에 고하고 9인을 장사지내는데 먼저 산신(山神)에게 제사하였다. 그 신이 나타나 말하기를, "나는 과부로서 이 산을 주재하고 있다. 다행히 성골장군(聖骨將軍)을 만나 부부가 되어 함께 신정(神政)을 다스리고자 하니 청컨대 이 산의 대왕으로 봉해 주기바랍니다"라고 하고 말을 마치자 호경과 함께 은둔하고 나타나지 않았다. 《고려사》序 고려세계)

❷ 정가신(鄭可臣)은 고종조(高宗朝)에 급제하여 여러 번 화려하고 중요한 관직을 지냈다. 충렬왕 3년에 보문각대제(寶文閣待制)를 제수받았다. 나주(羅州) 사람이 칭하기를, "금성산신(錦城山神)이 무당에게 내려서 말하기를, '진도(珍島), 탐라(耽羅)의 정벌에 있어 내가 실로 힘을 썼는데 장사(將士)에게는 상을 주고 나에게는 녹(祿)을 주지 않았으니 어떻게 된 것인가. 반드시 나를 정령공(定寧公)으로 봉해야 할 것이다.'라고 하였다" 하니 정가신이 그 말에 혹하여 왕에게 아뢰어 정녕공으로 봉하고 또 그 읍의 녹미(祿米) 5석을 거두어 해마다 그 사당에 보냈다. 《고려사》 권105, 열전18 정가신)

생각해 보기

1. 고대의 산신이 여성으로 등장하는 이유는 무엇일까?
2. 유교적 정치체제의 국가에서 산신제를 거행한 이유는 무엇일까?
3. 산신제의 설행이 지역공동체에 어떠한 영향을 주었을까?

참고문헌

1. 김철웅,《한국중세 국가제사의 체제와 잡사》, 한국연구원, 2003.
2. 변동명,《한국중세의 지역사회연구》, 학연문화사, 2002.
3. 윤이흠 등,《고려시대의 종교문화》, 서울대출판부, 2002.
4. 이필영,《마을신앙의 사회사》, 웅진출판사, 1994.
5. 허흥식,《한국 신령의 고향을 찾아서》, 집문당, 2006.

6

성황신앙

성황신앙의 유입과 그 성격

성황(城隍)은 원래 일종의 방어시설에 대한 명칭이었다. 성은 흙이나 돌을 쌓아 만든 것이고 황은 성의 주위를 움푹하게 파 놓은 일종의 공호(空壕)를 말한다. 그런데 고대인들은 이 성황에도 신(神)이 있어 자신들을 보호해 줄 것이라 믿었다. 즉 성황신은 성의 수호신이었다. 여기에서 성황신앙이 비롯되었다.

성황신앙은 일찍이 중국에서 시작되었는데 그 기록은 6세기경부터 보이고 있다. 즉《북제서(北齊書)》의 기록을 보면 북제의 모용엄(慕容儼)이 영성(郢城)을 진수하고 있을 때 양(梁)나라의 군대가 침략해오자 그 고을의 성황신에게 빌어 위기를 면했다고 한다. 또《남사(南史)》에는 양(梁)의 종실인 소릉왕이 영주(郢州)에서 제위(帝位)를 노리자 변괴가 자주 일어남으로 이를 물리치기 위해 소를 삶아 성황신에게 제사했다는 내용도 보이고 있다. 따라서 성황신앙은 남조(南朝)의 양(梁) 나라 말기 양자강 유역에서 북방 축성기술의 남하와 남방의 토속적 인격신앙이 결합하여 생겨난 것이 아닌가 한다. 이러한 성황신앙은 당(唐)·송(宋)·원(元)을 거쳐 점차 보편화 되었고, 명(明)에 이르러서는 더욱 중시되었다.

성황신앙에 대한 기록은 고려시대에도 보이고 있어 주목된다. 즉 태조의 아들로 경종비(景宗妃) 헌정왕후(獻貞王后)와 사통한 죄로 사수현(泗水縣 : 지금의 경상남도 사천)에 귀양 와 있던 안종(安宗) 욱(郁)이 자신이 죽으면 그 현의 성황당 남쪽에 묻어달라는 부탁을 하고 있는 것이다. 또 1055년(문종 9)에는 고려의 변경인 선덕진(宣德鎭)의 새로운 성에 성황신사(城隍神祠)를 설치하고 춘추로 제사를 지냈다는 기록이 보이고 있다. 이로 미루어 그 신앙적 내용은 종래부터 있었다 하더라도 성황신앙에 대한 용어의 사용은 통일신라시대나 고려 초에 중국으로부터 도입된 것이 아닌가 한다.

고려에서의 성황신도 중국과 마찬가지로 수호신(守護神)의 성격이 강하였다. 1137년(인종 15)에 김부식이 묘청의 난을 진압하고 난 후 전승에 대한 감사의 표시로 사람을 보내 여러 성의 성황묘(城隍廟)에 제사하였으며, 1236년(고종 23)에는 온수군(溫水郡 : 지금의 충남 온양)에 침입한 몽고군을 향리와 군민이 합심하여 격퇴하자 조정에서는 그 군의 성황신이 음조(陰助)를 한 덕분이라 하여 신호(神號)를 더해주기도 하였다. 《신증동국여지승람》의 기록을 보면 몽고군과 고려가 일본을 정벌하러 갈 때에 동정원수(東征元帥) 김주정(金周貞)이 전쟁에서의 승리를 위해 각 지역의 성황신에게 제사를 드렸다는 기록도 보이고 있다. 또 1360년(공민왕 9)에는 지난해에 침입한 홍건적을 물리치고 난 후 여러 도(道)·주(州)·군(郡)의 성황을 제신묘(諸神廟)에서 제사하여 전쟁의 승리에 감사를 드리기도 하였다.

이처럼 고려에서도 성황신은 국가나 마을의 수호신이었기 때문에 전쟁을 하기 전에는 전승을 기원하기 위하여, 그리고 전쟁에서 승리했을 때에는 성황신의 도움 덕택이라 하여 감사의 제사를 드렸던 것이다.

따라서 때로는 역사적으로 큰 역할을 한 무인이나 장군들이 성황신으로 모셔지기도 하였다. 충남 대흥군(大興郡)에는 당의 장수였던 소정방(蘇定方)이 성황신으로 모셔졌고, 전남 곡성의 경우에는 고려 태조 휘하의 장수로서 공산전투에서 태조를 위해 죽은 신숭겸(申崇謙)을 성황신으로 모셨다. 경북 의성에도 역시 태조 때 의성의 성주·장군이었던 김홍술(金洪術)이 성황신으로 봉안되었고, 경남 양산의 성황신도 후삼국시기에 이 지역을 장악하고 있던 장수인 김인훈(金忍訓)이었던 것이다.

성황신앙의 변화

성황신앙은 원간섭기에 약간의 배척을 받은 것 같고 때로 불교와 마찰을 빚기도 했다. 1328년(충숙왕 15)에 호승(胡僧) 지공(指空)에게서 무생계(無生戒)를 받은 이광순(李光順)이 경주에 부임하였는데 그 주민들로 하여금 성황제에 고기를 쓰지 못하게 하자 주민들이 반발하여 돼지를 다 죽여 버렸다는 기록이 이를 말해준다. 또 경상도 고성의 이금(伊金)이 미륵불을 자칭하고 백성들을 현혹하자 무격들이 성황사묘(城隍祠廟)를 헐고 이금을 부처처럼 섬기기도 하였다.

그러나 공민왕이 즉위하여 반원친명책(反元親明策)을 쓰면서 명의 영향으로 성황신앙이 국가적인 차원에서 보장받기도 하였다. 1370년(공민왕 19) 5월에 명의 황제는 성황신의 제사에 쓸 가축을 기르지 않는다고 공민왕을 힐책하였고, 그해 7월에 공민왕은 조서를 내려 주(州)·부(府)·현(縣)의 성황신에 대한 봉작(封爵)을 고쳐 모(某) 주(州)·부(府)·현(縣) 성황신으로 고치게 하였던 것이다.

이러한 상황은 위화도 회군 이후 이성계가 집권하고 조선이 건국되어 친명정책을 쓰면서 더욱 진전되었다. 1390년(공양왕 2)에 한양의 문하부에 호랑이가 들어와 사람을 잡아가자 왕이 백악(白岳)·목멱(木覓)의 성황사에 사신들을 보내 제사하였다. 1402년(태종 2)에 조선 태조 이성계가 함흥으로 갈 때 지나는 주군의 성황사에 제사를 지내기도 하였다. 1413년에는 명의 홍무 연간(洪武年間)의 예제에 의거하여 풍·운·뇌·우의 4신을 중사(中祀)에 편입시킴과 아울러 산천·성황신도 같이 제사하게 되었다. 이에 따라 한양에는 풍·운·뇌·우·산천·성황단(風雲雷雨山川城隍壇)이 존재하게 되었다.

성황신앙에 대한 고려 조정의 관심은 작호(爵號)나 녹미(祿米)·위전(位田)의 지급 등으로 나타났다. 충렬왕이나 충선왕 때에 중외의 성황에게 덕호(德號)나 작호를 가한 적이 있으며 고려 말·조선 초에는 공(公)·후(侯)·백(伯)등의 작호가 수여된 예도 있었다. 심지어는 대왕이라는 호칭까지 붙여지기도 하였다. 예컨대 경상도 현풍현의 성황신은 정성대왕(靜聖大王)으로, 함경도 안변의 성황신은 선위대왕(宣威大王)으로 불리기도 했던 것이다. 또 1388년(우왕 14)에 조준이 전제 개혁을 건의할 때도 성황에 지급된 위전(位田)은 종전대로 시행할 것을 말하고 있다.

　　그러나 고려 말·조선 초에 이르면 이 성황신앙이 종래 우리의 전통적인 산악신앙과 혼효되는 변화를 겪게 되었다. 성황신앙은 앞서 본 바와 같이 원래 성(城)과 불가분의 관계에 있는 신앙이었다. 그리하여 성황당이나 성황사도 성이라는 방어시설이 있는 곳에만 설립되는 것이 원칙이었다. 그리하여 성황당이 있는 성 이름을 성황당석성(城隍堂石城)이라 부르기도 하였다. 《세종실록지리지》를 보면 충청도의 옥천·신창(新昌)·연산, 경상도의 양산·영해·사천 등 총 6곳에 성황당석성의 존재가 보이고 있는 것이다. 그런데 우리나라는 산성이 발달하였으므로 성황당도 산에 위치한 것이 많았다. 따라서 종래의 산악신앙과 혼동될 여지가 있었다.

　　게다가 산신이나 성황신 모두 수호신적 기능을 갖고 있었던 점도 그 한 원인이 되었다. 그것은 고려 전기 현종 때에는 목멱산사(木覓山祠)로 불리우던 산신사가 1390년(공양왕 2)에는 목멱의 성황사(城隍祠)로 지칭되고 있는 예에서 알 수 있다. 또 고려시대에는 송악신사(松嶽神祠) 또는 송악사당(松嶽祠堂)이라 불리던 것이 조선 태종 때 기록에는 송악성황신으로 나타나는 것이다. 그러다가 조선 후기에 이르러 성황신앙은 산신신앙과 같이 민간화되어 기복신앙으로 변모하였다. 이러한 전통은 문화적 행위로 인식되어 지금도 계속되고 있다. 얼마 전까지만 해도 고갯마루나 큰 나무 옆에는 돌무더기가 쌓여져 있어 이를 신성시하였고, 그 옆을 지나는 이들도 돌을 올려

쌓으면서 안녕과 소원을 빌었던 것이다.

앞에서 살펴본 것처럼 성황신앙은 중국에서 전래된 것으로 이해된다. 하지만 고려의 성황신앙은 자못 우리의 고유한 특색을 지니고 있었다. 중국의 성황신앙은 도시를 중심으로 한 것인데 비해 우리는 산을 비롯한 높은 곳에 위치하였고, 중국의 성황신은 산신과 별개의 신격이었는데 대하여 고려에서는 산신과 동일시되는 경향이 있었던 것이다. 또 중국의 성황신은 사후세계의 관리자 내지 명계(冥界)의 지배자란 성격이 중시되나 고려의 경우는 이러한 관념이 별로 없었다는 것도 특징이다. 이처럼 성황신앙은 고려에 들어와 토착화되는 면모를 보이고 있는 것이다.

한편 각 지역의 지방세력들은 자신들의 조상을 성황신으로 추봉하여 지역민들을 결집시키고 자발적인 복종심을 끌어내려 하였다. 그것은 앞서본 바와 같이 성황신으로 모셔진 의성의 김홍술, 양산의 김인훈, 순천의 김총 등이 그 지역의 토성(土姓)이었던 것에서 알 수 있다. 그리하여 때로는 지역의 성황사가 국가에 대한 반란에 이용되기도 하였다. 이를 방지하기 위해 조정에서는 정부 주도하에 성황사를 설치하였고, 지방관이 성황사의 제사를 주관하기도 했다. 그리하여 조선 후기의 정약용도《목민심서》에서 지방관이 지켜야 할 사항으로 사직(社稷)에의 제사를 중시하면서도 여단(厲壇)이나 성황사(城隍祠)에의 제사도 강조하였던 것이다. 그러나 근대에 이르기까지 지방 성황사의 제사주도권은 각 지방의 향리들이 실질적으로 가지고 있었다.

관련 사료

❶ (신종 6년) 여름 4월에 경주 반적의 무리 도령(都領) 이비(利備) 부자가 몰래 성황사(城隍祠)에 와서 기도를 하였다. 그런데 한 무당이 속여 말하기를, "도령이 거병하여 장차 신라를 부흥하려 하니 우리가 기뻐한 지 오래입니다. 금일에 다행히 만나 보았으니 청컨대 술 한 잔을 드리고 싶습니다"라고 하고는 맞이하여 집에 이르자 계속 술을 마시고 취하게 하여 붙잡게 되었다. 병마사 정언진(丁彦眞)에게 바쳤는데 이는 실로 정언진의 묘책이었다. 《고려사절요》 권14, 신종 6년 하4월)

❷ (고종 23년) 9월 정사일에 몽고병이 온수군(溫水郡)을 포위하니 군의 향리[郡吏] 현려(玄呂) 등이 성문을 열고 전쟁에 나아가 크게 승리하였는데 참수한 것이 2명이요. 화살과 돌에 맞아 죽은 자가 200여 인이었으며, 노획한 병장기도 매우 많았다. 왕은 그 군의 성황신(城隍神)이 은밀히 도와준 공이 있다 하여 신호(神號)를 더해 봉하고 현려를 그 군의 호장(戶長)으로 삼았다. 《고려사》 권23, 세가23 고종 23년 9월 정사 및 《신증동국여지승람》 권19, 충청도 온양군 사묘 성황사)

생각해 보기

1. 무인들을 성황신으로 모신 이유는 무엇일까?
2. 고려와 조선에서 성황신앙을 장려한 이유는 무엇일까?
3. 지방에서는 왜 그 지역 출신이 성황신으로 숭배되었을까?

참고문헌

1. 김철웅, 《한국중세 국가제사의 체제와 잡사》, 한국연구원, 2003.
2. 김철웅, 《한국 중세의 길례와 잡사》, 경인문화사, 2007.
3. 변동명, 《한국중세의 지역사회연구》, 학연문화사, 2002.
4. 윤이흠 등, 《고려시대의 종교문화》, 서울대출판부, 2002.
5. 이필영, 《마을신앙의 사회사》, 웅진출판사, 1994.
6. 한국종교사연구회 편, 《성황당과 성황제》, 민속원, 1998.
7. 허흥식, 《한국 신령의 고향을 찾아서》, 집문당, 2006.

7 과학 기술과 문화

과학과 기술

고려시대에는 천체의 운행을 보아 앞날을 예측하고 달력을 이용하여 시간의 변화를 관찰하였다. 이를 천문(天文), 역법(曆法)이라 하였다. 과학이 발달하지 못한 당시에는 이것이 매우 중시되었는데 이를 담당한 정부 기관까지 설치되었다. 사천대(司天臺)와 태사국(太史局)이 그것이다. 후에는 이를 합쳐 서운관(書雲觀)이라고 하였다. 여기에 속한 관리들은 일식과 월식을 예보하고 별의 변화를 보아 앞날을 점쳤다. 기후의 이변이나 가뭄, 홍수 등도 예측하여 이에 대비하였다. 혜종대의 최지몽이 사천관(司天官)으로 있을 때 별을 보고 왕규의 변란이 있을 것을 예견한 것이 단적인 예다. 이는 하늘의 변화와 인간 생활은 불가분의 관계에 있다는 천인합일(天人合一) 사상에 근거한 것이었다. 달력의 사용도 같은 맥락이었다. 고려 초기에는 통일신라 때 사용하던 당의 선명력(宣明曆)을 사용하였지만, 충선왕 때에는 원의 수시력(授時曆)을 사용하였고 공민왕 때에는 명의 대통력(大統曆)을 사용하였다.

의약학(醫藥學) 방면에도 많은 관심을 기울여 과거시험 과목에도 의업(醫業)이 있었고 중앙의 태의감(太醫監)에서 의생을 교육하기도 하였다. 지방에도 의학박사를 파견하여 의술을 가르쳤다. 중앙인 개경은 물론 지방에도 약국이 개설되었다. 당과 송의 의약학에서 영향을 받기도 했지만 독자적인 발전을 모색하기도 했다. 1326년(고종 23)에 편찬된 《향약구급방(鄕藥救急方)》은 그러한 노력의 결과였다. 이는 중국 약재 대신에 우리의 약재 즉 향약을 쓸 수 있는 단서를 마련했다는 측면에서 의미있는 저술이었다.

인쇄술의 발전은 고려의 과학 기술의 우수함을 잘 보여주고 있다. 고려는 이미 그 초기부터 목판인쇄술을 이용해 대장경을 조판하였다. 그러나 목판인쇄술은 동일한 내용을 대량으로 찍어내는 데에는 유리하였으나 다양한 내용을 소량으로 찍어내는 데에는 효과적이지 못했다. 그리하여 결국 창안해 낸 것이 금속활자를 이용한 활판인쇄(活版印刷)였다. 처음으로 금속활자를 이용해 편찬한 책은 인종대 최윤의(崔允儀)의 《상정고금예문(詳定古今禮文)》이었다. 그러나 실제로 금속활자를 이용해 이 책을 다시 찍어냈다는 기록은 최우 정권 때인 1234년(고종 21)경이다. 최충헌이 보관해오던 이 책을 아들인 최우가 잃어버릴까 염려하여 주자(鑄字)를 이용해 다시 찍은 것이다. 이는 서양에서 금속활자를 사용한 시기보다 약 200여 년이나 앞선 것이었다. 그러나 《상정고금예문》이 현재까지 전하지 않아 아쉬울 뿐이다.

화약 제조법의 발견도 고려 과학 기술의 성과였다. 중국으로부터의 화약 전래는 14세기 전반 공민왕 이전으로 추정된다. 그러나 그 제조법은 알지 못하였다. 공민왕대 왜구의 창궐은 화약 무기를 절실하게 필요로 하였다. 이에 명은 고려에 소량의 화약을 보내준 바 있다. 그러자 최무선은 많은 고초 끝에 화약 제조법을 알아냈고 이의 활용을 위해 국가에서는 1377년(우왕 3) 화통도감(火㷁都監)을 설치하였다. 여기에서 만든 화포는 1380년(우왕 6) 왜구와의 전라도 진포 싸움에서 위력을 발휘하여 크게 승리하였다.

또 공민왕대에는 목화가 전래되었다. 목화씨를 붓통에 넣어 가져온 것은 문익점(文益漸)이나, 재배에 성공한 것은 그의 장인인 정천익(鄭天益)이라 전해진다. 이의 전래는 고려 사람들의 의생활에 혁명을 가져와 이제는 솜옷으로 추운 겨울을 지낼 수 있게 되었다.

고려청자와 공예

　고려에서는 도자기가 많이 생산되었다. 청자(靑磁)나 백자(白磁)가 그것이다. 그러나 고려시대 문화재 중 백미는 역시 고려청자라 할 수 있다. 청자 생산은 중국 남쪽의 월주(越州)에서 생산된 자기의 영향을 받기도 했지만 12세기에 이르러서는 고려의 독자적인 형태와 문양으로 발전하였다. 따라서 고려에 사신으로 왔던 송나라 사람 서긍도 청자의 색깔을 '비색(翡色)'이라 하면서 그 아름다움을 인정하고 있다. 12세기 중엽 이후에는 청자에 상감(象嵌) 기법이 사용되어 그 아름다움을 더하게 되었다. 상감 기법은 그릇 표면에 골을 파서 무늬나 형상을 새기고 초벌구이를 한 다음에 흰 흙이나 검은 흙으로 새겨진 부분을 메워 다시 구워냄으로써 무늬가 자연스럽게 드러나도록 한 기법을 말한다. 그러나 13세기 후반 고려가 몽고의 지배하에 들어가면서 청자 기술도 점차 퇴락해갔다.

　당시 청자의 생산지는 전북의 부안, 전남의 해남과 강진 등의 지역이었는데, 그 중 최대 생산지는 전남 강진이었다. 여기서 생산된 청자는 개경으로 운반되어 귀족들의 애호품으로 사용되었던 것이다. 운반은 서해안을 따라 항해하여 개경으로 운반하는 해로를 주로 사용하였다. 그러나 이 청자 운반선은 때때로 침몰하는 경우가 있었다. 전남 신안이나 완도에서 발견된 청자 운반선이 그것이다. 또 충남 태안 앞바다 안흥량(安興梁) 일대에서도 이런 일이 종종 있었다. 안흥량은 조수 간만의 차가 심할 뿐 아니라 곳곳에 암초가 자리하고 있어 조세를 운반하는 조운선도 자주 침몰하는 지역이었다. 따라서 한 때는 이 지역을 통과하기가 어렵다 하여 '난행량(難行梁)'으로 불려지기도 하였다. 그 후 안전하게 지나기를 바라는 뜻에서 '안흥량'으로 지명이 바뀌었던 것이다.

　이를 해결하기 위해 고려 정부에서는 인공수로인 운하를 건설하려 시도하였다. 고려 17대 임금 인종 12년(1134) 내시 정습명에게 명하여 운하를 굴착하도록 명하였던 것이다. 그러나 굴착 도중 암반에 부딪혀 공사가 중단되었다. 그 후 오랫동안 방치되었다가 이성계가 정권을 잡은 공양왕 3년(1391) 다시 공사를 시작하였는데 역시 실패하였다. 이후 조선 태종대에 운하 공사를 다시 시작하여 완료하긴 했으나 작은 선박만이 드나들 수 있어 제 구실을 하지 못하였다.

이 지역은 역사적으로 중국 등 외국 사신이 서해안을 따라 개경으로 가는 길목이기도 했다. 따라서 안흥정(安興亭)이라는 객관이 설치되어 외국 사신이 머물렀다 가기도 하였다. 이 안흥정은 마도(馬島)에 있었는데 지금은 폐쇄된 안흥초등학교 마도 분교 자리로 추정된다.

이 안흥량 일대에서 난파된 청자 운반선과 대량의 청자가 수중에서 건져 올려졌다. 그 결과 고려시대 청자 운반선 1척과 고려청자, 선원들이 사용하던 솥이나 물동이 등 선상 생활용품, 인골, 그리고 고려시대의 목간(木簡) 등이 출토되었다. 발굴 유물의 대부분은 고려청자였다. 2만 3천여 점이 넘는 고려청자는 완도선 발굴 이후 가장 많은 수량이었다. 기종도 다양하고 수량도 풍부하여 고려시대 청자의 편년 및 제작 시기를 밝히는 데 중요한 연구자료가 되었다. 아직 미진한 면이 있지만 연구 결과 대부분의 청자는 12세기에 제작된 것으로 밝혀지고 있다.

기종은 청자 대접, 접시, 잔 등의 일상 용기가 대부분인데 그 중에는 참외모양주전자[瓜形注子], 두꺼비모양벼루[蟾形硯], 사자모양향로[獅子形香爐] 뚜껑과 같이 독특한 것들도 있다. 또 승려들의 식사도구인 발우(鉢盂)가 다량 출토되어 당시 고려불교의 양상과 승려들의 생활상을 파악하는 데 많은 도움이 될 수 있었다. 청자에 새겨진 문양도 다양하였다. 모란문, 당초문과 물고기를 그린 어문(魚紋), 연꽃무늬인 연화문(蓮花紋), 앵무새 무늬인 앵무문, 파도문, 구름문 등 각종 문양이 시문되어 있었다.

이 수중 발굴에서 가강 중요한 것은 고려시대 목간의 출토였다. 물론 이전 전남 신안 앞바다에서 출토된 신안선에서도 목간이 나온 적이 있지만 수중에서 고려시대 목간이 나온 것은 이번이 처음이었다. 이 목간의 분석 결과 여기서 나온 청자가 대부분 전남 강진에서 제작된 것임을 알게 되었다. '탐진(耽津)'이라 새겨진 목간이 몇 개 출토되었기 때문이다. 탐진은 강진의 옛 이름이었다.

글자가 비교적 선명하여 잘 알아볼 수 있는 목간도 있는데 그 중에는 청자의 제작 장소와 목적지 등을 알 수 있는 것도 있다. 예컨대 '탐진현재경대정인수호부사기팔십(耽津縣在京隊正仁守戶付砂器八十)'이라 쓰여진 것이 있다. 이는 직역하면 '탐진현에서 개경에 있는 대정 인수의 집에 도자기 팔십 개를 보낸다'는 뜻이다. 이를 보면 배에 실려 있던 청자의 일부는 전남 강진에서 만든 것이며 수신자가 하급 장교인 대정 벼슬에 있는 인수란 인물임을 알 수 있다. 또 도자기라는 화물의 종류와 그 수량까지 표기하였음도 알 수 있다. 수신인 중에는 '개경의 안영네 집[在京安永戶]'도 있어 수신인을 '호(戶)'로 표기한 경우도 있지만 '최대경택상(崔大卿宅上)' '류장명택상(柳將命宅上)'처럼 '택상'이란 표현을 한 경우도 있다. 아마도 벼슬이 높은 집일 경우 특별히 '택상'이란 명칭을 쓴 것이 아닌가 한다.

그리고 목간의 뒷면에는 '즉재선장(卽載船長)'이란 문자와 함께 일종의 사인(Sign)인 수결(手決)이 되어 있다. 이는 '앞의 수량대로 실었음. 선장 수결'이란 뜻이다. 최종적으로 화물 수량이라든가 수신인 등을 선장이 확인하고 사인한 것이다. 어떤 것은 수결의 앞과 뒤에 '×'와 'O'의 표시가 있는 것도 있다. 그러나 이는 무엇을 뜻하는지 알 수 없다. 따라서 이를 종합해 볼 때 목간은 선적된 청자에 대한 생산지 및 목적지, 운송 물량, 운송 책임자 등이 기재된 일종의 물표(物標)임을 알 수 있다. 이로써 우리는 목간을 통해 당시의 경제상황을 유추해볼 수 있게 되었다.

한편 청자의 상감 기법은 금속 공예와도 밀접한 관련을 갖고 있었다. 고려시대에는 많은 청동제 제품이 제작되었는데 그 표면에 무늬를 넣는 은입사(銀入絲) 기술이 발달하였던 것이다. 은입사는 표면에 골을 파고 거기에

은으로 만든 실을 집어넣어 무늬를 만드는 방식을 말한다. 버드나무와 동물무늬가 새겨진 청동 은입사 포류수금문 정병과 향로 같은 작품이 지금도 남아 있다.

또 생활 용구에 얇게 간 조개껍질을 여러 가지 형태로 오려 새기거나 붙여 장식하고 옻칠을 한 나전칠기(螺鈿漆器) 공예도 발달하였다. 이를 흔히 '자개'라고도 한다. 불경을 넣는 경함이나 염주합, 화장품갑, 문방구 등의 제품이 남아 있다. 1272년에는 불교 경전을 넣어 두는 나전칠기 경함류를 생산하기 위해 전함조성도감(鈿函造成都監)이라는 임시 기구가 설치되기도 하였다.

불교미술과 회화

목조 건축도 뛰어난 기술을 보여주었다. 개경에 있었던 궁궐인 만월대와 사찰건물인 흥왕사·현화사, 지방의 건축물인 개태사·홍경사 같은 것이 있었지만 현재는 전해지지 않는다. 현존하는 가장 오래된 건축물로 알려져 있는 안동 봉정사 극락전을 비롯해 영주 부석사 무량수전, 예산 수덕사 대웅전 등은 현재도 남아 있어 고려 건축의 특징을 잘 보여주고 있다. 이들은 모두 건물의 무게를 떠받쳐 주는 공포(栱包)가 기둥 가운데 위에 배치되어 있는 주심포(柱心包)계 건물이다. 그러나 말기에는 공포를 기둥 위뿐 아니라 기둥과 기둥 사이에도 배치하는 다포(多包)식 건물이 등장하여 조선시대의 건축물에 영향을 끼쳤다.

불상은 돌로 만든 석불(石佛)과 구리로 만든 불상에 금을 도금한 금동불(金銅佛)이 주류를 이루고 있지만 신라 말에 조성되기 시작한 철불(鐵佛)이 유행하기도 하였다. 석불로는 충남 연산의 개태사 삼존석불과 광종 때 조성된 논산의 관촉사 석조미륵보살입상, 안동의 이천동 제비원석불 등이 유명하다. 특히 개태사 삼존석불은 유난히 큰 주먹과 투구 쓴 무사와 같은 형상을 하고 있어 후백제를 멸망시키고 후삼국을 통일한 기념 사찰로서의 성격을 잘 대변해 주고 있다. 철불로는 고려 초기에 제작된 경기도 광주 춘궁리 철불 등이 유명하다. 이 철불은 865년(경문왕 5) 제작된 철원 도피안사의 철조비로자나불좌상과 관련이 있다고 보여진다. 흙으로 빚어 만든 고려 유일의 소조(塑造) 불상으로 부석사 소조아미타여래좌상과 같은 걸작품도 남아 있다.

고려시대의 석탑은 다양한 형태를 가지고 있다. 우선 전통적인 양식으로 제작된 개성의 현화사 7층석탑과 불일사 5층석탑, 익산의 왕궁리 5층석탑, 김제의 금산사 5층석탑이 있다. 사각이 아닌 여러 개의 각을 갖고 있는 다각탑(多角塔)도 제작되었다. 여기에는 금산사의 6각다층석탑과 평창의 월정사 8각9층석탑, 평북 영변의 보현사 8각13층석탑 등이 있다. 기본 양식에서 훨씬 벗어나 불국사 다보탑처럼 독특한 양식을 지닌 탑도 조성되었는데 함안의 주리사 4사자석탑과 여주 신륵사의 다층전탑 등이 그것이다.

고승들의 사리를 모신 승탑(僧塔 : 浮屠라고도 함)도 유행하였다. 승탑의 형식은 8각원당형(八角圓堂形)을 기본으로 하지만 여러 가지 형태의 승탑이 조성되었다. 8각원당형의 승탑의 대표적인 것으로는 전남 구례 연곡사(燕谷寺)의 북승탑과 공주 갑사의 승탑, 경기도 여주의 고달사지원종대사혜진탑비가 꼽힌다. 넓은 기단 중앙에 범종형의 탑신을 안치한 석종형(石鐘形) 승탑도 있다. 김제 금산사의 석종이 대표적인데 조선시대 승탑의 형식에 많은 영향을 미쳤다. 팔각원당형이지만 탑신이 둥그런 공과 같은 구형(球形)으로 되어 있는 승탑도 있다. 충주 정토사흥법국사실상탑이 그것이다. 범종으로는 11세기 초에 제작된 천흥사동종이 고려의 대표적인 작품이다.

불화도 많이 그려졌을 것이나 현재 남아 있는 것은 많지 않다. 불화는 주로 비단에 그려졌는데 대부분 일본이나 미국에 소장되어 있다. 이 중 1350년 경에 제작된 〈미륵하생경변상도(彌勒下生經變相圖)〉는 미륵불의 모습뿐 아니라 왕과 귀족, 그리고 농민들의 생활상을 살펴볼 수 있는 귀중한 자료로 평가받고 있다. 직업적인 화원(畵員)들이 속해 있는 도화원(圖畵院)이란 관청도 있었다. 이들은 역대 왕의 초상이나 공신들의 얼굴, 그리고 산수화 등을 주로 그렸을 것으로 추정된다. 인종대의 화가였던 이영(李寧)이 그린 〈예성강도〉는 유명하다. 송나라의 휘종도 이 그림을 보고 감탄했다 한다. 그의 아들 이광필(李光弼)도 그림에 뛰어난 재주를 보였다.

고려시대에는 서예도 중시되었다. 과거 시험 중 서예로 시험하는 명서업 (明書業)의 존재가 그것을 말해준다. 서체는 주로 구양순체(歐陽詢體)가 유행 하였는데 장단설(張端說)이 유명하다. 그의 서체는 주로 비문이나 묘지에 남 아 있다. 당시의 유명한 서예가로는 문종 때의 유신(柳伸)과 인종 때의 승려 탄연(坦然)이 있다. 고종 때의 무인집정자 최우(崔瑀)도 글씨에 능하였는데 이들 3인과 신라의 김생(金生)은 신품사현(神品四賢)이라 일컬어지고 있다.

관련 사료

❶ 도기(陶器)의 색깔이 푸른 것을 고려인은 비색(翡色)이라 한다. 근래에 들어 제작 기술이 정교하고 빛깔이 더욱 좋아졌다. 술병의 모양은 참외와 같은데 위에는 작은 뚜껑이 있고 겉면에는 연꽃이나 엎드린 오리의 문양이 있다. 또 주발[盌], 접시[楪], 술잔[桮], 사발[甌], 탕기[湯], 옥잔[瓉]도 만들 수 있으나 모두 중국의 그릇 만드는 제도[定器制度]를 모방한 것들이기 때문에 그리는 것은 생 략한다. 술병만은 다른 그릇과 다르기 때문에 특별히 기록한다. 《고려도경》 권 32, 器皿 陶尊)

❷ 이영(李寧)은 전주(全州) 사람이다. 소년 시절부터 그림으로 이름이 있었다. 인종(仁宗) 때에 추밀사(樞密使) 이자덕(李資德)을 따라서 송(宋)나라로 갔더니 휘종(徽宗)이 한림 대조(翰林待詔) 왕가훈(王可訓), 진덕지(陳德之), 전종인(田宗仁), 조수종(趙守宗) 등에게 명령하여 이영에게서 그림을 배우게 했으며 또 이영에게 우리나라의 예성강(禮成江)을 그리게 하였다. 다 그려서 바치니 휘종이 그것을 보고 칭찬하여 말하기를 "근자에 고려의 화공이 사신을 따라서 오는 사람은 많으나 묘수(妙手)는 이영뿐이다"라고 하고 술, 음식과 각색의 비단을 주었다. 이영이 소년 시절에 내전숭반(內殿崇班) 이준이(李俊異)에게서 그림을 배웠는데 이준이는 후배를 시기하여 그림을 잘 그리는 자가 있어도 칭찬하는 일이 적었다. 그러나 인종이 이준이를 불러 이영이 그린 산수화(山水畫)를 보였을 때는 이준이도 깜짝 놀라면서 "이 그림이 만약 타국에 있다면 나는 천금(千金)을 주고도 사겠습니다"라고 말하였다. 또 송나라 상인이 고려 왕에게 그림을 올렸는데 인종은 이 그림이 중국의 진귀한 작품인 줄로 알고 기뻐하여 이영을 불러 보이며 자랑하니 이영이 "이것은 저의 작품입니다"라고 말하였다. 그러나 인종이 믿지 않았으므로 이영이 그 그림을 받아 들고 포장을 뜯으니 이면에 과연 성명이 있었다. 그 후 임금은 그를 더욱 사랑하였다. 《고려사》 권122, 열전35 方技 李寧)

❸ 문익점은 진주(晉州) 강성현(江城縣) 사람인데 공민왕 때에 과거에 급제하여 여러 번 승진하여 정언(正言)이 되었다. 원나라에 사신으로 갔다가 덕흥군에게 붙어 있었던바 덕흥군이 패배하니 본국으로 돌아왔다. 목화 씨를 얻어 가지고 와서 자기의 장인인 정천익(鄭天益)에게 주어 그것을 심었다. 처음에는 재배하는 방법을 몰라서 거의 다 말라 버리고 한 그루만 남았는데 3년이 되자 비로소 크게 번성하였다. 목화 씨를 뽑는 물레[取子車]와 실을 만드는 물레[繰絲車] 등은 다 정천익이 처음 만들었다. 《고려사》 권111, 열전24 文益漸)

생각해 보기

1. 왜 귀족들은 청자를 그렇게 좋아했을까?
2. 천문이나 별점으로 인간의 앞날을 예언할 수 있을까?
3. 고려 의생활 혁명의 주인공은 문익점일까, 정천익일까?

참고문헌

1. 고유섭, 《조선 탑파의 연구》, 을유문화사, 1948.
2. 고유섭, 《고려청자》, 열화당, 2010.
3. 김봉렬, 《불교 건축》, 솔, 2004.
4. 김영재, 《고려 불화 : 실크로드를 품다》, 운주사, 2004.
5. 문명대, 《고려 불화》, 열화당, 1994.
6. 박용운, 《고려시대사》, 일지사, 2008.
7. 손보기, 《금속활자와 인쇄술》, 세종대왕기념사업회, 1977.
8. 이병희, 《뿌리 깊은 한국사, 샘이 깊은 이야기(고려)》, 솔, 2002.
9. 전상운, 《한국과학기술사》, 정음사, 1975.
10. 정양모, 《고려청자》, 대원사, 1994.
11. 진홍섭, 《한국의 불상》, 일지사, 1976.
12. 천혜봉, 《한국 금속 활자본》, 범우사, 1993.

고려왕실 세계도

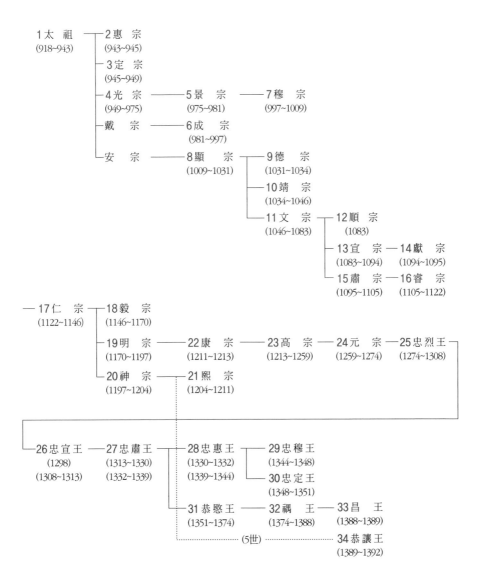

1 太 祖
(918~943)

2 惠 宗
(943~945)

3 定 宗
(945~949)

4 光 宗
(949~975)

5 景 宗
(975~981)

7 穆 宗
(997~1009)

戴 宗

6 成 宗
(981~997)

安 宗

8 顯 宗
(1009~1031)

9 德 宗
(1031~1034)

10 靖 宗
(1034~1046)

11 文 宗
(1046~1083)

12 順 宗
(1083)

13 宣 宗
(1083~1094)

14 獻 宗
(1094~1095)

15 肅 宗
(1095~1105)

16 睿 宗
(1105~1122)

17 仁 宗
(1122~1146)

18 毅 宗
(1146~1170)

19 明 宗
(1170~1197)

22 康 宗
(1211~1213)

23 高 宗
(1213~1259)

24 元 宗
(1259~1274)

25 忠烈王
(1274~1308)

20 神 宗
(1197~1204)

21 熙 宗
(1204~1211)

26 忠宣王
(1298)
(1308~1313)

27 忠肅王
(1313~1330)
(1332~1339)

28 忠惠王
(1330~1332)
(1339~1344)

29 忠穆王
(1344~1348)

30 忠定王
(1348~1351)

31 恭愍王
(1351~1374)

32 禑 王
(1374~1388)

33 昌 王
(1388~1389)

(5世)

34 恭讓王
(1389~1392)

찾아보기